Pedro A. Sanjuan

Die UN-Gang

Erfahrungsbericht eines Insiders

Pedro A. Sanjuan

Die UN-Gang

Über Korruption, Spionage, Antisemitismus,
Inkompetenz und islamischen Extremismus
in der Zentrale der Vereinten Nationen

Erfahrungsbericht eines Insiders

Aus dem Amerikanischen von Thomas Laugstien

zu Klampen!

Die amerikanische Originalausgabe
erschien im Verlag Doubleday, New York,
unter dem Titel:
The UN-Gang. A Memoir of Incompetence,
Corruption, Espionage, Anti-Semitism,
and Islamic Extremism at the UN Secretariat

Zweite Auflage 2006

info@zuklampen.de · www.zuklampen.de
Umschlag: Matthias Vogel (paramikron), Hannover
Satz: thielenVERLAGSBÜRO, Hannover
Druck: Clausen & Bosse, Leck

ISBN 3-934920-92-6

Bibliografische Information Der Deutschen Bibliothek
Die Deutsche Bibliothek verzeichnet diese Publikation in der Deutschen Nationalbibliografie; detaillierte bibliografische Daten sind im Internet über ‹http://dnb.ddb.de› abrufbar.

Inhalt

ERSTES KAPITEL

»Ihr Vater war also Jude!«

»So your father was a Jew, yes?«, fragte mich UN-Untergeneralsekretär Wjatscheslaw Ustinow aus heiterem Himmel.

Der Russe redete mit hoher Stimme und immer in einem fragenden Tonfall. Seine Augen wanderten nervös hin und her zwischen mir und der Wand neben ihm, die mit posterförmigen Bildern des UN-Gebäudes und einer Großaufnahme vom Moskauer Kulturpalast bedeckt war. »Sehen Sie?«, schienen seine Blicke sagen zu wollen. »Die Vereinten Nationen sind vielleicht in New York, aber der Kulturpalast ist in Moskau!«

Ustinow war der sowjetische Top-Funktionär im UN-Sekretariat. Er war aber nicht der sowjetische Top-Agent. Diese Ehre gebührte seinem persönlichen Assistenten Arkadi Kaschirin, der ihn überwachte, was in den Bürokorridoren ein offenes Geheimnis war. Kaschirin sprach und agierte unverkennbar als Agent des sowjetischen Geheimdienstes KGB und pflegte mit Seitenblicken und Körpersprache darauf aufmerksam zu machen, daß eigentlich er der Boß war.

In bestimmter Hinsicht stand Ustinow damit unter mir, weil ich als der amerikanische Topspion galt – eine neue Spezialität, die erst mit meiner Ankunft eingeführt worden war. Während des Kalten Krieges hatten sich die Sowjets einen beachtlichen Untergrundstützpunkt im UN-Sekretariat angelegt, und ich wurde vom damaligen amerikanischen Vizepräsidenten Bush inoffiziell damit beauftragt, ihnen auf die Finger zu sehen. Ich hatte allerdings keine Position wie Kaschirin, der als KGB-Mann wirkliche Macht über Ustinow ausübte. Bei meiner Ankunft stand ich allein gegen 274, denn ich war leider Gottes der einzige amerikanische Spion. Das war mir nur allzu bewußt, genauso wie es Kaschirin bewußt war. Trotzdem glaube ich, daß er in mir einen würdigen Gegenspieler sah. Als Spione schuldeten wir uns von Berufs wegen Respekt.

Ich hatte das Wunderland UN-Zentrale ein paar Tage vorher betreten, nachdem ich Mitte September 1983 aus Washington gekommen war. Die Schauspielerei war mir dabei keineswegs vollkommen fremd. Ich hatte schließlich siebenundzwanzig Jahre in der amerikanischen Regierung hinter mir, unter anderem in verschiedenen Ministerien, in zwei Mitarbeiterstäben des Weißen Hauses und in einer internationalen Entwicklungsbank – allesamt Organisationen, in denen eigenwillige Arbeitsformen und ebenso eigenartige Verhaltensregeln normal sind. Ich hatte auch eine beträchtliche Zeit mit informeller Lobbyarbeit und Auftritten vor dem amerikanischen Kongreß zugebracht.

Doch das Sekretariat der Vereinten Nationen kam mir schon auf den ersten Blick vor wie eine Spielwiese für Erwachsene mit erschreckenden Verhaltensauffälligkeiten. Selbst das sowjetische UN-Personal konnte sich alle möglichen bürokratischen Kapriolen erlauben, solange sich keiner von ihnen abseilte oder vom Glauben abfiel. Auch nach langen Jahren in der US-Regierungsbürokratie war ich offensichtlich immer noch zu naiv und unvorbereitet für einen solchen Narrenkäfig.

Ustinows Frage nach der väterlichen Abstammung war eine, die mir im amerikanischen Regierungsdienst komischerweise nie jemand gestellt hatte. Ich bat ihn, sie zu wiederholen.

»Ihr Vater – *Ihr Vater* – er waren Jude.«

»Mein Vater war Baske mit einem nicht-baskischen Nachnamen. Er war kein Jude, soviel ich weiß.«

»Doch, doch«, insistierte Ustinow. »Ihr Vater waren Jude. Ich wissen. Ich haben sehr gute Quellen in diesem Haus. Sie jetzt haben dikke Akte hier bei UN. Ich haben auch Artikel über Sie – neuen Artikel – in Zeitung *Washington Times*. Er sagt, Ihr Vater war Komponist. Ich wissen!«

Verschiedene Gedanken schossen mir durch den Kopf. Sind alle Komponisten Juden? War der KGB heimlich im Dienste der Vereinten Nationen tätig, um Unterlagen für die UN-Personalakten zu stehlen? Was zum Teufel ging meinen sowjetischen Inquisitor mein Vater an? Und warum insbesondere wurde ich – bis vor wenigen Tagen noch ein angesehener Staatssekretär im amerikanischen Innenministerium – mit diesem eindeutig antisemitischen Übergriff konfrontiert? Ja, und warum wurde ich eigentlich in eine Situation gebracht, in der ich abstreiten mußte, Jude zu sein?

Was mir absurd vorkam, schien allerdings für die Vereinten Nationen eine Frage von höchster Bedeutung zu sein. Warum leisteten sich die Vereinigten Staaten einen Sekretariatsbeamten, der gleichzeitig Jude war? Hatte das eine politische Bedeutung? War es ein ernsthaftes Problem, mit dem man sich beschäftigen mußte?

Ich sah schnell ein, daß man bei Leuten vom Schlage eines Untergeneralsekretärs Ustinow, dessen grinsende Einschüchterungsgebärden in keinem Zusammenhang zu seinen Worten standen, mit langwierigen Klarstellungen nicht weiterkam.

»Na schön, mein Vater war tatsächlich Jude, und er war stolz darauf!«, log ich ihm ins Gesicht. Ustinow lächelte selbstgefällig, aber freundlich und genoß seinen vermeintlichen Triumph.

Dann runzelte er die Stirn.

»Ja, ich dachte«, sagte er.

Sowjetbürokraten mußten immer recht haben. Das hatte ich aus zahlreichen Begegnungen in Genf und anderswo gelernt, als ich noch im Verteidigungsministerium saß.

Das Rätsel löste sich allerdings bald auf. Es war nämlich gar kein Russe gewesen, der diese Befragung angezettelt hatte. Es war ein Peruaner.

Zwei Tage vor meinem Anstandsbesuch beim Genossen Ustinow hatte ich bei UN-Generalsekretär Javier Pérez de Cuellar vorgesprochen, nachdem er mich persönlich durch einen telegraphischen Vertrag mit Dringlichkeitsvermerk zum Leiter seines strategischen Planungsstabs berufen hatte.

Don Javier, ein peruanischer Diplomat, war kein Meister der Konversation. Sein gelegentlicher Hang zu hintersinnigem Spott hat mir später gezeigt, daß er alles andere als geistlos war. Bei gesellschaftlichen Anlässen aber klammerte er sich an handgreiflichen Trivialitäten fest. »The food is still warm at the buffet«, pflegte er beispielsweise auf Empfängen zu sagen, oder »So many people here are Polish«, wenn man sich in der polnischen Vertretung traf.

»Ihr Name ist Sanjuan«, sagte Don Javier irgendwann bei unserem ersten Zusammentreffen in einem leicht fragenden Ton. Ich hatte die peinlichen Anfangsminuten mit dem Vorbringen von Artigkeiten verbracht und befand mich auf einer Couch gegenüber dem Schreibtisch in seinem Sechs-Fenster-Büro, aus dem man vom 38. Stockwerk des UN-Gebäudes auf den East River blickte – eine phantastische Aussicht, wenn man darüber hinwegsieht, daß da unten größtenteils Müllkähne verkehren. Er sah mich nicht direkt an, sondern streifte mich mit einem Blick, der mich nur am Rande wahrzunehmen schien.

»Ja, mein Name ist tatsächlich Sanjuan. Ich habe ihn von meinem Vater, Don Javier. Aber das haben Sie doch längst gewußt!«

»Ja«, antwortete er und blickte jetzt durch die Fenster. »Aber wie sind Sie zu dem Namen eines Heiligen gekommen? Das ist doch ungewöhnlich.«

»Naja«, antwortete ich, »es könnte sein, daß einer meiner Vorfahren irgendwann Ende des 15. Jahrhunderts in Spanien den Namen Sanjuan angenommen hat, als er vom Judentum zum Christentum übergetreten ist – als ein Zeichen für seine aufrichtige Bekehrung oder so ähnlich, wie mein Vater immer vermutet hat.«

Der Generalsekretär – offenbar sehr beunruhigt über die Möglichkeit meiner jüdischen Abstammung – muß mit einigen seiner Leute über die peinliche Entdeckung gesprochen haben. Das hat mir jedenfalls der indiskrete Emilio de Olivares gesteckt, Javiers Assistent, der sich wohl bei mir anbiedern wollte. Wahrscheinlich dürfte er es aber selbst gewesen sein, der die Schreckensmeldung, »daß uns die Amerikaner einen verkappten Juden geschickt haben«, in Umlauf gesetzt hatte. Und ich war ja der amerikanische Topspion – oder ganz einfach *der* amerikanische Spion, mit den besten Empfehlungen aus dem Weißen Haus. Eine schlechte Nachricht, die bald auch zu Ustinow vordrang. Und so tischte der mir seine »Hintergrundinformationen« über mich auf, als ich zwei Tage später bei ihm meinen Antrittsbesuch machte.

Dieses absurde Theaterstück stammt nicht von Ionesco; es hat sich nicht im Warschau des 17. Jahrhunderts abgespielt, auch nicht im vorigen Jahrhundert in Minsk oder im Ghetto von Kiew unter Zar Nikolaus I. – sondern Ende September 1983 in New York, in einer internationalen Enklave, die sich von der Realität weitgehend losgelöst hat.

So begann für mich ein zehnjähriger antisemitischer Trip, der mich immer wieder in Erstaunen versetzte, besonders nachdem ich erkannt hatte, daß der Antisemitismus ein integraler Bestandteil des UN-Lebensstils war. Er war nicht bloß eine politische Einstellung gegenüber Israel. Er war eine kulturelle Mentalität, die in der Luft hing, eine verbreitete Geisteshaltung, bestimmend für die UN-»Kultur«.

Das war aber nicht die einzige Paradoxie, die das wohltätig-humanitäre UN-Image beschädigte. Noch andere, höchst eigentümliche Formen von Rassismus ebenso wie die Begünstigung von Schlendrian und Unfähigkeit im Verbund mit einem umfassenden Ökosystem der Korruption, all diese Vorgänge konkurrierten um den Großen UN-Amtsmißbrauchspreis.

Ich hatte noch ohne Dienstausweis vor dem Haupteingang des berühmten gläsernen Hochhauses in der First Avenue von Manhattan gestanden. Es war ein warmer Septembertag. Im Büro des Generalsekretärs wurde meine Ankunft mit Argwohn und Unruhe erwartet, denn der amerikanische Spion war nicht willkommen. Der Generalsekretär selbst war früher peruanischer Botschafter in Moskau gewesen; ich hatte ihn als Mitglied von US-Delegationen bei Verhandlungen über das Kriegsvölkerrecht und über die unglückselige Seerechtskonvention kennengelernt.

Ein uniformierter Wachmann empfing mich am Besuchereingang. Touristen in Shorts und Sandalen, manche mit Lockenclips oder Kindern, die herumtobten und Zuckerstangen lutschten, durften ungehindert passieren. Ich nicht, nicht einmal bei meinem offiziellen Dienstantritt. Bei den Vereinten Nationen gab es nie nennenswerte Sicherheitsvorkehrungen, schon gar nicht in jenen vorterroristischen Tagen. Doch der mir gewährte Empfang war von besonderer Qualität. Es war ganz offensichtlich Gefahr im Verzug. Obwohl ich in den Stab des Generalsekretärs berufen war, eskortierte mich der Wachmann wie einen Häftling im Hochsicherheitstrakt von Alcatraz. Ein weiterer Wachmann fing mich ab, als ich im 38. Stockwerk den Fahrstuhl verließ.

»Warten Sie!«, befahl er.

»Haben Sie nicht etwas vergessen?«, fragte ich ihn mit vernehmlicher Stimme.

»Was?«

»Das Wort ›bitte‹, mein Guter«, sagte ich genauso vernehmlich. Ich teilte ihm mit, daß ich nicht die Absicht hätte, irgendwo hinzugehen, weil mich nicht auskennen würde und auch gerade nicht zur Toilette müßte. Er fand das nicht komisch. Abrupt deutete er auf einen Platz hinter sich am Fenster, von wo man auf den East River blickte.

Ich blieb stehen. Schließlich kam eine Sekretärin. Sie hatte die Augen überwiegend zugeklappt, wobei ihre Lider merkwürdig zuckten, wohl um mir von Anfang an zu zeigen, daß ihre Geduld mit mir schon am Ende war. Mit wem sie es zu tun hatte, wollte sie jedenfalls nicht wissen. Das wußte sie augenscheinlich nur zu gut. Offenbar war ich selbst der einzige, der nicht restlos darüber im Bilde war, was ich für das 38. Stockwerk – das Allerheiligste der Vereinten Nationen – darstellte. Sie schien mich als eine handfeste, pulsierende Bedrohung zu betrachten. Wortlos, aber mit energischen Handbewegungen, führte sie mich in einen engen Warteraum. Ich setzte mich auf einen Ledersessel und konnte von dort aus immer noch sehen, wie die indignierte Sekretärin vor ihrem Schreibtisch herumzappelte.

Mein linkes Auge begegnete ihrem. Sie kam zurück und drückte die Tür des Warteraums mit übertriebenem Kraftaufwand zu.

»Das fängt ja gut an«, dachte ich. Schon kurz darauf war sie wieder da, wobei sie mich mit einem britischen Akzent von unverkennbar argentinischer Herkunft beinahe anschrie. »He will see ju!«

»Wann?«, fragte ich.

»Jetzt!«, fauchte sie.

Vor der eigentümlichen Diskussion über die Herkunft meines Namens trat Pérez de Cuellar merkwürdig wortkarg, scheu und irgendwie verlegen auf. Er sprach schließlich über das Wetter. Instinktiv blickte ich aus einem der sechs Fenster, um seine Auslassungen zu den Witterungsverhältnissen zu verifizieren, und konnte dabei sehen, daß die Hubschrauber bei ihrem Anflug auf den Landeplatz an der 34. Straße unter den Fenstern des Generalsekretärs flogen. Vielleicht als eine Ehrenbezeugung.

»Sie wurden von Vizepräsident George Bush als Direktor für politische Angelegenheiten vorgeschlagen. Wie denken Sie darüber?«, fragte mich der Generalsekretär zögernd.

»Hören Sie, Don Javier«, antwortete ich, »bei allem Respekt, aber ich glaube, wir verstehen beide genug von Politik, um dies hier nicht als ein Einstellungsgespräch zu betrachten. Ich habe von Ihnen ein Telegramm bekommen, das ja wohl einem ordentlichen Vertrag entspricht.«

Der Generalsekretär nickte. Er schien kein konfliktfreudiger Mensch zu sein und zeigte mir nun seine Sammlung von lateinamerikanischer Kunst, die größtenteils über der Couch hing.

Der Titel des Generalsekretärs klingt für viele verwirrend. Er bedeutet, daß er das UN-Sekretariat leitet, das wiederum als das Nervenzentrum der Vereinten Nationen gilt. Die UN-Vollversammlung und der UN-Sicherheitsrat entsprechen in der amerikanischen Politik grob gesagt dem Repräsentantenhaus und dem Senat. Der Generalsekretär ist also einem Präsidenten vergleichbar – er soll die von der Vollversammlung und dem Rat verabschiedeten Gesetze oder Resolutionen durchführen und gleichzeitig aus eigener Initiative Exekutivaufgaben wahrnehmen. Diese einfache Beschreibung ist allerdings irreführend.

Seit ihren Anfängen Mitte der vierziger Jahre waren die Vereinten Nationen als eine Organisation konzipiert, in der die Siegermächte des Zweiten Weltkriegs anteilmäßig reale Macht ausüben, während sie sich mit dem Rest der Welt gewisse wohlklingende, aber rein dekorative Funktionen teilen. Der Sicherheitsrat sollte, wie der Name schon sagt, sicherheitsrelevante Fragen behandeln. Die Verbündeten aus der großen Allianz gegen Deutschland, Italien und Japan hatten darin einen ständigen Sitz und ein Vetorecht gegen die zur Abstimmung gestellten Initiativen. Faktisch gab es im Zuge des Kalten Krieges nur zwei Akteure von Gewicht im Sicherheitsrat – die Vereinigten Staaten mit ihren Satelliten Großbritannien und Frankreich und die Sowjetunion zusammen mit der Volksrepublik China. Da der Sowjetblock regelmäßig überstimmt wurde, machte er zur Schadensbegrenzung starken Gebrauch von seinem Vetorecht.

In der Vollversammlung waren, wie der Name schon sagt, alle UN-Mitglieder vollständig vertreten. Alle besaßen und besitzen dort nach wie vor eine Stimme. Die Volksrepublik China hat heute mit ihren 1,2 Milliarden Menschen dieselbe einzelne Stimme wie die Republik Palau, hervorgegangen aus einem Plebiszit, das ich 1983 als Innenstaatssekretär im amerikanischen Pazifik-Treuhandgebiet organisierte. Die dortige Bevölkerungszahl ist mittlerweile von 15.000 Seelen im Jahre 1984 auf 17.000 Einwohner explodiert. Das Konzept der einen Stimme pro Mitglied spiegelte das Denken der Siegermächte des Zweiten Weltkriegs wider: Laßt uns dem Rest der Welt ein Forum geben, in dem er die Politik der Supermächte gutheißen oder dagegen vom Leder ziehen kann. Natürlich können Beschlüsse der Vollversammlung eine symbolische Wirkung haben. Sie übt außerdem organisatorische Funktionen aus, die der regelmäßigen Zustimmung bedürfen. Sie ist aber kein wirkliches Weltparlament und kann dies auch bei der bestehenden Aufteilung der repräsentativen Funktionen nicht sein.

Das UN-Sekretariat ist mehr als nur das administrative Exekutivorgan der Vereinten Nationen. In der Auffassung, daß die Maßnahmen des Sekretariats dem direkten Einfluß der Mitgliedsstaaten entzogen sein müssen, verbirgt sich auch eine allgemeine Abschottungsmentalität, in der die perfidesten politischen Manöver zusammen mit den korruptesten Machenschaften durchgezogen werden – all das unter dem Deckmantel von diplomatischer Immunität und innerer Unabhängigkeit.

Pérez de Cuellar, der bei dieser ersten offiziellen Begegnung zunächst ins Leere gelaufen war, versuchte es nun auf eine andere Tour. Ich solle die Politikplanung für ihn und den Sicherheitsrat mit einem sowjetisch kontrollierten Stab leiten. Ich würde aber auch, fügte er mit gedämpfter Stimme hinzu, als ob die Wände Ohren hätten – die sie wahrscheinlich auch hatten –, sein Verbindungsmann zum Weißen Haus und zum amerikanischen Kongreß sein. Er wußte, daß ich in Washington über beste Verbindungen verfügte. Ich solle für ihn meine guten Beziehungen zu Vizepräsident Bush und zu seiner »lieben Freundin« Jeane Kirkpatrick, der amerikanischen UN-Botschafterin, spielen lassen.

Er wollte also, mit anderen Worten, mich, den »gefürchteten« amerikanischen Spion, zum Doppelagenten machen. Ich schwieg.

Ich sollte bald erfahren, daß es den Sowjets im Laufe der Jahre gelungen war, sich durch Handel und Wandel, Lug und Trug, Schmeicheleien und Drohungen in viele Schlüsselpositionen des UN-Sekretariats hineinzumogeln. Wir werden dieses Netzwerk im Fortgang dieses Berichts noch darstellen, sollten aber schon an dieser Stelle darauf hinweisen, daß die »sowjetische« Hauptabteilung für Politik und Angelegenheiten des Sicherheitsrats, die immer einem sowjetischen Untergeneralsekretär unterstehen mußte, durch ein System von sowjetischen Assistenten und KGB-Funktionären, plaziert in allen leitenden Positionen, völlig vom Kreml kontrolliert war. Die große UN-Bibliothek wurde immer von einem sowjetischen Bibliothekar geleitet; das Personal bestand größtenteils aus sowjetischen Beamten. Der Generalsekretär hatte einen persönlichen Assistenten, der von den Sowjets gestellt wurde, ohne daß es einen entsprechenden amerikanischen Berater gab. Das Personal der russischen Übersetzungsabteilung – das bei weitem größte Übersetzer- und Dolmetscherkontingent – wurde ausschließlich von den Sowjets gestellt. Zudem waren in allen anderen Hauptabteilungen zentrale Positionen für sowjetische Beamte reserviert, besonders in den Verwaltungs- und Personalabteilungen und in der riesigen Hauptabteilung für Öffentlichkeitsarbeit. All diese Positionen wurden ständig von den Sowjets kontrolliert. Weiter unten werden wir sehen, mit welchen Verwaltungsmethoden diese Kontrolle hergestellt wurde.

Meine vom Außenministerium empfangenen Instruktionen hatten keine näheren Angaben über das Ausmaß enthalten, in dem die Sowjets das UN-Sekretariat beherrschten. Sie kontrollierten aber das Geschehen hauptsächlich durch einen regimentsgroßen Mitarbeiterstab und durch zahlreiche Satelliten aus dem übrigen Ostblock. Offiziell hatten sie häufig Verwaltungsaufgaben, tatsächlich sollten sie jedoch eine gigantische Geheimdienstoperation decken, die unter dem Dach der Vereinten Nationen Informationen zusammentrug. Ihre Spionageaktivitäten zielten fast zur Gänze auf die Vereinigten Staaten, in der UN-Sprache *host country,* das »Wirtsland« genannt – genau in dem Sinne, in dem ein größerer Wirtsorganismus eine Infektion empfängt. Das amerikanische Außenministerium hatte die sowjetische Geheimtruppe entweder ignoriert oder ihr keine Bedeutung beigemessen.

George W. Bush wußte von diesem sowjetischen Kontrollsystem – nicht nur, weil er selbst amerikanischer UN-Botschafter gewesen war, sondern auch deshalb, weil er in seiner Zeit als CIA-Direktor die sowjetischen Geheimdienstaktivitäten genau verfolgt hatte. Während unserer Zusammenarbeit am American Enterprise Institute (AEI) ist er ein oder zwei Mal auf die Vereinten Nationen als Zentrum der sowjetischen Spionage zu sprechen gekommen, und er hat es begrüßt, daß seine damalige AEI-Kollegin Jeane Kirkpatrick von Präsident Reagan zur UN-Botschafterin nominiert wurde. Jeane war immer der Meinung gewesen, daß ich wegen meines Studiums der sowjetischen Landeskunde, wegen meiner Russischkenntnisse und wegen meiner späteren Erfahrungen auf verschiedenen Gebieten der militärischen Aufklärung ins UN-Sekretariat gehen sollte. Als ich im Außenministerium zu den Koordinatoren des Reagan-Bush-Übergangsteams gehörte, hatte ich Jeanes Vorbereitung für ihre Senatsanhörung als nominierter UN-Botschafterin organisiert.

Ich nahm zwar zunächst die Position des Staatssekretärs für US-Territorien und internationale Angelegenheiten im Innenministerium an, aber Bush und Kirkpatrick warteten ab, bis ein wichtiger politischer Posten im UN-Sekretariat frei wurde. Dann überzeugten sie die Reagan-Administration davon, daß ich der richtige Mann sei, um zum ersten amerikanischen Spion bei den Vereinten Nationen zu werden.

Noch ein weiter Peruaner stieß zu uns, als ich meinen Antrittsbesuch bei Pérez de Cuellar absolvierte – sein Topassistent Emilio de Oivares. Irgendwie erinnerte er mich an die Figur des Aramis aus den *Drei Musketieren* – ein jovialer Dickwanst, dessen Augen allerdings eine boshafte Ader verrieten. Emilio und der Generalsekretär legten beide Wert darauf zu betonen, daß sie die Notwendigkeit einer Kontrolle des sowjetischen Einflusses im Sekretariat durchaus sahen. In ihrer »internationalen« Attitüde ließen beide ihre Unterstützung für die USA und den Westen durchblicken – worauf sie ständig herumritten, damit ich ihre freundschaftlichen Gefühle für die Vereinigten Staaten auch würdigte. »Wir sind doch im Grunde genommen alle von europäischer Herkunft und Tradition – auch Sie als konvertierter Jude«, sagte der Generalsekretär.

»Ich bin kein konvertierter Jude, Don Javier. Mein Vater war der Meinung gewesen, daß er vielleicht einen entfernten Vorfahren hatte, der einer war.« Der Generalsekretär sah aus einem seiner sechs Fenster.

Von seinen wohlfeilen Liebeserklärungen an Amerika habe ich

nicht einmal die Hälfte geglaubt. Und selbst das war vermutlich schon zu viel.

»Sie sind also dieser Sanjuan!«

Ich stand im Büro von Brian Urquhart, dem britischen Untergeneralsekretär, den man mir als eine »Institution« beschrieben hatte, weil er seit ihrer Gründung bei den Vereinten Nationen war.

»Scheint so. Sie sind hoffentlich nicht enttäuscht ... oder was auch immer«, gab ich zurück – ziemlich bissig, weil ich es langsam satt hatte, ständig wie eine zweiköpfige Ziege behandelt zu werden.

»Ihr Ruf eilt Ihnen voraus«, entgegnete Urquhart, der seine britische Arroganz dadurch bekundete, daß er ständig zu Boden sah.

»Sagen Sie mal«, fuhr er fort, »was haben Sie eigentlich im Spanischen Bürgerkrieg gemacht?«

Meine Akte oder, zutreffender formuliert, mein »Dossier« zirkulierte offenbar auf allen höheren Rängen der UN-Bürokratie. Alle, die sie gelesen und weitergereicht hatten, mußten wahre Hochgeschwindigkeitsleser sein. Wie ich später erfuhr, war die Akte ungefähr fünfzehn Zentimeter dick. Sie war schon vor meiner Ankunft in monatelanger Arbeit zusammengestellt worden, und zwar weder vom FBI noch vom UN-Geheimdienst – den gibt es nicht –, sondern höchstwahrscheinlich von KGB-Leuten aus dem sowjetischen Sekretariatspersonal. Sie müssen eine akribische Sammlung von (größtenteils trivialen) Dokumenten erstellt haben, um sie dem Generalsekretär als kleine Aufmerksamkeit zu überreichen, und der wiederum sorgte dafür, daß der Wälzer die Runde machte. Man konnte daraus entnehmen, daß ich eine Vielzahl von Tätigkeiten in der amerikanischen Regierung ausgeübt hatte.

Ich hatte als stellvertretender Protokollchef im Außenministerium angefangen, wurde dann aber zum großen Mißbehagen der vornehmen Bürokratie des Auswärtigen Dienstes Bobby Kennedys Mann fürs Grobe. Weiter ging meine bunte Karriere als Unruhestifter in der US-Regierung mit einem Job unter Lyndon Johnson im Weißen Haus, dann wurde ich dem ehrenwerten Präsidenten der Inter-American Development Bank zum Verhängnis, gefolgt von vier Jahren im Verteidigungsministerium als stellvertretender Planungschef, stellvertretender Koordinator der Seerechtskommission, Chefunterhändler des Pentagon für den amerikanischen Vorschlag zum Chemiewaffenabkommen und Vorsitzender der Arbeitsgruppe für Energiepolitik. Es folgten zwei Jahre als Leiter des Öffentlichkeitsreferats im Amt für Rüstungskontrolle und Abrüstung, ein Jahr im Stab des Weißen Hauses unter Präsident Carter und drei Jahre als Innenstaatssekretär.

Trotz aller proamerikanischen Bekundungen des Generalsekretärs war ich immer noch der bedrohliche Eindringling. Javier dürfte den Sowjets die Kehrseite seiner Loyalitätsmedaille gezeigt haben – nämlich wie wichtig es sei, den amerikanischen Einfluß bei den Vereinten Nationen zurückzudrängen. Auch sie waren ja allesamt Europäer.

»Was ich im spanischen Bürgerkrieg gemacht habe?«, antwortete ich auf Urquharts Befragung. »Lassen Sie mich nachdenken. Ich habe natürlich als Kommandant einer internationalen Brigade gegen Franco gekämpft. Wie Sie sehen, war ich ein aufgeweckter Knabe, schließlich war ich beim Ausbruch des Bürgerkriegs gerade mal sechs Jahre alt – und acht Jahre, als es meiner Familie gelang, aus Spanien herauszukommen.«

»Oh«, sagte Urquhart mit gekräuselter Stirn. »Ja, ich verstehe. Na schön. Ihr Vater war doch Musiker, oder nicht? Hat er Gustavo Durán gekannt?«

Gustavo Durán war ein illustrer Abenteurer gewesen – zu Beginn des Spanischen Bürgerkriegs 1936 ein junger Komponist, der zur republikanischen Armee stieß, tapfer kämpfte und im Felde vom einfachen Soldaten zum General aufstieg, der bei Cataluña einen Frontabschnitt kommandiert hat. Nach dem Krieg floh er nach London, wo er schließlich eine reiche Engländerin heiratete. Er kam dann nach New York zu den Vereinten Nationen, um dort offenbar zu einem guten Freund von Brian Urquhart zu werden. Mein Vater hatte ihn tatsächlich in den vierziger Jahren kennengelernt, als Durán in den New Yorker Musikerkreisen verkehrte.

»Ja«, sagte ich, »mein Vater hat Durán gekannt. Aber erst in New York, nicht in Spanien.«

»Ach so ist das. Aber sie waren doch befreundet, nehme ich an«, grummelte Urquhart.

»Ja. Ich glaube, sie waren befreundet«, sagte ich. »Aber wollen Sie jetzt herausfinden, wo mein Vater im Spanischen Bürgerkrieg politisch gestanden hat? Ob er Faschist oder Kommunist war? Ist es das? Wenn das Ihre Absicht ist, dann kann ich Ihnen sagen, daß mein Vater, über den man ja inzwischen hier im UN-Sekretariat bestens Bescheid weiß, die Faschisten genauso wie die Kommunisten und die Sozialisten und die Anarchisten allesamt gleichermaßen gehaßt hat. Er war Komponist und Dirigent, und diese ganzen verrückten spanischen Kriegsparteien haben ihm seine beruflichen Pläne vermasselt. Mein Vater war nicht für Lenin, Hitler oder Mussolini, er war für Beethoven, Mozart und Strawinsky. Im übrigen hat er auch Franco gekannt, als er in der spanischen Armee gedient hat, und sehr viel später war er auch ein Freund von Manuel Azaña gewesen, dem Präsidenten der spanischen Republik. Was sagen Sie jetzt?«

Ich verließ Urquharts Büro auf nicht sehr englische Art. Das war der Moment, wo ich mich entschloß, mir nach solchen bizarren Konfrontationen Notizen zu machen.

Nach siebenundwanzig Jahren in der amerikanischen Regierung war dies für mich eine ganz neue Erfahrung. Mochte das politische Milieu in Washington noch so feindselig sein – aber solche inquisitorischen Methoden waren dort unüblich.

Meine Begegnung mit Brian Urquhart machte die Zeitverschiebung deutlich, die bei den Vereinten Nationen herrscht. Dieser britische Gentleman, diese mir empfohlene »Institution«, wollte meine politische DNA entschlüsseln, indem er auf »seine« Zeit zurückging, auf jene Epoche, in der die Vereinten Nationen aus den Nachkriegsereignissen hervorgingen. Die gute alte Zeit war für ihn die des Zweiten Weltkriegs – der antifaschistische Kampf und die liberale Begeisterung für eine Weltordnung, über der nicht mehr der Schatten des Faschismus hing. War ich ein verkappter Faschist? Das war es, was er herausfinden wollte.

Nein, hatte er festgestellt. Ich war vielleicht in früheren Zeiten, als Kind, Kommunist gewesen, aber kein Faschist. Trotzdem war ich für ihn, den Briten, kein richtiger Amerikaner. Reagan sollte den Vereinten Nationen gefälligst einen richtigen Amerikaner zum Spionieren schicken, nicht irgendeine Charge aus dem Spanischen Bürgerkrieg.

Auf skurrile Weise war Urquhart ein interessantes Fossil, das sich in einem Reservat für Fossilien räkelt.

Virendra Dayal, der Leiter des Exekutivbüros im UN-Sekretariat, preßte mit gespreizten Fingern die Hände zusammen und neigte den Kopf nach vorn – eine typische UN-Pose –, als er mich bei einem weiteren verunglückten »Antrittsbesuch« in die Zange nahm. Vindu, wie ihn seine engen Freunde und hinter seinem Rücken fast alle nannten, war ein kleiner Mann mit leicht vorstehenden Augen, distinguiert britischem Look und ebensolchem Akzent, umhüllt von einer stark parfümierten Aftershave-Wolke.

»Nachdem Sie jetzt im UN-Sekretariat sind, könnte es sein, daß Sie sich zu entscheiden haben zwischen Ihrer Loyalität gegenüber den Vereinigten Staaten und vielleicht auch noch einer anderen Instanz und Ihrer Loyalität gegenüber den Vereinten Nationen. Wofür würden Sie sich entscheiden?«

Ich stutzte zuerst und war dann perplex. Die Frage war offenkundig unangebracht, weil sie voraussetzte, daß ein Amerikaner im Dienste der Vereinten Nationen dazu bereit sein muß, sein Land zu verraten. Der Generalsekretär hatte mich ja schon zum Doppelagenten machen wollen. Ich wurde immer noch als Jude verdächtigt, und die »andere Instanz« sollte wohl auf Israel anspielen, weil bekanntlich alle Juden ein doppeltes Vaterland haben.

»Meinen Sie die Loyalität gegenüber dem UN-Generalsekretär oder gegenüber den Vereinten Nationen?«, fragte ich.

»Das ist ein und dasselbe«, antwortete Dayal, den Kopf immer noch nach vorn geneigt.

»Für mich ist es das nicht, Mr. Dayal«, sagte ich. »Ich möchte wissen, ob Sie irgendeinem anderen, der in letzter Zeit eingestellt wurde, diese Frage gestellt haben. Ich möchte überhaupt wissen, ob jeder von ihnen auf diese Weise verhört wird. Ich sehe nicht, daß man hier im UN-Sekretariat jemals vor diese Entscheidung gestellt wird. Alles in allem: Sollte ich je mit einem solchen Dilemma konfrontiert sein, würde ich es ganz schnell lösen, indem ich meinen Dienst quittiere.«

Dayal war ein verdrossener US-Kritiker, der sich aber für einen »neutralen« Beobachter hielt. Er legte spitzfindig dar, daß die Sowjets bekanntlich nicht anders können, als die Unabhängigkeit einer »internationalen« Organisation zu ignorieren, weil deren Unabhängigkeit für sie nur vorübergehender Natur sein könne. Schließlich würden sie und ihre Satelliten im Jahre 1983 immer noch den Sieg des Weltkommunismus erwarten, so daß sie die Unabhängigkeit einer anderen Weltorganisation nicht respektieren müßten. Bei ihren erklärten Zielsetzungen müsse man einfach davon ausgehen, daß sie die Vereinten Nationen unterwandern wollen. Ganz anders, so Dayal, verhalte es sich im Falle der USA. Wir seien eine gesetzestreue (wenngleich »imperialistische«) Nation, und von einem im Sekretariat tätigen US-Bürger könne man erwarten, daß er als ein vorbildlicher internationaler Beamter auftritt – und nicht als ein Spion oder Gegenspion, der ich für sie war.

Offenbar hielt Dayal diese Definition des besonderen sowjetischen UN-Status für eine raffinierte Methode, sich über die naive Noblesse-Oblige-Politik der USA lustig zu machen. Die Sowjets, dachte er, sind bestimmt nicht so dumm wie die Amerikaner.

ZWEITES KAPITEL

Die UNO – Werkzeug und Opfer der Supermächte?

Im Jahre 1945 gründeten die siegreichen Alliierten die Vereinten Nationen, um die Zivilisation vor einer erneuten Bedrohung wie der des Nationalsozialismus zu schützen.

Doch die beiden Supermächte, die aus dem Zweiten Weltkrieg hervorgegangen waren, begingen bald ziemliche Torheiten. Erstens nahmen sie sich gegenseitig in Geiselhaft durch ihr zunehmendes Vernichtungspotential, mit dem sie alles zivilisierte Leben auf der Erde auslöschen konnten. Diese ungeheure wechselseitige Zerstörungskraft wurde von den USA im Verein mit der UdSSR monopolisiert, ohne daß der Rest der Welt groß mitreden durfte. Das Überleben oder die Auslöschung der menschlichen Gattung sollte eine bilaterale Angelegenheit sein, über die unter Ausschluß der riesigen Mehrheit der Weltbevölkerung entschieden wurde.

Sie maßten sich nun an, jede andere Nation an den Pranger zu stellen, sobald sie den Anspruch erhob, auch nur über kleinere Massenvernichtungswaffen zu verfügen – was scheinheilig als »Proliferation« verurteilt wurde.

Der Idealismus war zur blanken Heuchelei verkommen. Dementsprechend erlaubten weder die USA noch die UdSSR den Vereinten Nationen eine Einmischung in die zentralen Fragen des Kalten Krieges oder in alles, was das Überleben der menschlichen Gattung betraf, sofern dadurch das amerikanisch-sowjetische Patt ausgehebelt wurde.

So blieb den Vereinten Nationen nur der Weg in die Absurdität. Mit der Zeit wurden sie für die neutralen oder weniger neutralen Staaten der Dritten Welt zu einem beliebten Forum, um ihre Streitigkeiten vorzutragen und ihren Anspruch auf Mitwirkung bei humanitären Fragen vorzubringen.

Nach dem Abtreten des couragierten, aber etwas zu umtriebigen Dag Hammarskjöld, der unter zwielichtigen Umständen bei einem Flugzeugabsturz starb, kamen die Supermächte überein, für das Amt des UN-Generalsekretärs Kandidaten zu nominieren, die nicht nur aus schwachen Ländern kamen, sondern auch ausgewiesene Waschlappen waren. So konnten die tyrannischen Supermächte die Vereinten Nationen für unfähig erklären, irgend etwas zu bewirken. Sie waren für sie nur ein Debattierclub, und das war es genau, was sie für die USA und für die UdSSR auch sein sollten.

Es gab also keine Möglichkeit, der bei den Vereinten Nationen herrschenden Unfähigkeit zu entgehen. Die Unfähigkeit wurde erwartet. Kein ernsthafter Reformversuch vermochte daran etwas zu ändern, weil die Großmächte das System bewußt in einem Zustand der Dysfunktionalität hielten.

Trotzdem blieben die Vereinten Nationen ein geistiger Anziehungspunkt für viele, die hofften, daß sich die gravierenden sozialen Ungerechtigkeiten auf der Welt eines Tages beseitigen lassen – Probleme wie Seuchen, Hunger und Armut, Mißhandlung von Frauen, Rassismus, strukturelle Benachteiligung oder Ausbeutung von Kindern. Von den UN-Sonderorganisationen wie auch auf den Konferenzen und Vollversammlungen der Vereinten Nationen wurde um diese Fragen viel Wind gemacht.

Erreicht wurde mit diesen gutgemeinten Aktivitäten sehr wenig, wenn man sich heute die entsetzliche Ausbreitung von Aids und anderen bösartigen Seuchen, das allgegenwärtige Gespenst von Hunger und Unterernährung, das globale Elend von Frauen und Kindern, die weitverbreitete Sklaverei, die beständige Zunahme von Rassismus und religiöser Intoleranz oder das Umsichgreifen von Terrorismus und Völkermord ansieht.

Als politisches Organ wurden die Vereinten Nationen von einer einzigen Instanz kontrolliert – dem Sicherheitsrat, in dem die Supermächte das Sagen hatten. Dort handelten die USA und die UdSSR ihre Abmachungen aus, auch bezüglich der Auswahl von schwachen und wirkungslosen Generalsekretären, die sich von beiden Supermächten gängeln ließen.

Währenddessen wurde die UN-Vollversammlung zusammen mit politisch aktiveren UN-Organisationen (wie der UNESCO) und dem UN-Sekretariat zu einem ideologischen Kampfplatz. Die wichtigsten Kämpfe drehten sich um die Loyalitäten der Dritten Welt – jener politisch, gesellschaftlich und wirtschaftlich noch unentwickelten Weltteile, die sich als Einflußsphären der Supermächte darstellten.

Verstrickt in den ideologischen Ost-West-Konflikt war der Krieg der islamischen Welt gegen Israel – ein Konflikt, in dem Israels Feinde bei den Vereinten Nationen frühzeitig offene Türen einrannten. Die Vollversammlung verabschiedete im Jahre 1975 eine berüchtigte Resolution, in der Zionismus und Rassismus gleichgesetzt wurden. In den Vereinten Nationen schien sich die Weltgeschichte so darzustellen, daß die Nazis jüdische Rassisten vertrieben oder vernichtet hätten und die überlebenden Rassisten nach Palästina ausgewandert seien.

Der offene Antisemitismus bei den Vereinten Nationen wurde von der amerikanischen Regierung zu den Hochzeiten des Kalten Krieges offenbar als ein notwendiges Übel betrachtet, das keine besonderen Konsequenzen nach sich zog. Die Vereinten Nationen waren ja nur ein Forum, um Dampf abzulassen und das abscheuliche internationale Verbrechen der beiden Supermächte zu bemänteln, die fünfzig lange und angstvolle Jahre damit drohten, zu einem von ihnen selbst zu bestimmenden Zeitpunkt allem zivilisierten Leben auf Erden den Garaus zu machen. Unerklärlicherweise sah die amerikanische Regierung auch darüber hinweg, daß das UN-Sekretariat als Basis für sowjetische Spionageaktivitäten diente.

Doch dann zerbrach die UdSSR, nachdem sie ihre Wirtschaft in einem nicht durchzuhaltenden Rüstungswettlauf mit den USA ausgelaugt hatte. Was blieb, waren die Vereinigten Staaten in der Rolle der einzigen Supermacht – oder des einzigen Machtpopanzes, als den sie viele UN-Mitarbeiter gern sehen.

Die »natürliche« und lange hingenommene Atmosphäre des politischen Antisemitismus, die bei den Vereinten Nationen herrscht, trägt nun in raschem Tempo dazu bei, daß sich eine antiamerikanisch-antiisraelische Koalition formiert, und zwar ungeachtet aller strategischen Bündnisse, die die Vereinigten Staaten bilateral oder regional in verschiedenen Teilen der Welt aufrechtzuerhalten versuchen.

Das Sekretariat hat lange als eine Clearingstelle für extremistische islamische Organisationen fungiert, die auf die Vernichtung des Staates Israel aus sind. Gibt es eine Möglichkeit, die weltweiten Aktivitäten zur Verstärkung der Antiterrorgesetze mit einer wirksamen Überwachung der Vorgänge im UN-Sekretariat zu verbinden?

Ist die Sache von Frieden und globaler Stabilität – erklärte Ziele der Vereinten Nationen – in einer Organisation, die subversiven Geheimaktivitäten Unterschlupf bietet, zum Scheitern verurteilt?

Haben die Vereinten Nationen derzeit und zukünftig einen Wert, der über ihre überkommenen Schwächen hinausgeht? Und vor allem: Kann man irgend etwas tun, um ihr dysfunktionales Erbe zu überwinden?

Vielleicht können die seltsamen Erfahrungen, die ich über ein Jahrzehnt lang als »amerikanischer Topspion« im UN-Sekretariat sammeln konnte, darauf einige klare Antworten geben.

DRITTES KAPITEL

Erste Erfahrungen

Der Leser wird sich fragen, warum das UN-Sekretariat, das hauptsächlich den Generalsekretär unterstützen soll, mehr als sechstausend Menschen beschäftigen kann und dabei jährlich eine Summe verschlingt, die die 2-Milliarden-Dollar-Marke längst überschritten hat. Wir müssen deshalb einen kurzen Überblick über seinen hochredundanten Aufbau und über die entsprechenden Personalpraktiken geben.

Das UN-Sekretariat gilt als das Nervenzentrum der Vereinten Nationen. Es hat seinen Sitz am East River im Zentrum von Manhattan. Untergebracht ist es in einem vierzigstöckigen Gebäude (einem der Wahrzeichen von New York), in zwei vierzigstöckigen Wolkenkratzern jenseits der First Avenue, bekannt als DC-1 und DC-2, und in verschiedenen großen Gebäuden, zum Beispiel dem nahegelegenen früheren Chrysler Building, wo Tausende von zusätzlichen Quadratmetern angemietet wurden.

Im schweizerischen Genf stellt ein großer Gebäudekomplex, in dem der verblichene Völkerbund saß, zusammen mit zusätzlich angemieteten Räumlichkeiten heute im wesentlichen eine Zweitausfertigung des UN-Amtssitzes dar, nutzbar für Tagungen, für die Vollversammlung, den Sicherheitsrat, den Treuhandschaftsrat und den Wirtschafts- und Sozialrat (ECOSOC) – allesamt Gremien, die schon in New York über umfangreiche ständige Einrichtungen verfügen. Der Treuhandschaftsrat tritt nur einmal im Jahr für ein paar Minuten in New York zusammen.

Im Wiener »Internationalen Zentrum« hat die New Yorker UN-Zentrale fast noch einen zweiten Doppelgänger mit einem weiteren Komplex von Zweitausfertigungen gleich nebenan, erbaut von Kurt Waldheim, dem krypto-nationalsozialistischen UN-Generalsekretär und späteren österreichischen Bundespräsidenten. Er hat eine Zeitlang davon geträumt, den Sitz der Vereinten Nationen nach Wien zu verlegen.

In Nairobi (Kenia) besitzt die UNO einen weiteren großen Komplex, der eigentlich ihre Ostafrika-Zentrale aufnehmen soll. Er könnte gleichfalls als Double für einen Hauptsitz der Vereinten Nationen fungieren.

Darüber hinaus unterhält die UNO in verschiedenen Weltgegenden Tagungszentren (das bekannteste in Addis Abeba) sowie große Anlagen in Paris, in Rom und auf Zypern. Irgendwann gab es sogar Verhandlungen mit Deutschland über die Nutzung von früheren Bonner Regierungsgebäuden.

In den wichtigsten Hauptstädten der Welt wie auch in allen zweitwichtigsten unterhält die UNO weitere umfangreiche Einrichtungen für die UN-Informationszentren. Das UNIC in Washington dient als Zentrale für die Lobbyarbeit beim amerikanischen Kongreß, obwohl der Lobbyismus in der amerikanischen Hauptstadt durch Verordnungen eingeschränkt wird und für gemeinnützige US-Organisationen nach dem Steuerbefreiungsgesetz nicht zulässig ist.

Zusätzlich zu diesen offensichtlich überflüssigen ständigen Einrichtungen veranstaltet die UNO alljährlich in aller Welt (zum Beispiel in Durban, Peking oder Barcelona) alle möglichen Tagungen, für die jedesmal Räumlichkeiten anzumieten sind. Reisekosten sind im UN-Etat ein riesiger Posten, der nahezu 1 Milliarde Dollar verschlingt.

All diese und noch viele weitere Raumbedürfnisse, die unter die Rubrik Sonstiges fallen, materialisieren sich in den festen und mobilen Einrichtungen der Vereinten Nationen.

Wie sieht es nun im UN-Management aus?

Moderne Unternehmen und die meisten Ministerien in aller Welt haben eine tiefengestaffelte Organisationsstruktur. Es gibt eine Spitzenposition, darunter verschiedene Führungspositionen und Unterabteilungen, die der Führungsspitze unterstehen und sich gleichzeitig aufeinander beziehen. All diese Organisationen haben mehr oder weniger die Form einer Pyramide.

Auch Armeen sind nach dem Pyramidenprinzip aufgebaut, mit tiefengestaffelten Verteidigungs- und Verstärkungslinien. Eine lineare Organisation ohne Tiefenstaffelung galt schon zu den Zeiten Alexanders des Großen oder noch früher als tödlich für jede Armee.

Nicht so bei den Vereinten Nationen. Der Generalsekretär residiert mit dem Leiter seines Exekutivbüros, dem *chef de cabinet,* in einem Büro mit verschiedenen Assistenten, aber ohne direkte Weisungs- oder Verantwortungsstränge. In nicht zu enger Verbindung mit dem Generalsekretär und seinem Stab gibt es eine breite Front von Untergeneralsekretären, deren Funktionen sich vielfältig überschneiden, ohne daß sie sich aufeinander beziehen. Sobald bei den Vereinten Nationen eine neue Aufgabe ansteht, wird ein neuer Untergeneralsekretär oder auch eine Untergeneralsekretärin eingesetzt, die gegebenenfalls eine weitere redundante Hauptabteilung unter sich hat.

Diese Untergeneralsekretäre können in ihren Ressorts nach Belieben neue Ämter einrichten. Sie werden von diesen Ämtern mit größtenteils redundanten Dienstleistungen versorgt, die sie mit den anderen Untergeneralsekretären in der Regel nicht teilen. Jede Hauptabteilung hat zum Beispiel ihr eigenes Politikressort, obwohl es eine eigene Hauptabteilung Politik gibt.

Durch dieses Gestrüpp von Hauptabteilungen und Ämtern unter dem Dach des Sekretariats gibt es keinen besseren Führer als das UN-Telefonverzeichnis oder *répertoire téléphonique,* ein Dreihundert-Seiten-Konvolut, das den Franzosen zuliebe auf Englisch und Französisch gedruckt wird, weil ihnen Französisch immer noch als internationale Verkehrssprache gilt. Hier haben wir einen eindrucksvollen Beleg für einen bürokratischen Wasserkopf, den sich keine öffentliche, geschweige denn private Institution bei einem Mindestmaß an vernünftiger Dienstaufsicht leisten könnte.

Beginnen wir mit dem eigentlichen Generalsekretariat. Im Exekutivbüro des Generalsekretärs sitzt ein beigeordneter Generalsekretär für Außenbeziehungen, was einigermaßen erstaunlich ist, besteht doch das UN-Sekretariat aus kaum etwas anderem als Außenbeziehungen. Vielleicht verbirgt sich hinter dem fraglichen Titel ein UN-Lobbyist, der beim amerikanischen Kongreß oder bei verschiedenen privaten, wirtschaftlichen und staatlichen Institutionen vorstellig wird. Es dürfte sich also um Öffentlichkeitsarbeit handeln.

Außerdem gibt es im Generalsekretariat einen Direktor für afrikanische Angelegenheiten. Ein Direktor für Kommunikation ist gleichfalls mit Öffentlichkeitsarbeit beschäftigt, und ein weiterer Direktor ist zuständig für »politische Angelegenheiten«, was immer das genau ist.

Ein ganzer Stab von Leuten arbeitet für einen Sprecher, der im Exekutivbüro des Generalsekretärs sitzt. Auch das fällt unter Öffentlichkeitsarbeit. Es gibt darüber hinaus ein *executive office* (eine Verwaltungsstelle), bestehend aus einem *executive officer* und einem Trupp von Mitarbeitern. Gleichwohl firmiert das Generalsekretariat offiziell als »*Executive Office* des Generalsekretärs«. Man könnte also – vielleicht zu Unrecht – annehmen, daß sich dieses sogenannte »Exekutivbüro« mit Verwaltungsaufgaben befaßt. Was tut dann aber das *executive office* des *Executive Office* des Generalsekretärs? Das ist und bleibt ein Rätsel.

Als nächste Eintragung stoßen wir auf das Amt für interne Aufsichtsdienste. Es verfügt über das gut besetzte Büro eines Untergeneralsekretärs, darüber hinaus aber noch über eine weitere Gruppe von Leuten, die eine eigene Verwaltungsstelle bilden.

Die Abteilung Innenrevision bei den Aufsichtsdiensten besteht aus einer Innensektion, einer Amtssitzsektion und verschiedenen anderen Sektionen, darunter einer »Außendienst«-Sektion und unabhängig davon noch einer eigenen Afrika-Sektion. Der afrikanische Revisionsdienst sitzt in Nairobi, wo einige der flagrantesten kriminellen UN-Konspirationen ins Kraut schießen konnten.

Während meiner zehn Jahre im UN-Sekretariat wurde ich ein einziges Mal von einem internen »Revisor« aufgesucht. Er fragte mich, wie viele Leute in meinem Politikreferat arbeiten und wie sie heißen. Ich antwortete ihm, daß er das eigentlich schon vor unserem Gespräch hätte in Erfahrung bringen müssen, und bat ihn, erst dann wieder in mein Büro zu kommen, wenn er eine ordnungsgemäße Revision durchführen könne. Ich habe weder ihn noch einen seiner Kollegen je wieder zu Gesicht bekommen.

Alle Revisoren sind mit Ermittlungsaufgaben befaßt; wir stellen aber fest, daß bei den internen Aufsichtsdiensten noch eine separate Ermittlungsabteilung existiert, die ihre eigenen Dienststellen in aller Welt hat. Eine befindet sich im Kongo, eine weitere in Nairobi. Offenbar gehört keine dieser Aktivitäten unter eine andere aufgelistete Unterrubrik, die der Außendienstverwaltung. Erstaunlich, daß diese afrikanischen Außendienste nicht zu der zusätzlich aufgelisteten Außendienstsektion oder zu einer weiteren Afrikasektion gehören, die ebenfalls unter der Rubrik Aufsichtsdienste aufgeführt ist.

Als nächstes gelangen wir zum Bereich Rechtsangelegenheiten. Im UN-Rechtswesen gibt es einen Beratungsdienst, der einer bereits gut besetzten allgemeinen Rechtsabteilung untersteht, und einen Publikationsdienst mit Redakteuren und Textbearbeitern, der über einen eigenen Hausjuristen verfügt. Diese Konstruktion wirkt redundant und hat zudem eine gewisse Ähnlichkeit mit der Öffentlichkeitsarbeit, die schon von der Hauptabteilung Presse und Information wahrgenommen wird. Ein großes Kontingent von Juristen hockt in einer Abteilung Meeresangelegenheiten und Seerecht. Sie sind mit der Seerechtskonvention befaßt, die nach Jahrzehnten immer noch von so vielen UN-Mitgliedsstaaten nicht ratifiziert wurde, daß sie buchstäblich zur Wasserleiche geworden ist.

Jetzt kommt die Hauptabteilung Politik. Das Department of Political Affairs ist die politische Grundsatzabteilung der Vereinten Nationen. Die UNO ist eine Organisation, deren Funktionen im Grunde allesamt politisch sind. Auch die anderen Hauptabteilungen des UN-Sekretariats und andere fachlich spezialisierte Dienststellen sind also im Grunde genommen mit Politik befaßt. Wozu dann eine eigene Politikabteilung?

Wir finden darin ein Heer von UN-Mitarbeitern, die für verschiedene Weltregionen zuständig sind. Es gibt eine Abteilung Afrika I, eine Abteilung Afrika II und eine eigene Vertretung in Addis Abeba. Ein beigeordneter Generalsekretär betreut Amerika und Europa, Asien und den Pazifik sowie eine nicht minder wichtige Abteilung für die Rechte der Palästinenser. Außerdem gibt es unabhängig von den Abteilungen Afrika I und Afrika II noch einen eigenen Untergeneralsekretär als Sonderberater für Afrika.

Die Hauptabteilung Abrüstungsfragen hat ein Regionalzentrum für Frieden und Abrüstung, das sich in – dreimal dürfen Sie raten – Afrika befindet. Sie hat weitere Zentren für Lateinamerika und die Karibik, aber keines für Europa. Europa ist wohl schon zu abgerüstet (oder zu aufgerüstet).

Jetzt kommen wir zur Hauptabteilung Friedenssicherungseinsätze, die ebenfalls eine gut besetzte Afrika-Abteilung unterhält, dazu weitere regionale Dienststellen, die die Außendienstbüros der anderen Sekretariatsabteilungen kopieren. Hier gibt es ein Büro des Verwaltungsleiters und obendrein eine eigene Verwaltungsstelle, dazu eine Arbeitsgruppe mit der rätselhaften Bezeichnung »Peacekeeping Best Practices Unit«. Es gibt nicht nur einen »Bereich Missionsunterstützung«, sondern zusätzlich noch eine »Abteilung Verwaltung und Logistik der Feldeinsätze«. Es gibt eine umfangreiche Sektion für Informationsmanagement, was indirekt mit Öffentlichkeitsarbeit zu tun haben dürfte. Es gibt außerdem noch eine weitere Sektion für Verwaltung und Informationsmanagement und eine eigene Rekrutierungssektion.

Ein weiterer Untergeneralsekretär leitet das Amt für die Koordinierung der humanitären Hilfsmaßnahmen, das über eine weitere Afrika-Sektion wie auch über eigene Sektionen für alle anderen Weltregionen verfügt, dazu noch über eine zusätzliche Sektion nicht bloß für Afrika, sondern auch für Afrika II, und natürlich über eine Unterabteilung Lobbyarbeit, Außenbeziehungen und Informationsmanagement – also über seine eigene Öffentlichkeitsarbeit. Das humanitäre Öffentlichkeitsressort ist ziemlich umfangreich. Es umfaßt eine Sektion Lobbyarbeit und Außenbeziehungen, eine Sektion Informationsauswertung, eine Gruppe Frühwarnungs- und Eventualfallplanung, eine Gruppe Außendienstinformation, eine »Relief Web-Gruppe« für das humanitäre Informationssystem, eine Sektion für Informationstechnologie, eine Gruppe informationstechnische Unterstützung und eine Gruppe Informationsmanagement und Informationsverbreitung. Haben wir noch etwas vergessen? Natürlich – ein Büro des Beauftragten des Generalsekretärs für Binnenvertriebene.

Was tut sich in der Hauptabteilung wirtschaftliche und soziale Angelegenheiten? Sie kann mit Sektionen für Haushalt und Finanzen, für Personal und für Projektfinanzierung wie auch mit einem Projektpersonaldienst aufwarten – alles Bereiche, um die sich in einer weniger hochgezüchteten Bürokratie eine einzige Verwaltungshauptabteilung kümmert – wie sie im UN-Sekretariat bereits existiert.

Das Wirtschafts- und Sozialressort hat seine eigene Gruppe informationstechnische Unterstützung, ganz unabhängig von dem im UN-Verzeichnis nicht weit entfernten Hauptabteilungsmoloch für Presse und Information. Es kann auch einen beigeordneten Generalsekretär für Politikkoordinierung und interinstitutionelle Angelegenheiten aufweisen – eine sehr große Dienststelle mit ihrer ganz speziellen Unterabteilung für Entwicklungszusammenarbeit (neben vielen anderen nichtssagenden und verschwommenen Ressorttiteln) und natürlich ihrer eigenen Abteilung für Sozialpolitik und Entwicklung, in der sich eine Unterabteilung für zwischenstaatliche Politik befindet. Ein paar Telefonbuchseiten weiter endet diese Wirtschafts- und Sozialbürokratie mit einer Abteilung Öffentliche Wirtschaft und Öffentliche Verwaltung, die über Sektionen für Public Policy Analysis, für Governance und öffentliche Verwaltung, für die »Entwicklung der öffentlichen Finanzen und des privaten Sektors« und, last but not least, über ein Büro des »Sonderkoordinators für Afrika und die am wenigsten entwikkelten Länder« verfügt.

Es folgt die Hauptabteilung Vollversammlung und Konferenzmanagement mit ihrem eigenen Zentralen Planungs- und Koordinierungsdienst, mit einer großen Unterabteilung für Abrüstung und einer weiteren Unterabteilung für die Unterstützung von Entkolonisierungsprozessen – obwohl es eine eigene Hauptabteilung für Abrüstung gibt und obwohl es auf der Welt kaum noch wirkliche Kolonien gibt, die ihrer Entkolonisierung harren.

Und dann die größte Hauptabteilung überhaupt mit dem ungewöhnlich schlichten Titel »Presse und Information«. Sie hat um die tausend Mitarbeiter, die mit Kommunikation und Koordination, Informationstechnologie, Personalmanagement, Haushaltsfragen, Finanzen und Allgemeinen Diensten sowie Informationsverbreitung befaßt sind, und sie hat ihre eigene Abteilung für Öffentlichkeitsarbeit – wohlgemerkt: innerhalb der Hauptabteilung für Öffentlichkeitsarbeit. In irgendeinem Winkel dieser riesigen Hauptabteilung gibt es außerdem eine Palästina- und Entkolonisierungssektion, ebenso eine Dienststelle für Öffentlichkeitsbeziehungen, eine Sektion für Sonderprogramme, eine Benutzerdienstsektion und eine Abteilung für die Entwicklung elektronischer Hilfsmittel. Es muß wohl seine Gründe haben, daß die Vereinten Nationen elektronische Hilfsmittel entwikkeln.

Die Hauptabteilung Verwaltung hat in ihrem Programm eine Abteilung Finanzierung von Friedenssicherungseinsätzen und – wie könnte es anders sein – eine Afrikasektion neben Sektionen für Europa, den Mittleren Osten und Lateinamerika. Sie kümmert sich außerdem um das Personalmanagement und um die Planung und den Haushalt der anderen Hauptabteilungen, Ämter und Planungsbüros wie auch um verschiedene Schwärme von UN-Sonderorganisationen, die bereits über ihre eigenen Haushalts-, Planungs- und Personalbüros einschließlich eines Schwarms von Überseediensten verfügen (UNOG/UNCTAD/OHCHR/UNCC/ECE/ICTR/ICTY/UNHCR/ICJ/UNOV/UNDCP/ECLACESCAP/ESCWA/UNON/UNEP/UNCHS/UNCCD) – alles Organisationen, die natürlich selbst schon ihre eigenen Einrichtungen für Verwaltung, Koordination usw. haben. Die Hauptabteilung Verwaltung kann außerdem einen Bereich Zentrale Unterstützungsdienste vorweisen, zu dem eine Abteilung Informationstechnologie wie auch ein Integrierter Management-Informationsdienst und ein kleiner Sicherheitsdienst gehören – der offenbar die Trümmer wegräumen soll, wenn irgendwo auf dem Globus eine UN-Filiale hochgeht. Im übrigen haben die UN-Verwaltungsleute auch eine UN-Postverwaltung mit ihren eigenen Briefmarken, weil ja auf die amerikanische Post kein Verlaß ist.

Weitere Sonderorganisationen unterhalten Verbindungsbüros in New York, Genf, Addis Abeba, Nairobi, Wien und anderen Orten, die sich mit den UN-Sonderkoordinatoren und Disponenten in aller Welt koordinieren. Darüber hinaus gibt es bei den Vereinten Nationen eigene regionale Wirtschafts- und Sozialkommissionen für Europa, für Asien und den Pazifikraum, für Lateinamerika und die Karibik (auch das ein kleines bißchen doppelt gemoppelt) und natürlich für Afrika, dazu eine Regionalkommission für das westliche Asien im Unterschied zu Asien schlechthin.

Neben all der genannten Koordinationstätigkeit gibt es noch ein Sekretariat des »Koordinierungsrats der Leiter der Organisationen des Systems der Vereinten Nationen« und ein »Hilfswerk der Vereinten Nationen für Palästinaflüchtlinge im Nahen Osten«.

All das ist nicht zu verwechseln mit dem in New York ansässigen Entwicklungsprogramm der Vereinten Nationen (UNDP), einer Organisation mit ihrem eigenen Kommunikationsbüro, einem geheimnisvoll titulierten »Büro der UN-Entwicklungsgruppe«, ihrem eigenen regionalen Revisionsdienst (mit einer Afrika-Zentrale in Simbabwe) und ihrem eigenen »Hilfsprogramm für das palästinensische Volk« (PAPP). Wegen der unzuverlässigen Telefonverbindungen in den USA, wegen der unsicheren Flugverbindungen zwischen New York und Washington und wegen des unregelmäßigen Zugverkehrs in Penn Station (von der UN-Zentrale ansonsten bequem zu Fuß zu erreichen) hat das UNDP sein eigenes Verbindungsbüro in Washington. Es hat Regionalabteilungen für Afrika, für die arabischen Staaten (die USA kümmern sich bilateral um die Entwicklungsfragen in Israel) und für Asien und den Pazifikraum – mit einem Büro der Abteilung für Regionalprogramme, nicht zu verwechseln mit der allgemeinen Abteilung für Regionalprogramme. Dem UNDP zugeordnet ist der UN-Entwicklungsfonds für die Frau (UNIFEM) mit seinen eigenen Regionalbüros in Afrika, Asien/Pazifik, Europa und Lateinamerika/Karibik.

Der Bevölkerungsfonds der Vereinten Nationen in New York, fast neben dem UN-Sekretariat, hat seine eigene Presseabteilung und natürlich seine eigenen regionalen Dienststellen in Afrika und so weiter und so fort.

Ganz in der Nähe, im eleganten früheren Chrysler-Gebäude, residiert das Büro der Vereinten Nationen für Projektdienste (UNOPS), was auch immer das ist. Es hat seine eigenen Abteilungen für Afrika, Europa, Lateinamerika etc. Darüber hinaus verfügt das UNOPS über Dienststellen in Abidjan, Kuala Lumpur, Kopenhagen, Genf (gute Restaurants) und Rom (noch bessere Restaurants, wenn man nicht auf seine Linie achtgeben muß), über eine zusätzliche Außenstelle in Nairobi, über ein Verbindungsbüro in Tokio (wenn man Tempura mag) und über ein Verbindungsbüro in Washington (wo die Restaurants noch nicht so gut sind, aber besser werden).

Auch wenn es sich keineswegs um ein vollständiges Bild des Sekretariatsbetriebs handelt, vermittelt das Vorstehende doch einen recht deutlichen Eindruck, wie das »System« der Vereinten Nationen sich reproduziert, ohne einer bornierten Vorstellung von Verwaltungsvereinfachung zu verfallen oder sich an allzu schlichte Funktionsbezeichnungen zu halten, bei denen auch der Laie versteht, was im UN-Sekretariat abläuft. Die Probleme der Funktionsüberschneidung, des

Personalüberhangs und der Selbstblockierung werden jedenfalls hinreichend deutlich.

Mitten in diesem geschwätzigen und luxurierenden Chaos sollte die von mir übernommene Abteilung für politische Angelegenheiten dem Generalsekretär als Planungsstab dienen und auch entsprechende Aufgaben für den Sicherheitsrat wahrnehmen. Der Sicherheitsrat hatte für einen solchen strategischen Planungsdienst zwar keinen Bedarf, weil er kein Exekutivorgan ist, aber die Einrichtung einer von einem Amerikaner geleiteten Dienststelle war ein politischer Kompromiß gewesen, der lange vor meiner Ankunft ausgehandelt worden war. Er sollte ein Gegengewicht zu der Tatsache schaffen, daß die Verwaltungsaufgaben für den Sicherheitsrat durch einen sowjetisch kontrollierten Stab wahrgenommen wurden.

Als Direktor für politische Angelegenheiten hatte ich eine Dienststelle mit etwa fünfundzwanzig Experten plus Schreibkräften übernommen, die vor allem politische Planung für den Generalsekretär betreiben sollte. Es ging darum, wichtige Fragen zu untersuchen, die sich am Horizont der internationalen Politik abzeichneten und für das UN-Sekretariat von Bedeutung sein könnten. Die Politikabteilung sollte auch dazu beitragen, die politische Linie für den Generalsekretär zu definieren und mögliche internationale Problemkonstellationen zu identifizieren.

Zu meinem Mitarbeiterstab gehörten mehrere Sowjets, ein paar Amerikaner, ein Marokkaner, ein gebürtiger Chinese mit undurchsichtigen Staatsbürgerschaftsnachweisen, ein Filipino, ein bolivianischer Ex-Botschafter, ein (beurlaubter) Vorsitzender der Warschauer KP und ein aufgeblasener Türke, der nach eigenem Bekunden aus einer Familie von »Generälen« stammte.

Als ich ankündigte, daß zweimal wöchentlich eine Dienstbesprechung stattfinde, hagelte es sofort Proteste. »Meine« Leute stellten geschlossen fest, daß es so etwas nie gegeben habe. Die Sowjets klagten, daß die Besprechungen sie »aushorchen« sollten. Das würde an Gehirnwäsche grenzen, die in der Sowjetunion strengstens verboten sei.

»Wir sind aber hier nicht in der Sowjetunion, wir sind bei den Vereinten Nationen«, wandte ich ein.

»Ja, aber wir haben das Recht, uns an unsere proletarische Tradition zu halten!«

»Na prima, dann folgen Sie Ihrer proletarischen Tradition«, sagte ich, »und ich halte mich an meine fiese amerikanische Tradition. Jedesmal, wenn Sie eine Dienstbesprechung verpassen, werde ich Ihre Abwesenheit melden. Sie können es dann noch zu echten Proletariern bringen – das heißt, Sie können den Korridor fegen oder die Toiletten schrubben.«

Ein paar Tage nach dieser Auseinandersetzung kam ich aus meinem Büro und stolperte über einen weißhaarigen Amerikaner, der neben einer Reihe von offenen Aktenschränken hockte und stapelweise Unterlagen herausnahm. Er war ein früherer Botschafter, der jahrelang in diesem Büro tätig gewesen war. Emilio de Olivares hatte ihn mir als »Goody-two-shoes« (eine sprichwörtliche Gestalt des Gutmenschen) avisiert.

Die Sowjets hatten lange darauf bestanden, daß der gute Mann seinen Vertrag verlängert bekommt, denn sie waren mit ihm gut bedient. Tatsächlich hatten sie allen Grund, Goodys grenzenlose Gutmütigkeit zu schätzen.

»Was tun Sie da auf dem Fußboden?«, fragte ich.

»Ich nehme ein paar von meinen persönlichen Unterlagen aus den Aktenschränken«, antwortete er, ohne seine von der Last jahrelanger Willfährigkeit niedergedrückten Wimpern zu heben.

»Nein, das tun Sie nicht! Das sind nicht mehr Ihre Akten. Sie gehören zu diesem Büro. Sie hatten jede Menge Zeit, die Akten zu durchstöbern, bevor Sie ausgeschieden sind. Wenn Sie jetzt etwas einsehen wollen, schreiben Sie es bitte auf ein Blatt Papier. Wenn ich es genehmigt habe, wird es Ihnen meine Sekretärin heraussuchen.«

»Kann ich Sie für einen Moment unter vier Augen sprechen?«, fragte Goody-two-shoes.

Als wir allein in meinem Büro waren, kam es nicht zu dem erwarteten Showdown.

»Ich habe gehört«, sagte er, »daß Sie vorhaben, die amerikanische Gewohnheit der Dienstbesprechung zweimal pro Woche einzuführen.«

»Ich habe überhaupt nicht vor, irgend etwas einzuführen. Die neue

Regelung wurde bekanntgegeben, und wir hatten auch schon die ersten Besprechungen.«

»Das ist aber im Sekretariat nicht üblich«, erklärte der Gute.

»Sie meinen, nicht einmal der Generalsekretär trifft sich regelmäßig mit seinen eigenen Leuten?« Ich dachte, ich höre nicht recht.

»Nicht regelmäßig und nicht mit allen seinen Leuten. Wir wissen hier den Sachverstand von Experten zu schätzen, die ihre Dienstpläne selbst bestimmen«, sagte Goody und sah sehr zufrieden mit sich aus.

Ich brauchte nicht lange, um mich davon zu überzeugen, daß der gute Mann die Lage sehr zutreffend beschrieben hatte. Die Experten im UN-Sekretariat tanzten nach ihrer eigenen Pfeife oder nach der ihres KGB-Führungsagenten. Die nominellen Abteilungs- und Dienststellenleiter, auch der Generalsekretär selbst, waren nach Kräften darum bemüht, sich nicht gegenseitig ins Gehege zu kommen und ihre Untergebenen nicht bei der Arbeit zu stören.

Als mein Büro 1988 einen Bericht über die Auswirkungen der französischen Parlamentswahlen auf die NATO-Länder vorlegte, wurde er von einer französischen Assistentin des Generalsekretärs abgefangen und als inakzebtabel an uns zurückgeschickt. Ich rief sie an und bat sie, sich um ihre eigenen Angelegenheiten zu kümmern. Der französische Botschafter Kemalouria ersuchte postwendend um einen Dringlichkeitstermin bei Pérez de Cuellar, um in aller Form gegen die seelische und körperliche Bedrohung und Mißhandlung einer französischen Staatsbürgerin im UN-Sekretariat zu protestieren.

Pérez de Cuellar kuschte, wie ich von Olivares erfuhr, und versprach, mir die Leviten zu lesen. Dann fragte er mich zaghaft nach meiner Meinung. Ich teilte ihm mit, die Dokumente aus meinem Büro seien zu seinem persönlichen Gebrauch bestimmt und er solle die französische Dame bitten, in ihrem eigenen Glashaus zu kehren. Ich habe nie erfahren, wie die Sache ausging, bin mir aber sicher, daß Don Javier dem Botschafter mitgeteilt hat, er habe die Angelegenheit mit allem Nachdruck zur Sprache gebracht.

Solcher Art sind die Vorgänge im UN-Sekretariat, einer Ansammlung von modernen Feudaldomänen, die von den Generalsekretären kaum aktiv zu kontrollieren sind und in die sie schon gar nicht hineinreden wollen.

Diese bei den Vereinten Nationen nach wie vor bestehende Situation stellt eine schlecht kontrollierte Anarchie dar. Sie führt zu den bizarrsten Verstößen gegen die gedruckten »Verhaltensregeln«, die unter den Mitarbeitern immer wieder als erbauliches Schrifttum verteilt werden – um der Fiktion willen, daß das Sekretariat wie eine normale Organisation geführt wird, in der sich eine Direktion um die Einhaltung der Regeln kümmert.

Von den Mitarbeitern des politischen Planungsstabs war in früheren Jahren erwartet worden, daß sie ab und zu ein Strategiepapier erstellen, wenn es ihr Sachverstand ihnen rät. Ihr selbstbestimmter Dienstplan hatte ihnen aber nie systematische Analysen abverlangt. Die Motivation beruhte bei den Vereinten Nationen vor allem auf der Inspiration – ein von allen UN-Beamten nach vielen Jahren erfolgreicher Untätigkeit durchgesessenes Recht.

Ich rückte von meinem Dienstbesprechungsedikt nicht ab, auch nicht von einer geregelten Aufgabenverteilung. Dazu gehörte die Abfassung von Strategiepapieren zu wichtigen Fragen, die der Generalsekretär zur Kenntnis nehmen sollte. Die wenigen Papiere, die ich an den Sicherheitsrat schickte, kamen postwendend wieder zurück mit einem Vermerk des Ratssekretärs, wonach solche Dokumente bei mir selbst hinterlegt und aufbewahrt werden müßten. Der turnusmäßige Präsident des Sicherheitsrats sei nämlich, wie mich sein Amtsschimmel belehrte, kein Angestellter des UN-Sekretariats, sondern der ständige Vertreter eines Mitgliedsstaats.

Aha.

Nachdem sich diese seltsame Farce ein paar Monate lang hinzog, wurde mir klar, daß es vertane Zeit war, meinen erlauchten »Experten« Strategiepapiere abzupressen. Keines der unter so unzivilisiertem Druck murrend fabrizierten Papiere war der Lektüre wert – erstens, weil die mageren Referate nichts mit dem zu tun hatten, was auf der Welt vorging, und zweitens, weil sie zumeist nicht von englischen Muttersprachlern verfaßt und deshalb oft unverständlich waren. Schließlich fand ich noch ein dritten Grund, das grausame Spiel zu beenden – der Generalsekretär las nämlich unsere Papiere gar nicht. Er las auch nicht die *New York Times* oder irgendeine andere renommierte Zeitung aus dem In- oder Ausland, höchstens ab und zu die in Bogotá erscheinende Tageszeitung *El Tiempo,* das zugegebenermaßen beste Blatt in den Andenrepubliken. Seine engsten Vertrauten – drei Mit-Peruaner – sorgten dafür, daß Pérez de Cuellar über den Gang der Ereignisse mündlich auf dem laufenden gehalten wurde, ein von Klatsch und Tratsch kaum zu unterscheidender Vorgang.

Ein paar Monate nach meiner Ankunft in diesem Tempel der Muße bemerkte ich, wie mein marokkanischer Kollege auf Zehenspitzen aus einem der Fahrstühle am Eingang zum Sekretariat kam und mit mysteriösen Tarnbewegungen hinter jemanden her schlich.

Ich grüßte ihn.

»Da geht sie wieder!«, rief er. »Filipina, meine Sekretärin, nicht zu Tisch, sondern zu Bloomingdale's. Drei Stunden Mittagspause! Sie will auch nicht tippen und geht nicht ans Telefon, weil sie sich ständig die Nägel poliert. Können Sie sich das vorstellen?«

»Ich kann es mir vorstellen, mein Bester. Aber wenn sie tatsächlich so schlimm ist, sollten wir sie feuern.«

»Sie machen wohl Witze!« Er schnappte nach Luft. »Bei den Vereinten Nationen kann man doch keine Sekretärinnen feuern. Sie werden mit einem Einjahresvertrag eingestellt, und wenn sie sich ein Jahr lang halbwegs passabel angestellt haben, bekommen sie einen unbefristeten Vertrag – dann sind sie für den Rest ihres Leben drin.«

Ich wollte mehr darüber wissen, hatte ich doch nicht weniger als zehn Sekretärinnen unter meiner Aufsicht. Ich rief also Monsieur Nègre, den Personaldirektor an, der mir die Aussage meines Kollegen bestätigte. Als ich nachfragte, erklärte er mir die Tatsache, daß es ihm unmöglich sei, eine festangestellte Sekretärin zu entlassen, als eine ganz normale Regelung, die doch jedem einleuchten müsse.

Später erläuterte mir der nächste Personaldirektor, Kofi Annan, die Feinheiten der bei den Vereinten Nationen angebotenen Vollpension für Schreibkräfte. Nicht nur, daß man sie außer bei offen kriminellem Verhalten nicht an die Luft setzen könne; er verriet mir auch die einzige Möglichkeit, eine Sekretärin aus meinem Büro loszuwerden. Der Trick ist, ihr ständig die besten Beurteilungen zu geben, damit irgendein leitender Tropf aus einer anderen Abteilung sie sich zu angeln versucht. Gibt man ihr eine schlechte Beurteilung, warnte Kofi, dann hat man sie am Hals, bis sie pensioniert wird oder die Welt untergeht – was auch immer als erstes passiert.

Nach ein paar Monaten fing ich an, meine aus der US-Regierung verbliebenen Skrupel abzulegen und mich auf diese mir neue internationale öffentliche Dienstauffassung einzustellen. Daß ich um neun Uhr im Büro erschien, war unnötig, weil sich die Truppe vor zehn Uhr oder halb elf nicht blicken ließ. So hielt es auch der Generalsekretär. Ich kam nur deshalb vor neun Uhr, weil ich meine Frau ins Büro fuhr, die in der New Yorker Wirtschaft arbeitete. Einstündige Mittagspausen gab es nur in der Theorie; die allgemein akzeptierte und honorierte Praxis bei den Vereinten Nationen waren zweieinhalb oder auch drei Stunden. Das Gebäude um 17 Uhr zu verlassen, wurde als Bestrafung empfunden. Die meisten waren um 16 Uhr weg.

Und warum auch nicht? Die Arbeit dieser wackeren Sekretariatsgenossen war das Produkt eines nebulösen Engagements, einer unklar definierten, sehr persönlichen Verpflichtung, die sich nicht durch künstliche, starre Zwänge eingrenzen ließ.

»Das ist Freiheit, was wir hier bei der UNO praktizieren«, blödelte mein marokkanischer Assistent. »Ihr Amerikaner redet immer von Freiheit hier und Freiheit da. Ihr solltet eigentlich dafür Verständnis haben, daß wir hier bei den Vereinten Nationen auf unsere Freiheit Wert legen. Wir leben doch nicht in einer Diktatur.«

In diesem grotesken bürokratischen Milieu lief der Sekretariatsbetrieb ab, als ich zu den Vereinten Nationen stieß. Und da es keinerlei ernsthafte und tiefgreifende Reform des Systems gab, läuft er im großen und ganzen immer noch so ab. Doch in dieser schönen neuen Arbeitswelt spielten sich unter einem undurchdringlichen Filz von raffinierten bürokratischen Fiktionen die tatsächlichen Sekretariatsgeschäfte, die politischen Machenschaften der Sowjetunion und der Ostblockländer wie auch die kleineren Intrigen anderer Mitgliedsstaaten ab.

Sehen wir uns an, wie die Sowjetmafia in diesem Spionageparadies gearbeitet hat.

VIERTES KAPITEL

Die sowjetische UN-Mafia

Als ich noch im amerikanischen Verteidigungsministerium war, wurde ich zu Sicherheitslehrgängen geschickt, und ein paar simple Prozeduren sind mir dabei im Gedächtnis geblieben. Immer, wenn ich ein neues Büro bezog, durchsuchte ich das Telefon nach Abhörgeräten oder Wanzen. In den guten alten Zeiten des 20. Jahrhunderts ließ sich das noch ganz einfach dadurch bewerkstelligen, daß man die Sprech- und Hörmuschel abschraubte und nachsah, ob sich im Hörer irgend etwas befand, das dort nichts zu suchen hatte.

Nachdem ich in mein Vier-Fenster-Büro mit Blick auf den East River und die große Pepsi-Cola-Reklame über Long Island eingewiesen worden war, ging ich also daran, mein Telefon zu kontrollieren. Mir schien, daß es in diesem internationalen Milieu einigen Grund zum Mißtrauen gab, obwohl ich mich über meine Befürchtungen auch innerlich amüsierte. Wer war denn nun der Spion?

Ich fand tatsächlich etwas Merkwürdiges im Telefonhörer. Es war allerdings kein Abhörgerät. Es war ein kleiner, mit weißem Pulver gefüllter Plastikbeutel. Ich dachte nach und überlegte, was ich tun sollte. Dann fragte ich mich, was ich überhaupt tun konnte.

Das UN-Milieu war eine entschieden feindliche Umgebung. Das war keine Einbildung. Von den Sowjets wurde ich als ein besonders bedrohlicher Störfaktor angesehen. Hatte ich irgendwelche Zeugen, daß ich den durchsichtigen Beutel im Telefonapparat gefunden hatte? Nein. Konnte er aus dem Nachlaß meines Vorgängers stammen? Unwahrscheinlich. Er hatte das Büro schon Wochen vor meiner Ankunft geräumt. Konnte es eine Sekretärin oder einer meiner Mitarbeiter (ich hatte noch Mühe, mir ihre Namen zu merken) zum persönlichen Gebrauch in meinem Hörer deponiert haben? Auch sehr unwahrscheinlich, schon wegen des dadurch erschwerten Zugriffs. Hatte sich jemand einen Scherz erlaubt? Ebenfalls kaum zu vermuten, denn wer nimmt schon wie ich sein Telefon auseinander. War der Beutel dazu bestimmt, irgendwann in ein paar Wochen bei einer UN-internen Sicherheitsüberprüfung gefunden zu werden, nachdem ich mich in meinem Büro installiert hatte? Das schien mir das Wahrscheinlichste zu sein.

Ich schlitzte den Beutel auf, entnahm eine winzige Probe und wikkelte ihn in ein Stück Toilettenpapier. Später entsorgte ich ihn zusammen mit dem restlichen Inhalt in der Herrentoilette. Die Probe habe ich über zuverlässige Kanäle überprüfen lassen. Es war bestes Kokainpulver.

Mein erster Gedanke war, gegen diesen schmutzigen Trick beim Generalsekretär persönlich zu protestieren. Doch dann behielt ich kühlen Kopf und sprach mit den Sicherheitsleuten der amerikanischen UN-Vertretung. Sie grinsten und teilten mir mit, solche Dinge würden eben zum diplomatischen Ökosystem der Vereinten Nationen gehören. Ich solle einfach die Augen aufhalten.

Solche Ratschläge hatte ich eigentlich nicht nötig. Ich kam also auf mein ursprüngliches Vorhaben zurück und brachte den empörenden Vorfall zwei Tage später bei Don Javier in dessen Büro zur Sprache. Der Generalsekretär rief seine rechte Hand Olivares herein, und beide setzten mich – streng vertraulich – davon in Kenntnis, daß solche Fallen nur von den Sowjets aufgestellt würden. Olivares steuerte die hilfreiche Erklärung bei, es gäbe da ein paar Russen, die wahrscheinlich zur sowjetischen »Geheimpolizei« gehörten – KGB-Leute!

Ich fand diese mit todernsten Mienen durchgespielte Nummer so bühnenreif, daß ich mich zum Mitspielen entschloß. Nach einem Gespräch mit dem – uns schon bekannten – sowjetischen Untergeneralsekretär Ustinow bat ich diesen, seinen nominellen Untergebenen Kaschirin hinzuzuziehen, natürlich ohne ihn als seinen KGB-Aufpasser anzusprechen. Manche Selbstverständlichkeiten sollte man nicht noch hinausposaunen.

Ich erzählte den beiden die ganze Geschichte und hob dabei auf die Interpretation ab, die mir der Generalsekretär und sein Adlatus angeboten hatten. Ustinow sperrte die Augen auf und kräuselte die Stirn. Kaschirin brach in Gelächter aus, und ich lachte mit. Ustinow schien etwas verwirrt.

»Erzählen Sie mir bloß nicht«, sagte ich schließlich zu Kaschirin, »daß es vom FBI installiert wurde, um meine Belastbarkeit zu testen.«

»Doch«, sagte Kaschirin, »konjetschno« (natürlich).

Diese Posse erfüllte zumindest einen doppelten Zweck – nämlich die Sowjets gegen den Generalsekretär aufzubringen, der beide Seiten gegeneinander ausspielte, und vielleicht auch dem Generalsekretär deutlich zu machen, daß solche einfachen Tricks nicht funktionieren, sollte er an dem Manöver beteiligt gewesen sein.

Und außerdem hatte ich meinem Ärger etwas Luft gemacht.

Eines Tages hütete ich mit einer scheußlichen Grippe das Haus. Das Telefon klingelte, und es entspann sich ein bizarres Gespräch zwischen mir und der damaligen New York Telephone Company.

»Hallo, hier ist die New York Telephone Company. Ist das ein privater Anschluß oder ein Geschäftsanschluß?«, fragte mich eine Männerstimme.

»Das müßten Sie eigentlich wissen. Die Rechnung bekomme ich doch von Ihnen!«

»Wir überprüfen auf Anfrage eines Kunden die Nummern der Ferngespräche, die von einem Anschluß bei den Vereinten Nationen geführt wurden.«

»Und wer ist dieser Kunde?«

»Die Vereinten Nationen.«

»Wer bei den Vereinten Nationen?«

»Ich bin nicht dazu berechtigt, Sie darüber zu informieren.«

»Und ich bin Jurist«, gab ich zurück, »und Sie sind nach den Datenschutzbestimmungen der Bundesbehörde für das Fernmeldewesen dazu verpflichtet, mich auf Wunsch darüber zu informieren. Oder wollen Sie einen Prozeß?«

»Ein gewisser Boyer hat uns gebeten, die Nummern der Ferngespräche zu überprüfen, die von der Nummer 212-963-5486 geführt wurden«, antwortete die Stimme. Das war meine eigene UN-Nummer.

Von meinem couragierten marokkanischen Mitarbeiter, der den sowjetischen UN-Filz haßte, erfuhr ich, daß die Verwaltungsleiterin der »Hauptabteilung für Politik und Angelegenheiten des Sicherheitsrats« eine Madame Solange Boyer war. Sie hatte eine aktive kommunistische Vergangenheit in Frankreich gehabt und war ein besonderer Schützling des sowjetischen Untergeneralsekretärs.

Ustinow wollte anscheinend wissen, mit wem ich in Washington telefoniere. Ich wohnte in Westchester County, formell ein Ferngespräch von Manhattan entfernt. Offenbar war ihm nicht klar gewesen, daß meine Privatnummer auf meiner UN-Telefonrechnung unter Ferngesprächen aufgeführt war und daß ich selbst abnehmen würde. Er dürfte sich vor allem für meine Kontakte zu amerikanischen Senatoren und Kongreßabgeordneten interessiert haben. Vielleicht rief ich ja auch ein paar andere interessante Behörden in Washington an. Die New York Telephone Company spionierte also unfreiwillig für den KGB.

Am nächsten Tag bestellte ich Frau Boyer in mein Büro und konfrontierte sie mit den Einzelheiten ihrer plumpen Ermittlungen.

»Erstens, Mr. Sanjuan«, antwortete sie, »habe ich mit der New York Telephone Company überhaupt nichts zu tun. Zweitens steht die Überprüfung Ihrer Ferngespräche völlig im Einklang mit der Aufgabe der Vereinten Nationen, darauf zu achten, daß Sie ihren Apparat nicht für außerdienstliche Anrufe benutzen.«

Ihre Antwort vermittelte mir dieses Alice-im-Wunderland-Gefühl, das ich immer mehr mit dem amtlichen UN-Betrieb assoziierte.

»Also gut, Madame«, antwortete ich, »jetzt hören Sie mir mal ganz genau zu. Notieren Sie sich diese zwei Nummern: 202-224-3121 und 202-395-2000. Die erste ist die Vermittlung des Capitol, über die ich sämtliche Senatoren, Abgeordneten, Ausschüsse und Kongreßbeamten erreiche. Die andere verbindet mich mit der ›Funkzentrale‹ des Weißen Hauses. Die Telefonistinnen kennen mich als früheres Stabsmitglied. Sie verbinden mich mit sämtlichen amerikanischen Regierungsmitgliedern oder mit sämtlichen Synagogen, Kirchen und Moscheen, die ich zu sprechen wünsche, sogar mit sämtlichen Kinos und Supermärkten. Wenn Ihre sowjetischen Führungsoffiziere wissen wollen, wen ich in Washington angerufen habe, dann verweisen Sie sie bitte an mich. Diese zwei Nummern werden Ihnen nämlich nicht viel nützen, ganz gleich, wie Ihre Verbindungen zur New York Telephone Company aussehen. Und zweitens: Wenn Sie weitere Nachforschungen über meine dienstlichen oder privaten Angelegenheiten anstellen, werde ich bei der amerikanischen UN-Vertretung eine genau dokumentierte Beschwerde über Ihre Spionageaktivitäten einreichen, mit einer Kopie für das FBI und einer Kopie für Mr. Richard Bernstein, den UN-Korrespondenten der *New York Times,* und mit zwei weiteren Kopien für den ersten und zweiten Vorsitzenden des Senats-Geheimdienstausschusses. Ich bin sicher, daß sich der Generalsekretär dann gezwungen sieht, sie nach Frankreich zurückzuschicken, wo Sie wieder für die Kommunistische Partei arbeiten können.«

Ich war mir auch sicher, daß nach dieser Auseinandersetzung der Teufel los sein würde und daß Untergeneralsekretär Ustinow zumindest würde erklären müssen, er könne nicht dulden, daß ihm ein amerikanischer Provokateur in seine Hauptabteilung hineinfunkt. Aber die Wochen gingen ins Land, und nichts geschah.

Wie arbeitete Madame Boyer? Sie leitete die Verwaltungsstelle in der Hauptabteilung Politik und Angelegenheiten des Sicherheitsrats, die dem besagten Ustinow unterstand und fest in sowjetischer Hand war. Was für Verwaltungsfunktionen übte sie tatsächlich aus? Eigentlich gar keine, abgesehen von einer oberflächlichen Verbindung zur UN-Hauptabteilung Verwaltung, die für sämtliche Personalakten, Reisekostenetats, Leistungskontrollen und sonstigen Verwaltungsaufgaben zuständig war, wie sie in jedem größeren Betrieb anfallen.

Madame Boyer hatte natürlich enge Kontakte zu den sowjetischen UN-Beamten in der Hauptabteilung Verwaltung. Sie versorgten sie mit Unterlagen über jeden Mitarbeiter der Hauptabteilung Politik und Angelegenheiten des Sicherheitsrats und über jeden anderen Beamten im UN-Sekretariat bis hinauf zum Generalsekretär selbst. Sie bekam alles, was Ustinow und die Topleute des KGB – Kaschirin und seine Leute – zu sehen wünschten.

Madame Boyer organisierte auch die Außenkontakte des KGB, hauptsächlich zu New Yorker Beamten und großen öffentlichen Dienstleistungsunternehmen wie der Telefongesellschaft, den Fluggesellschaften oder dem UN-Reisebüro – alles zu dem Zweck, jeden Sekretariatsmitarbeiter im Auge zu behalten, über den ihr sowjetischer Chef Bescheid wissen wollte. Mit anderen Worten, Madame Boyer trat mit ihrem starken französischen Akzent als ordentliche UN-Verwaltungsbeamtin auf, war aber in Wirklichkeit als sowjetische Spionin tätig.

Die erste sichtbare Reaktion auf meine »Stachelschwein«-Strategie war eine Einladung zum Essen durch Arkadi Kaschirin, den persönlichen Assistenten von Untergeneralsekretär Ustinow, der als KGB-Wachhund auf seinen offiziellen Chef aufpaßte.

Ustinows Vorgänger Arkadi Schewtschenko, ein scheues Männchen mit der besonderen Gabe, den Amerikanern mitteilen zu können, daß sie von Rußland keine Ahnung haben und selbst nicht wissen, wie man richtig regiert, hatte sich 1978 abgeseilt und in den Vereinigten Staaten politisches Asyl erhalten. Er ließ sich in Washington nieder und schrieb sogleich mit fachkundiger Hilfe seiner neuen amerikanischen Frau seine Memoiren, die unter dem Titel *Breaking with Moscow* die umwerfende Erkenntnis verbreiteten, daß die Sowjetunion eine Gefahr darstelle. Seine russische Frau und die Kinder überließ er praktischerweise der Obhut von Mütterchen Rußland. Die sowjetische Regierung hatte danach seine UN-Nachfolger mit KGB-Doggen umstellt, damit weder Ustinow noch seine Leute auf die Idee kommen sollten, dem Beispiel Schewtschenkos zu folgen.

Die von mir eingezogenen Erkundigungen in Sachen Kaschirin waren an die CIA und das FBI gegangen. Ich hatte nach 27 Jahren in der amerikanischen Regierung viele zuverlässige Kontakte außerhalb des State Department. Offiziell war Kaschirin vom Moskauer Außenministerium für das UN-Sekretariat abgestellt worden; die Information enthielt aber den Zusatz, daß er mindestens KGB-Oberst war.

»Pjedra – darf ich Sie Pjedra nennen?«, schleimte der wochenlang ziemlich hölzerne Kaschirin, als wir uns bei einem zweitklassigen Chinesen in der Second Avenue gegenübersaßen. Viele Russen bei den Vereinten Nationen bevorzugten chinesische Restaurants. »Chinese food is always good«, sagten sie immer wieder.

Kaschirin, der etwas Besserwisserisches hatte, fixierte mich mit einem angedeuteten Lächeln, aus dem zu entnehmen war, daß er mir kein Wort glaubte. Gleichzeitig war er ständig darauf erpicht, etwas über meine »geheime« Mission zu erfahren – die natürlich darin bestand, ihm auf die Schliche zu kommen.

Unsere Konversation war diplomatisch, das heißt nichtssagend, weil wir beide nichts preisgeben wollten. Ich fragte mich, was die Passanten (wir saßen am Fenster) wohl über uns denken mochten. Wir sagten nicht viel, lächelten uns aber ständig vielsagend an. Es war ein

Dialog des Lächelns ohne allzu viele Worte und mit langen Pausen, überbrückt mit »Hm«- und »Aha«-Lauten.

Nachdem wir uns bei mittelmäßigem Shredded Beef und Knusperfisch mit Dessert und Glückskeks zwei Gänge lang abgetastet hatten, kam die Rechnung. Meine Bestellung schien sich zusammen mit der Suppe, dem Aperitif, dem Heineken-Bier und einer flambierten Banane mit Eiskrem als kostspieligem Clou auf sehr viel mehr zu summieren, als man Kaschirin in der sowjetischen Vertretung bewilligt hatte, sogar für ein Essen auf KGB-Kosten.

»Was ist los, Genosse?«, fragte ich ihn, als er mit besorgter Miene in seine Brieftasche sah. »Hat Ihnen die sowjetische Vertretung nicht genug mitgegeben?«

»Nein, das ist mein eigenes Geld. Ich verdiene genauso Geld bei den Vereinten Nationen wie Sie.«

»Na klar! Das bezweifle ich nicht. Aber wissen Sie, die nehmen hier auch Ihre Kreditkarte. Sie haben doch American Express, oder nicht?«

»Nein, wir haben in der Sowjetunion kein American Express und kein Russian Express. Wir glauben nicht an Kreditkarten. Das ist eine kapitalistische Unsitte, davon profitieren nur eure jüdischen Geldverleiher. Wissen Sie eigentlich, daß der Chef von American Express tatsächlich Jude ist? Wer sich Geld leiht, ist sofort verschuldet.« Kaschirin brachte seine tiefen Einsichten mit grimmiger Miene vor. Er wußte verdammt gut, daß mir völlig klar war, warum er keine Kreditkarte hatte. Sie wurde ihm – wie auch allen anderen sowjetischen UN-Beamten – von der sowjetischen Regierung nicht gestattet, damit man sich nicht so leicht abseilen konnte. Ich hätte zu gern gewußt, wer eigentlich auf Kaschirin aufpaßte.

Neben diesen Handicaps gab es noch stärkere Ketten, die den sowjetischen Funktionären angelegt wurden, indem sie ihnen einen äußerst bescheidenen, ja ärmlichen Lebensstil aufzwangen. Alle sowjetischen Mitarbeiter, von den Vereinten Nationen großzügig entlohnt (und damit natürlich zu mindestens 25 Prozent vom amerikanischen Steuerzahler finanziert), mußten etwa 75 Prozent ihres Gehalts abgeben. Dafür erhielten sie von der sowjetischen Vertretung eine »freie«, aber miese medizinische Versorgung, stark subventionierte Wohnungen in einem gefängnisartigen Lager in Riverdale und russischen

Schulunterricht für ihre Kinder. Auch alle bei den Vereinten Nationen beantragten und empfangenen Vergünstigungen – Fortbildungsbeihilfen und Erstattung der Ausgaben für die seltenen New Yorker Arztbesuche, Wohngelder und bezahlten Heimaturlaub – traten sie an die sowjetische Regierung ab. Sie lebten also wie arme Schlucker, und auch die zahlreichen KGB-Agenten unter ihnen mußten sich für die genehmigten Arbeitsessen bei der sowjetischen UN-Vertretung Bargeld besorgen.

Damit niemand den käuflichen Reizen des American Way of Life erliegt und durch die offene Tür in die kapitalistische Freiheit spaziert, durften die sowjetischen UN-Mitarbeiter keine amerikanischen Kreditkarten beantragen. Bei ihren großzügigen, wenngleich hypothetischen Gehältern hätten Sie leicht welche bekommen können. Wer dagegen verstieß, mußte sofort in die Sowjetunion zurück, ohne Rücksicht auf die verbleibende Laufzeit seines UN-Vertrags, der in der Regel auf zwei Jahre befristet war.

Die sowjetische Regierung schlug damit aus ihren UN-Agenten einen hübschen kapitalistischen Profit und ließ sie gleichzeitig nicht auf die Idee kommen, sich in der dekadenten Überflußgesellschaft einzurichten.

Das UN-Sekretariat hat dabei mit den sowjetischen Behörden kollaboriert, indem es alle von den Sowjets abgeordneten Mitarbeiter sofort entließ, wenn ihre Nominierung widerrufen wurde. Ohne Geld, ohne Papiere und ohne Arbeit war es für jeden Abtrünnigen ausgesprochen schwierig, sich der sowjetischen UN-Vertretung zu entziehen und in den USA um politisches Asyl nachzusuchen.

Kaschirin warf noch einmal einen sichtlich besorgten Blick auf die Rechnung und inspizierte dann seine schmale Brieftasche. Ich zückte meine eigene und nahm ihm die Rechnung aus der Hand. »Lassen Sie mir das Vergnügen!« Der Nicht-KGB-Mensch in ihm seufzte erleichtert auf. Als ich meine Brieftasche aufklappte und die American-Express-Karte herausnahm, bemerkte er darin eine große goldene Plakette, auf der in einem sternförmigen Strahlenkranz »Micronesian Bureau of Investigation« eingraviert war.

»Was ist das Abzeichen?«, fragte Kaschirin, der sichtbar erschrak. Er fixierte mich mit einem beunruhigten Blick.

»Ach, das ist deswegen, weil ich damals als Innenstaatssekretär mitgeholfen habe, das mikronesische FBI aufzubauen – im amerikanischen Pazifik-Territorium, damit wir die Drogendealer zur Strecke bringen. Sie haben mich zum Ehrenhäuptling des Kriminalamts gemacht, und das bin ich immer noch. Das kann sehr nützlich sein. Ich bin sehr stolz darauf. Ich bin übrigens auch Polizeimajor auf Guam und Polizeihauptmann auf den Jungfraueninseln. Diese Marke öffnet mir alle möglichen Türen bei der New Yorker Polizei und auch bei sämtlichen amerikanischen Polizeibehörden. Sie hat für mich in Washington Wunder bewirkt. Das ist also nicht bloß symbolisch. Ich habe auch eine Kopie der Ernennungsurkunde in der Brieftasche, und ich habe das Recht, jeden mikronesischen Kriminellen festzunehmen, der in New York herumläuft. Aber Sie können mir glauben, Arkadi, ich käme nie auf die Idee, irgendwo hinter einem Mikronesier herzujagen. Die sind ziemlich robust und können gefährlich werden, wenn man ihnen auf den Pelz rückt.«

Fast direkt nach diesem Essen bekam ich einen Anruf von meinem anderen Sowjetgenossen, Untergeneralsekretär Ustinow.

»Would you have with me lunch?«, fragte er.

Tags darauf zogen wir in ein indisches Restaurant, einen halben Häuserblock neben dem UN-Gebäude.

Ustinow redete in nahezu rhythmischen Synkopen um den heißen Brei herum. Bevorzugte ich die indische Küche oder die spanische? Was hatten die USA gegen die Seerechtskonvention? War das nasse New York nicht in Wirklichkeit kälter als Moskau? Schließlich fragte er: »Ach, haben Sie Polizeimarke?«

»Oh ja«, antwortete ich. »Ich habe mehrere. Wollen Sie die in meiner Brieftasche sehen? Die ist sehr schön.«

Ich ließ ihn die Marke bewundern, hielt aber die Brieftasche fest. Am Ende bezahlte Ustinow für Puri und Masala. Er gab sogar ein Trinkgeld!

Es folgten weitere Essen mit russischen Plakettenfans. Einer davon, ein gewisser Perewerzew – die Nummer fünf in der Reihe der von mir angenommenen Einladungen – ließ mich bei dem von den Sowjets akkreditierten Chinesen in der Second Avenue zwanglos die Zeche bezahlen. Perewerzew war ein charmanter KGB-Gangster, der fließend

Englisch parlierte und riskantere Spielchen bevorzugte als seine Geheimdienstkollegen. Andere KBG-Leute oder ihre Kollegen vom GRU (dem militärischen Geheimdienst) spielten gern Katz-und-Maus; Perewerzew spielte Katz-und-Katz.

»Meine Landsleute erzählen mir, Sie hätten da so eine hübsche kleine Plakette, mit der man in New York keinen Parkschein braucht. Ist die tatsächlich so harmlos?«

»Wie kann denn so eine Plakette, erst recht für eine Ehrenmitgliedschaft, wie sie Ihre Freunde in meiner Brieftasche gesehen haben, anders als harmlos sein, Towarischtsch?«, gab ich zurück.

»Wollen Sie mit Towarischtsch – oder mit Genosse, wie es bei Ihnen heißt – andeuten, daß wir beide den gleichen Beruf haben?«, fragte Perewerzew mit vollmundigem Lächeln. Er kniff dabei ein Auge zu und räusperte sich, um den übertragenen Sinn der Frage hervorzuheben.

»Na was denn, mein Lieber, wir sind doch alle internationale Beamte. Oder was wollen Sie damit sagen?«

»Aber Sie waren doch stellvertretender Minister in Ihrem amerikanischen Innenministerium, stimmt das nicht?« Perewerzew parierte den Vorstoß von der Seite oder von hinten – schwer zu sagen.

»Das Department of the Interior ist nicht unser Innenministerium, wie euer Ministerstwo Wnutrennich Djel. Unseres ist zuständig für Naturressourcen – für Flüsse, Wälder, Minen, Nationalparks oder Territorien. Für Inneres in diesem Sinne. Wir stecken niemanden in die Lubjanka«, sagte ich mit würdevollem Gesicht.

Perewerzew setzte ein breites Grinsen auf, um zu zeigen, daß er mich jetzt am Haken hatte. »Aber ihr habt doch die Parkpolizei, oder nicht? Und die haben doch mit eurem FBI zu tun, und Sie sind der Ehrenhäuptling des MBI, und das bedeutet doch, wenn ich mich nicht irre, Micronesian Bureau of Investigation. Oder?«

»Na, und wenn man Sie so betrachtet, dann speist also hier der KGB mit dem MBI, stimmt's?«, lachte ich.

»Woher wissen Sie, daß ich vom KGB bin? Vielleicht bin ich ja vom GRU, also vom militärischen Geheimdienst, oder vielleicht bin ich nur ein harmloser Mensch aus einem armen Land, das ständig Angst hat, überfallen zu werden – von den Tataren, den Polen, den Türken, den Juden, den Schweden, den Franzosen, den Deutschen und immer wieder den Deutschen. Ihr Amerikaner werdet nicht überfallen. Ihr fallt irgendwo ein, aber natürlich nur zum Wohle der Bevölkerung.«

Es lag etwas Ergreifendes in seinen Worten. Ich habe oft erlebt, daß viele Russen sich letzten Endes damit verteidigten, daß Sie sich auf ihr »armes kleines Ich« versteiften.

Ich fand, daß dieser Austausch den Preis des chinesischen Durchschnittsmenüs wert gewesen war und übernahm, wie schon gesagt, die Rechnung.

Später, in meinem Vier-Fenster-Büro über dem East River, hinter dem sich mit Long Island, Queens, Brooklyn, den New Yorker Flughäfen und Teilen von Westchester County – alles mit ein paar Verrenkungen aus dem 32. Stockwerk des UN-Gebäudes gut zu erkennen – ein sehr amerikanisches Panorama erstreckte, ging mir meine merkwürdig vertrackte Situation durch den Kopf. Ich wurde immer wieder in mittelmäßigen Restaurants abgehorcht und ausgequetscht. Ich wurde ungeniert mit blankem Antisemitismus konfrontiert. Und all das, weil man mich ausgerechnet hier, in New York, als einen loyalen Amerikaner identifiziert hatte, der außerdem noch verdächtigt wurde, Jude zu sein.

Als nächstes kam Untergeneralsekretär Ustinow nach einer Sitzung beim Generalsekretär auf mich zu. »Sie haben noch nicht unterschrieben Vertrag bei UN?«

»Ich denke, das Telegramm des Generalsekretärs ist ein Vertrag«, antwortete ich.

»Sie haben nicht unterschrieben Telegramm?«, fragte er mit einem – durchaus angebrachten – Lächeln weiter.

»Nein, ich habe dafür unterschrieben, daß ich das Telegramm erhalten habe. Sie wissen doch, daß man kein Telegramm unterschreibt. Ich habe keinen Grund, daran zu zweifeln, daß es einen offiziellen Vertrag gibt. Sie etwa?«, fragte ich.

»Wie bei Ihnen heißt: ›Man soll Tag nicht vor Abend loben.‹ Ist doch so, oder?«

Die Unhöflichkeiten, mit denen man mich bedachte, fand ich immer wieder erstaunlich. Einiges ging natürlich auf das Konto des allgemeinen Umgangstons, der unter den UN-Beamten herrschte, ganz im Gegensatz zu dem verbreiteten Bild der Vereinten Nationen als einer Stätte protokollarischer Förmlichkeit und diplomatischer Vornehmheit. Aber ein Gutteil der Anpinkelei zielte direkt auf mich, den frechen amerikanischen Eindringling, den Störenfried – den Spion. Ja, und natürlich auf den verkappten Juden! Das war die UN-Methode, den Vereinigten Staaten zähneknirschend ihren Platz zuzugestehen.

Um mit dieser ständigen Anmache fertig zu werden, entschloß ich mich, mit doppelter Münze zurückzuzahlen. Ich wollte ihnen deutlich machen, daß ich sehr wohl wußte, wer hinter mir stand.

So antwortete ich auf die plumpen Andeutungen von Untergeneralsekretär Ustinow, daß ich womöglich gar keinen Vertrag hätte: »Verbrennen Sie sich mal nicht den Mund dabei, Slawa. Oder ich würde an Ihrer Stelle sofort zur UN-Bank gehen und einen Kredit aufnehmen, damit Sie über die Runden kommen.«

»Credit? What is meaning of credit for this?« Slawas zunehmend besser werdendes Englisch hörte sich plötzlich an wie der Wasserhahn nach einem reparierten Rohrbruch.

»Das ist nämlich so«, antwortete ich. »Wenn ich keinen Vertrag hätte, würden meine Freunde in Washington, und zwar nicht nur im Weißen Haus, auch die im Kongreß, sehr ärgerlich werden. Das amerikanische Geld für den UN-Etat würde dieses Jahr sehr viel später kommen. Oder auch gar nicht. Dann könnte der Generalsekretär keinen Zahltag machen. Und Sie müßten einen Kredit aufnehmen, damit Sie die nächsten Monate über die Runden kommen!«

Bald nach diesem freundschaftlichen Gespräch sagte ich zu mir selbst: »Wo zum Teufel ist eigentlich mein offizieller Vertrag?« Mit dieser Frage im Kopf ging ich zum Personaldirektor, dem schon erwähnten Monsieur Nègre. Seine Sekretärin schickte mich in sein Büro, aber der Direktor tat so, als sei er in eine Akte vertieft, ohne darin zu blättern.

»Ja?«, murmelte er nach einem kurzen Moment ohne aufzublicken.

Ich schwieg.

Er murmelte ein weiteres Mal: »Ja?«

»Die Höflichkeit verlangt, daß Sie dieses Schriftstück weglegen, wenn Sie hier mit mir sprechen. Wenn nicht, können wir uns auch im Büro des Generalsekretärs treffen. Ich nehme an, daß Sie da kein Aktenstudium vortäuschen werden.«

Der Personaldirektor teilte mir mit, daß die Vorbereitung der Verträge bei den Vereinten Nationen eben seine Zeit braucht. Das könne manchmal Jahre dauern.

Der Russe Ustinow machte sich offenbar die Zuständigkeit des Personaldirektors zunutze, für mich den offiziellen Vertrag aufzusetzen. Vielleicht ließ ich mich ja einschüchtern. Vielleicht konnte man mich dazu bringen, meinem amerikanischen Regierungsjob wieder anzutreten.

Ich teilte dem Herrn Direktor mit, mein Vertrag werde bestimmt ein Musterbeispiel an Schnelligkeit und Immunität gegenüber etwaigen Obstruktionsversuchen sein.

»Also ... in ihrem Falle ... die Unterlagen in ihrer Akte sind ... nicht vollständig«, enthüllte er mir mit auffälliger Unschlüssigkeit.

»Wie kann das sein? Ich gebe zu, es war nicht besonders viel, aber ich habe alles ausgefüllt, was ich bekommen habe.«

»Wir haben keine Heiratsurkunde von Ihnen, Mr. Sanjuan, und Ihre Religionszugehörigkeit wurde nicht angegeben. Sind Sie christlichen oder jüdischen Glaubens?«

»Ich habe in England geheiratet, und zwar, ob Sie es glauben oder nicht, in der Margaretenkirche von Westminster Abbey. Unsere Heiratsurkunde, ausgestellt vom Erzbischof von Canterbury, ist ein großes mittelalterliches Pergament ohne Interpunktion, aber mit einem herrlichen Siegel. Sie ist eingerahmt und hängt in unserem Schlafgemach, und ich habe nicht die Absicht, sie hierher zu bringen. Glauben Sie etwa, daß ich siebenundzwanzig Jahre in der amerikanischen Regierung mit allen möglichen Sicherheitsüberprüfungen überstanden hätte, ohne daß ich mit einer Person, die ich als meine Frau ausgebe, rechtmäßig verheiratet bin? Und was meine Religion betrifft – das habe ich noch nie irgendwo angekreuzt. Das geht Sie nichts an!«

»Es geht ja nicht um Sie, wenn wir bei den Vereinten Nationen unsere Zweifel über die Ehefrauen haben. Es sind diese Araber. Die behaupten, daß sie Frauen und Angehörige haben, aber das ist fast immer gelogen«, vertraute mir der Direktor an. »Aber wenn Sie Jude sind – oder Christ, natürlich – dann hätten Sie doch nur eine einzige Frau, oder nicht?«

»Hören Sie«, gab ich zur Antwort, »diesen Quatsch nehme ich Ihnen nicht ab. Die Araber, unter denen es welche gibt, für die ich große Achtung und Zuneigung empfinde, lügen nicht mehr und nicht weniger als die Briten, die Franzosen oder die Leute aus Niger.« Der Personaldirektor kam aus Niger. »Suchen Sie sich eine andere unglaubliche Entschuldigung für Ihre Untätigkeit.«

»Haben Sie eine Zahlungsbestätigung für die Heiratsurkunde?«, fragte er etwas zerknittert.

»Was weiß ich? Sie hat natürlich eine Stange Geld gekostet, aber ich habe keine Ahnung – ich weiß nicht, ob es eine Quittung gab oder wo sie ist.«

Abends wühlte ich mit meiner Frau unsere Akten durch. Schließlich fanden wir etwas, das sehr nach einer ordinären Wäschereirechnung aussah. Immerhin belief sie sich auf siebenundzwanzig Pfund, und wir dachten uns, es könne vielleicht die Quittung für die Heiratsurkundengebühr sein.

Ich überreichte das unscheinbare Dokument anderntags dem Personaldirektor. Er nickte und – siehe da – er übergab mir meinen Vertrag, mustergültig vorbereitet mit einem Duplikat! Ich unterschrieb das Original und behielt die Kopie.

Ein paar Tage später lief mir Untergeneralsekretär Ustinow über den Weg. »I see you sign contract«, sagte er mit einem – diesmal durchaus unangebrachten – Lächeln.

»Was für einen Kontrakt?«, antwortete ich. »Ja, schon möglich. Ich kann mich nicht erinnern.«

Doch die sowjetische UN-Mafia ließ nicht von mir ab. Schließlich war ich ein möglicher Jude und vor allem ein loyaler Amerikaner. Also nicht aus gewöhnlichem UN-Holz geschnitzt.

FÜNFTES KAPITEL

Die Sowjetmafia bei der Arbeit

Nach ein paar Monaten hatte ich herausgefunden, was im Sekretariat ohnehin den meisten bekannt war – daß die Sowjets die Vereinten Nationen hauptsächlich als eine geheime, aber gut besetzte Nachrichtendienstzentrale benutzten. Zu den bestinformierten Insidern gehörte Pérez de Cuellar selbst, der die sowjetische Kontrolle bestimmter »kritischer« Sekretariatsbereiche immer wieder scherzhaft zur Sprache brachte. Die allgegenwärtige Kontrolle all dessen, was die Sowjets für nützlich hielten, bot Stoff für endlose Anekdoten, von zynischen Geistern immer wieder in Umlauf gesetzt, um den grauen Alltag im UN-Elfenbeinturm etwas aufzuheitern. Das Hauptthema dieser Klatschgeschichten war, daß sich die Sowjets mitten in New York, direkt vor der Nase der dämlichen Amerikaner, die tollsten Dinge erlaubten. Alle amüsierten sich prächtig über diese »typisch amerikanische« Naivität.

Die Sowjets hatten ein gut organisiertes und zugleich verblüffend einfaches System der offenen Nachrichtenbeschaffung installiert. Durch ein ebenso langjähriges wie unglaubliches Arrangement mit den USA war die gut besetzte Bibliothek des UN-Sekretariats völlig in sowjetischer Hand. Ein weiteres Ressort, die russische Übersetzungsabteilung als die größte Fremdsprachentruppe im Sekretariat, ließ sich kaum dazu bewegen, irgendwelche ordinären Übersetzungen abzuliefern, nichteinmal für den Generalsekretär.

Die bevorzugte Mitteilungsform bei den Vereinten Nationen ist das Memorandum. Schnöde »Notizen«, »Papiere«, »Studien« oder »Predigten« sind selten, fehlt ihnen doch das Gravitätische des viersilbigen lateinischen Substantivs. Durch derart gewichtige Dokumente, abgefaßt in einem als »UNesisch« bekannten Idiom, werden tiefschürfende Gedanken wie der folgende hin und her kommuniziert:

»Ungeachtet der Bedeutung dieser Frage konnte jedoch festgestellt werden, daß der Sicherheitsrat, sollte er zu einem Beschluß bezüglich der Einschätzung der dem Irak zugefügten Schäden gelangen, die Annahme einer Resolution begrüßen würde, die ein diesbezügliches Mandat des Generalsekretärs formuliert.«

Irgendwann bezog ich mich in einem Memorandum auf den ehemaligen Untergeneralsekretär für Politik und Angelegenheiten des Sicherheitsrats (leider gibt es für UN-Titel keine Abkürzung!) Arkadi Schewtschenko, den bei den Vereinten Nationen als Unperson verschrieenen sowjetischen Deserteur. Ich benötigte deshalb ein Exemplar seines damaligen Bestsellers *Breaking with Moscow.*

»Ellen«, sagte ich über die Sprechanlage zu einer meiner Sekretärinnen. Sie betrat mein Büro etwas forscher als andere, weshalb ich sie für die heikle Mission ausgewählt hatte, mir das Buch aus der UN-Bibliothek zu holen.

»Dieses Buch wollen Sie haben!?«, rief sie aus. Ich nickte.

Nach anderthalb Stunden war Ellen zurück. Ohne Buch.

»Sie haben gesagt, sie hätten zu tun, und außerdem hätten sie das Buch gar nicht, weil es ein ›schlechtes‹ Buch sei. Es hat so lange gedauert, weil ich eine Ewigkeit warten mußte, bis mich einer von diesen Säcken bemerkt hat.«

»Kommen Sie mit!«, befahl ich, und kurz darauf passierten wir die Ausleihtheke der Dag-Hammarskjöld-Bibliothek. Ich führte sie zum Katalog.

»Das finden Sie hier nicht. Ich habe schon nachgeguckt«, meinte Ellen.

»Mein Kampf?«, fragte ich. »Das werden sie doch wohl haben. Na bitte, da ist es. Von keinem Geringeren als Adolf Hitler.« Ellen sah etwas verwirrt aus.

»Aber ...«, fing sie an. Weiter kam sie nicht, weil ich sie am Handgelenk zur Leihstelle zog.

Drei Männer waren hinter der Theke eifrig damit beschäftigt, uns zu übersehen. Mein rechter Zeigefinger schnappte vergeblich nach Luft. Obwohl ihnen meine Bitte um ihre geschätzte Aufmerksamkeit nicht entgangen war, nahmen sie von meiner unübersehbaren Anwesenheit keine Notiz.

»HEY!«, rief ich jetzt, was nicht nur sie aufschreckte. Andere Bibliotheksbenutzer sahen zu uns herüber.

»Wir sind beschäftigt!«, rief der längste von den Dreien mit einem sehr harten russischen Akzent.

»Bestimmt mit nichts anderem so beschäftigt wie damit, uns nicht zu bemerken!«

»Was ist denn?«, fragte der russische Sprecher.

»Wi otschen beschmanjerni« (»Sie sind sehr unhöflich«), sagte ich auf Russisch.

Das veränderte meine Verhandlungsposition. Nach meinem Auftritt mußte sich der lange Russe jetzt fragen, wen er da vor sich hatte. War ich einer von ihnen? Einer von denen? Oder was für einer? Er kam nach vorn, immer noch äußerst unwirsch.

»Ich hätte gern das Buch von Arkadi Schewtschenko, *Breaking with Moscow*. Es ist für den Generalsekretär. Wenn Sie nicht in der Lage sind, mir das Buch in einem angemessenen Zeitraum zu besorgen, könnten Sie Gelegenheit bekommen, im Büro des Generalsekretärs zu erklären, warum Sie zu beschäftigt sind, um eine Bibliothek zu führen.«

»Hören Sie«, sagte der nun etwas eingeschüchterte Russe, »dieses Buch ist nicht in Bibliothek, weil wir haben es nicht in Bibliothek, weil es ist schlechtes Buch. Ich kann Ihnen nicht geben, was wir in Bibliothek nicht haben. Bitte entschuldigen.«

Ich sah den Burschen, der jetzt von seinen solidarisch nach vorn gekommenen Hilfstruppen flankiert wurde, spöttisch an. »Ich habe gerade in eurem Zettelkatalog *Mein Kampf* von Adolf Hitler gefunden. Das ist bekanntlich ein schlechtes Buch. Ein sehr schlechtes Buch. Aber ihr habt es – für Quellenangaben, nehme ich an. So schlecht kann das gute Schewtschenko-Opus doch gar nicht sein. Wissen Sie, wovon ich rede?«

»Ich kenne kein *Mein Was-weiß-ich*. Ich kenne dieses Buch nicht!«, sagte der russische Bibliothekar und drehte sich um, um das Gespräch zu beenden.

»Sie haben doch schon von Adolf Hitler gehört, oder nicht? Auch H-Ü-T-L-E-R ausgesprochen. Den kennen Sie doch, oder nicht?«, sagte ich wiederum mit erhobener Stimme, was für Unruhe sorgte.

»Ja, ich habe Hitler gekannt. Ich habe ihn gekannt!«, sagte der Pseudobibliothekar.

»Das ist ja merkwürdig, daß Sie ihn gekannt haben«, gab ich zurück. »So alt sehen Sie doch noch gar nicht aus!«

»Wollten Sie dieses Hitler-Buch denn gar nicht haben?« fragte Ellen, als wir geschlagen in unser Büro zurückgingen.

»Nein, danke, ich hab's schon gelesen«, sagte ich.

Die UN-Bibliothek war natürlich eine Fassade. Gewiß, sie hatten Bücher, Zeitschriften, Dokumente und so weiter und so fort. Sie hatten aber auch, wie ich nach und nach herausfand, einen aufgeblähten Personalbestand, der ganz überwiegend aus russischen »Bibliothekaren« bestand. Sie taten alles, was ihre Regierung sie tun ließ, außer eine normale Bibliothek zu führen.

Der Bibliotheksdirektor war nach einer formellen Absprache – lange vor meiner Ankunft ausgehandelt – immer ein sowjetischer Beamter, ausgewählt von der sowjetischen Regierung. Warum brauchten die Sowjets die alleinige Kontrolle über die UN-Bibliothek? Sie brauchten sie nicht nur als die geborenen Bibliothekare, die sie bekanntlich sind, sondern auch für ihre Informationsbeschaffungsaktivitäten – eine in verschiedenen Teilen der sowjetischen Regierung recht gut entwickelte Disziplin.

Und warum hatten die Vereinigten Staaten sich darauf eingelassen, daß die Sowjets in diesem absurden Maße die UN-Bibliothek kontrollierten? Ich habe versucht, das herauszufinden, aber in der amerikanischen UN-Vertretung war man allgemein der Ansicht, dieses sowjetische Monopol würde ja schließlich nur die Bibliothek betreffen. Was konnte das schon ausmachen? Es war doch bloß eine Bibliothek!

Mit ein paar weiteren Nachforschungen konnte ich feststellen, daß die von den Sowjets durchorganisierte UN-Bibliothek der wohl umfassendste Nachrichtenbeschaffungs-Apparat war, über den die UdSSR in den Vereinigten Staaten verfügte. Ein Informationsstrom von der Breite des Amazonas ergoß sich laufend in die UN-Bibliothek und von dort in die russische Übersetzungsabteilung, die vollständig von den Sowjets gestellt wurde.

Kein Wunder, daß die UN-»Bibliothekare« zu beschäftigt waren, um für den Generalsekretär Bücher zu holen. Und kein Wunder, daß das Schewtschenko-Buch auf dem UN-Index noch höher rangierte als *Mein Kampf* von Wie-heißt-er-noch-gleich!

Stets im Namen des Generalsekretärs beschaffte die Bibliothek des UN-Sekretariats Informationen für Moskauer Geheimdienste, und zwar vom Stanford Research Institute, von der Rand Corporation und anderen Zulieferern des US-Verteidigungsministeriums, gelegentlich auch (ob man es glaubt oder nicht) von der Forschungseinrichtung des Pentagon und von zahlreichen anderen hochkarätigen Quellen. Darüber hinaus wurden natürlich Informationen von Kongreß-Dienststellen in Washington, von amerikanischen Universitäten, Unternehmen, Banken, Börsenmaklern und einer Unzahl von weiteren Quellen eingeholt, die die »Vereinten Nationen« bereitwillig mit Fakten und Zahlen über alles versorgten, was die »Vereinten Nationen« wissen wollten. Keine dieser Quellen hätte auf eine Anfrage der sowjetischen Botschaft in Washington reagiert. Doch da die Anfragen aus dem Sekretariat der Vereinten Nationen kamen, wurden sie als »legitim« empfunden, und die gut anvisierten (nicht geheimen, sondern ausgesprochen nützlichen und ausführlichen) Informationen wurden höflichst und bereitwillig an die UN-Bibliothek geschickt. Viele der Auskunftgeber fühlten sich wahrscheinlich sogar noch geehrt, von den Vereinten Nationen um so wertvolle Informationen gebeten zu werden.

Der Umfang des Materials, das bei den Vereinten Nationen in New York für sowjetische Aufklärungszwecke zusammengetragen wurde, läßt sich nicht einfach in bestimmten Kategorien erfassen. Es beinhaltete alles, was die sowjetischen Interessenten haben wollten, und es umfaßte ein gewaltiges Spektrum von ständig wechselnden Gegenständen.

Die Agenten in der UN-Bibliothek erkundigten sich zum Beispiel unter raffinierten Vorwänden bei einem Pentagon-Zulieferer nach der Abschußsequenz der amerikanischen Interkontinentalraketen im Falle eines atomaren Schlagabtauschs. Sie behaupteten, daß die in Ernstfallsimulationen benutzten Daten vom Generalsekretär für die UN-Studien zur friedlichen Konfliktlösung benötigt würden. Oder sie baten einen amerikanischen Fahrzeughersteller um möglichst umfassende Informationen über die technischen Daten der wichtigsten amerikanischen Panzertypen, um die Abrüstungsvorschläge der Vereinten Nationen bei den Genfer Verhandlungen zu präzisieren. Immer wieder erkundigte man sich nach den Namen von amerikanischen Regierungsbeamten oder nach den wechselnden Mitarbeiterstäben in wichtigen Ausschüssen wie zum Beispiel dem Auswärtigen Ausschuß oder dem Bewilligungsausschuß für den Militärhaushalt. Ständige Anfragen nach Informationen über Nationalparks oder Naturschutzgebiete und ländliche Regionen trugen dazu bei, die sowjetischen Zielbestimmungsraster bezüglich des US-Territoriums zu aktualisieren.

Nachdem das Einholen von Informationen über eine Unzahl von nachrichtendienstlich relevanten Gegenständen zur Routine geworden war, erwarb sich die UN-Bibliothek mit der Zeit den Ruf, eine sehr umfassende und forschungsintensive internationale Datensammlungsbehörde zu sein, mit derselben Legitimität wie viele schwedische Abrüstungsorganisationen oder das schweizerische Rote Kreuz. Sieht man darüber hinweg, daß die Vereinten Nationen an den zweiseitigen Abrüstungsverhandlungen zwischen den USA und der UdSSR gar nicht in nennenswertem Umfang beteiligt waren, dann war an diesen UN-Aktivitäten nichts Ungewöhnliches. Viele private Abrüstungsorganisationen in Übersee bestanden einzig und allein zu diesem Zweck.

Die UN-Bibliothek beschaffte nicht nur zu nachrichtendienstlichen Zwecken Daten über die amerikanische Rüstung und Militärstrategie, sie informierte sich auch laufend über den riesigen, weitverzweigten amerikanischen Verteidigungsapparat, einschließlich der ihn beliefernden Unternehmen und der von ihm finanzierten Wissenschaftler an amerikanischen Hochschulen und Universitäten.

Mit der Unterstützung einiger altgedienter Mitarbeiter meines Stabs – teilweise desillusionierter Sowjets, Polen, Rumänen oder anderer jenseits des Eisernen Vorhangs rekrutierter UN-Angestellter – und einiger Mitarbeiter osteuropäischer Vertretungen konnte ich mir mit der Zeit ein immer umfassenderes Bild über den Umfang der sowjetischen Nachrichtenbeschaffungsaktivitäten machen, die über die UN-Bibliothek abliefen. Diese Personen vertrauten sich mir an, als der Zerfall der Sowjetunion sichtbar wurde, um sich über eine Verbindung zum amerikanischen »Topspion« einen längerfristigen Aufenthalt in den USA sichern zu können.

Aus der Bibliothek des UN-Sekretariats wanderten die Daten unbearbeitet in die russische Übersetzungsabteilung. Dort wurden sie von sowjetischen Experten sortiert und übersetzt. Die dicksten Fische aus diesem buchstäblichen Datenmeer wurden in die sowjetische UN-Vertretung geschickt und gelangten von dort mit Diplomatengepäck ins sowjetische Außenministerium, ins Außenhandelsministerium, an den KGB und an verschiedene militärische Aufklärungsdienste.

Große Mengen von zugänglichen Erkenntnissen waren den Sowjets stets von größerem Nutzen gewesen als geklaute »Geheimnisse«. Informationen aus Zeitschriften und veröffentlichten Dokumenten waren zum Beispiel die Grundlage für den Nachbau der neuesten US-Kampfflugzeuge, deren technische Daten, insbesondere in bezug auf Konstruktion und Aerodynamik, immer frei zugänglich waren – sogar in den technischen Publikationen, mit denen amerikanisches Material auf dem internationalen Markt für Rüstungsgüter verkauft wird. Warum sieht die MiG-29 wie eine Kopie der F-14 aus? Weil sie eine ist.

Nachdem ich die einfache, aber effiziente Infrastruktur der sowjetischen Nachrichtenbeschaffung im UN-Sekretariat relativ frühzeitig ausgemacht hatte, informierte ich Jeane Kirkpatrick, die amerikanische UN-Botschafterin. Sie war sehr erstaunt und übergab meinen knappen Bericht dem amerikanischen Außenministerium. Man teilte ihr mit, daß dies im State Department alles bekannt sei. Man wolle es aber nicht an die große Glocke hängen, weil es unsere Beziehung zu den Vereinten Nationen »destabilisieren« würde. Es könne sogar die Konsequenz haben, sowjetisches UN-Personal zum Verlassen der USA auffordern zu müssen. In der Tat! Das State Department fügte hinzu, es wolle seine Moskauer Diplomaten nicht möglichen Vergeltungsmaßnahmen aussetzen. Auch das ein fadenscheiniger Vorwand fürs Nichtstun.

Natürlich hätte das Außenministerium noch andere Optionen gehabt. Es hätte zum Beispiel die amerikanischen Regierungsbehörden darüber in Kenntnis setzen können, daß die UN-Bibliothek in sowjetischer Hand ist. Es hätte sie dazu auffordern können, an die Vereinten Nationen weder offene noch sonstige Informationen weiterzugeben. Was das State Department darauf antworten würde, hätte ich mir denken können, noch bevor ich diesen Vorschlag zu machen wagte.

Hätte man eine solche Warnung in Washington herumgeschickt, so wurde mir mitgeteilt, dann hätte dies unsere guten Beziehungen zu den Vereinten Nationen beeinträchtigt. Das erschien dem State Department nicht wünschenswert. Das Außenministerium hat also, so könnte man sagen, die sowjetischen Geheimdienstaktivitäten im UN-Sekretariat voll unterstützt. Um sich nicht lumpen zu lassen, hat das sowjetische Außenministerium diese amerikanische Noblesse dadurch erwidert, daß sich die Moskauer US-Botschaft im Stadtzentrum befinden durfte, wo die amerikanischen Diplomaten alle Paraden der Roten Armee sehen konnten.

Da dieser ganze Spuk offenbar allgemein bekannt war, auch beim UN-Wachpersonal und vielleicht sogar bei den Putzkolonnen, wollte ich wissen, in welchem Maße die Sowjets noch andere Sekretariatstätigkeiten kontrollierten. Nachdem ich ein Jahr dort zugebracht hatte, hatte ich über die sowjetische Verwaltungshegemonie bei den Vereinten Nationen viele interessante Tatsachen herausgefunden.

Der Einfluß der Sowjets beschränkte sich nicht auf die Sekretariatsbibliothek und die umfangreichen russischen Übersetzungsdienste. Sie kontrollierten alles, was im UN-Sekretariat von Bedeutung war. Viele Schlüsselpositionen waren mit sowjetischen UN-Beamten besetzt – nicht unbedingt die Spitzenpositionen, aber doch ausgesprochen nützliche Positionen.

So haben die Sowjets zum Beispiel im Personalbereich, in der späteren Hauptabteilung Personalwesen, immer strategische Stellungen kontrolliert, die sie nie aus der Hand gaben. Es ist müßig zu wiederholen, daß alle von diesem Treiben wußten, zumal die Mitarbeiter der Personalabteilung und mit Sicherheit auch der jetzige Generalsekretär Kofi Annan, als er Personaldirektor war. Es herrschte allgemein die Auffassung: Wenn die Sowjets das UN-System unterwandern wollen und die Amerikaner sie gewähren lassen, dann ist das nicht unser Problem.

Nicht anders sah es in der Hauptabteilung Presse und Information aus. In der Hauptabteilung Politik und Angelegenheiten des Sicherheitsrats verfügten die Sowjets über alle für den Abteilungsbetrieb entscheidenden Positionen der ersten und zweiten Führungsebene. Und so weiter. Die Sowjets konnten also durch die von ihnen gestellten Beamten oder durch Satelliten aus anderen Ostblockländern und aus ihnen ergebenen Staaten den laufenden Betrieb des UN-Sekretariats steuern.

An dieser Stelle sollte ich kurz auf die besonderen Personalpraktiken des UN-Sekretariats eingehen. Das Personal verteilt sich seiner Herkunft nach auf die verschiedenen Mitgliedsstaaten, und zwar in etwa anteilmäßig nach ihrem festgesetzten Beitrag zum UN-Etat. Die großen Ausnahmen sind die Vereinigten Staaten und Israel.

Die USA wurden offiziell stets mit einem Drittel bis einem Viertel des Gesamtetats veranlagt. Stellt man alle freiwilligen und sonstigen finanziellen Beiträge in Rechnung, dazu die den Vereinten Nationen gewährte Steuerbefreiung und weitere Zuwendungen, die »in natura« – in Form von Dienstleistungen – entrichtet werden, dann beläuft sich der amerikanische Beitrag auf sehr viel mehr. Und da andere UN-Mitglieder ihre Beiträge häufig in Papiergeld statt in harter Währung abgegolten haben, sind die USA nach wie vor der bedeutendste Geldgeber, ohne den die Vereinten Nationen nicht existieren können.

Würden die USA auf einem Personalanteil bestehen, der ihrem finanziellen Anteil entspricht, dann gäbe es im Sekretariat eine übergroße Mehrheit von Amerikanern, und die USA müßten sich vorwerfen lassen, den Laden zu dominieren. Die Zahl der amerikanischen Experten und Führungskräfte wurde deshalb auf knapp über vierhundert begrenzt, mit einer gewissen Toleranz nach oben oder nach unten.

Nur werden die amerikanischen UN-Experten sozusagen von der Straße weg rekrutiert. Sie bedürfen kaum einmal des Placets ihrer Regierung. Auch fühlen sie sich in ihrer überwiegenden Mehrheit den Vereinigten Staaten nicht in besonderem Maße verpflichtet. Sie halten sich für echte, verantwortungsbewußte internationale Beamte, die den Vereinten Nationen und ihren hehren, wenn auch bisweilen verstaubten Prinzipien verpflichtet sind.

Das wäre alles gut und schön, wenn auch die anderen Sekretariatsmitarbeiter als internationale Musterbeamte auftreten würden. In den gesamten fünfzig Jahren des Kalten Krieges wurden aber, wie wir oben festgestellt haben, sämtliche Mitarbeiter aus der UdSSR und den Ostblockländern – wie auch aus China und einer Reihe anderer Mitgliedsstaaten –, zum Sekretariatsdienst »abgeordnet«. Was sich dann darin äußert, daß sie für die Regierungen ihrer Herkunftsländer arbeiten.

Neben diesem »ausgewogenen« Abordnungssystem sind auch andere Länder, die nicht offiziell ihr eigenes Personal stellen, eifersüchtig darauf bedacht gewesen, daß ihre im Sekretariat tätigen Staatsbürger nicht zu kurz kommen. Mit Ausnahme der Amerikaner werden alle Mitarbeiter im UN-Sekretariat von ihren Regierungen tatkräftig unterstützt – schon im eigenen Interesse dieser Mitgliedsstaaten, die offiziell im Sekretariat keinen Einfluß ausüben dürfen.

Auch die nicht-abgeordneten (»normalen«) Sekretariatsmitarbeiter sind also in einem bedeutenden Maße als Vertreter ihrer Regierungen tätig. Das betrifft die Franzosen, Briten, Deutschen, Spanier, Brasilianer und so weiter und so fort – und natürlich das ganze Nahostpersonal.

Und die Israelis?

Die brauchten sich bis vor kurzem gar nicht erst zu bewerben, weil das UN-Sekretariat für sie keine Verwendung hatte. Auch amerikanische Juden wurden nur ganz wenige eingestellt. Diese skandalöse Benachteiligung Israels hat sich ein wenig geändert, aber die israelische UN-Quote wurde mit einer erklecklichen Anzahl von israelischen Palästinensern aufgefüllt, damit die Zahl der echten, israelischen Juden weiterhin möglichst gering blieb.

Die Sekretariatsstellen werden regelmäßig neu besetzt. Die sowjetischen Mitarbeiter blieben aber nur rund zwei Jahre, oder sie hatten einen auf drei Monate befristen Zeitvertrag mit einer Verlängerungsoption. Wie haben es die Sowjets dann geschafft, so viele Schlüsselstellungen im Sekretariat durchgängig zu kontrollieren?

Das sowjetische System war ziemlich genial, auch wenn es die heilige Einfalt der amerikanischen UN-Vertretung und die unterschwellige Blockadetaktik des State Department voraussetzte.

Es funktionierte folgendermaßen: Kleine Dritte-Welt-Staaten verfügten im UN-Sekretariat über kleine Kontingente, die vielfach noch um fünf bis zehn Leute unter ihrer Quote lagen. Diese kleinen Vertretungen konnten durch Krankheit, Tod oder Pensionierung schnell dezimiert werden. Verloren nun diese Länder durch natürlichen Verschleiß einen wichtigen Posten, dann wurde er häufig mit einem Beamten aus einem anderen Land besetzt, und das kleine Land hatte im Sekretariat bald nicht mehr viel zu bestellen.

Nun waren die Stellen auch nicht dazu da, nach den Geltungsbedürfnissen der einzelnen Mitgliedsstaaten aufgeteilt zu werden. Dieses Argument war aber infolge der KGB-Infiltration durch das sowjetische Abordnungssystem längst Makulatur. Gleichwohl unterbreiteten ausgerechnet die Sowjets der UN-Vollversammlung den Vorschlag, daß ein »unterrepräsentiertes« Land freigewordene Stellen im UN-Sekretariat so lange behalten darf, bis die festgesetzte Quote durch Neubesetzungen aus demselben Land erreicht oder überschritten ist.

Die amerikanische Vertretung und das Ministerium für freundliche Beziehungen (unser State Department) beeilten sich, dem Vollversammlungsbeschluß zuzustimmen, der dieses »gerechte« System absegnete. Die Amerikaner waren natürlich auch Freunde der Dritten Welt! Die Resolution wurde einstimmig verabschiedet – ein schönes Beispiel für die Zusammenarbeit zwischen den beiden Supermächten.

Von Stund an hatte die Sowjetunion ständig Probleme, ihr Soll an abgeordneten Sekretariatsbeamten zu erfüllen. Auch sie wurde zu einem chronisch unterrepräsentierten Mitgliedsstaat. Statt ausschließlich Dauerstellen (für zwei Jahre) zu besetzen, nahm die UdSSR nun in größerer Zahl vorübergehende Nominierungen vor, die auf drei Monate befristet waren und nicht auf die sowjetische Quote angerechnet wurden, die aber unbegrenzt verlängerbar waren. Die Sowjets behielten also ihr volles Mitarbeiterkontingent. Darüber hinaus wurden aber von nun an alle bis dato sowjetisch besetzte Stellen ausschließlich für sowjetische Neubesetzungen reserviert, da auch die Sowjetunion trotz ihres großen Personalanteils offiziell unterrepräsentiert war. Und alle neuen Positionen, die von den Sowjets infiltriert werden konnten, blieben für sie reserviert.

Währenddessen wurden alle Amerikaner für eine etwaige Anstellung auf Herz und Nieren durchgecheckt. Für jeden Bewerber wurden bis zu fünfzehn Zentimeter dicke Akten angelegt und mit akribischer Sorgfalt ausgewertet, angeblich um sicherzustellen, daß kein faules Ei durchrutschen konnte, oder auch nur ein Windei. Tatsächlich sollte diese sorgfältige Überprüfung politische Vorwände finden, um amerikanische Bewerbungen abzulehnen. Normale amerikanische Fachkräfte wurden nur dann berücksichtigt, wenn sie nachweisen konnten, daß sie nichts mit der amerikanischen Regierung zu tun hatten. Mit ihrer faktischen Kontrolle über das UN-Personalwesen sorgten die Sowjets dafür, daß ins Sekretariat keine US-Vertreter gelangen konnten, die dem sowjetisch kontrollierten Fachpersonal auf der mittleren und unteren Ebene etwas entgegenzusetzen hatten.

Auf der höchsten Ebene wurden natürlich politische Nominierungen, die auf amerikanischen Vorschlag erfolgten, aus Gründen der Opportunität von Fall zu Fall akzeptiert. Obwohl der von Vizepräsident Bush an Pérez de Cuellar herangetragene Wunsch nach meiner Ernennung nicht abgelehnt werden konnte, war auch das über mich zusammengestellte Dossier mehr als fünfzehn Zentimeter dick. Es enthielt weniger ein Profil als vielmehr ein Sonogramm aller meiner realen wie auch vermeintlichen Persönlichkeitsschichten.

Dagegen wurden amerikanische Bewerber für die mittleren und unteren Ebenen, die über irgendwelche politischen Verbindungen auf amerikanischer Regierungsebene verfügt hatten, immer wieder abgelehnt.

Senator John Warner aus Virgina, mit dem ich in seiner Zeit als Marineminister in Washington zusammengearbeitet hatte, bat mich darum, mit einer jungen Mitarbeiterin zu sprechen, die auf dem Gebiet der internationalen Beziehungen hervorragend ausgewiesen war und gern für die Vereinten Nationen arbeiten wollte. Ich setzte mich für ihre Bewerbung ein und konnte auch die amerikanische Vertretung dazu veranlassen, sie zu unterstützen. Unsere Empfehlung gab ihr den Todeskuß. Nach einem sechsmonatigen Gezerre um ihre Bewerbung kam sie nicht einmal in die engere Wahl, und Warner tobte. Ich erzählte dem Generalsekretär davon, aber der kannte keinen Senator Warner. In meinen zehn Jahren im UN-Sekretariat wurde mir klar, daß niemand für eine Anstellung in Frage kam, der nicht von der Vertretung seines Herkunftslands unterstützt wurde – außer den Amerikanern. Bei denen verhielt es sich umgekehrt. Sobald sie die Unterstützung ihrer Regierung hatten, fielen sie durch.

Im Gegensatz dazu wurden sowjetische und Ostblockkandidaten praktisch im Sack gekauft. Es bedurfte nur einer dürren zweiseitigen

Bewerbung mit Namen, Adresse, Ausbildung und gewünschter UN-Position – vorgelegt von ihrer Regierung in einer Standardprozedur –, aber keiner wirklichen Zustimmung der Vereinten Nationen. Andererseits wurde jeder Russe, der von der sowjetischen Regierung nicht formell approbiert wurde, sofort ausgesiebt.

Was für ein Kuhhandel.

Ich möchte zwei repräsentative Fälle schildern.

Waleri Schdorowenin arbeitete in meiner Abteilung als Experte für Meeresfragen, insbesondere für das Seerecht, das bei den Vereinten Nationen seit mehr als fünfzehn Jahren im Koma lag. Er wurde als Ozeanograph tituliert und war mit den sowjetischen Fischereiflotten rund um die Welt gereist. Es lag auf der Hand, daß seine ozeanographischen Aufgaben auf diesen Schiffen in Spionageaktivitäten bestanden hatten, denen alle sowjetischen Fischereiflotten mit ihren großen Fabrikschiffen ein paar Meilen vor der Küste nachgingen – knapp außerhalb der Hoheitsgewässer der USA und der NATO-Länder wie auch vor vielen anderen neuralgischen Punkten auf unserem Globus.

Schdorowenin war ein netter Bursche mit einem ansteckenden russischen Humor und einer gewissen Neigung zur Selbstoffenbarung. Zu unserem ersten aufschlußreichen Kontakt kam es, als ich ihn eines Tages bat, nach 17 Uhr noch etwas länger zu bleiben, um einen von ihm erstellten Bericht durchzugehen.

»Ich kann nicht«, sagte er.

»Darf ich fragen, warum nicht? Ich weiß ja, daß ihr hier alle schon vor fünf Uhr verschwunden seid, aber heute muß ich Sie bitten, dazubleiben«, sagte ich stirnrunzelnd. Ich kann mich an dieses Stirnrunzeln noch sehr gut erinnern.

»Nein, Mr. Sanjuan, ich kann nicht dableiben. Ich muß den Bus zurück nach Riverdale kriegen«, sagte er wie ein Schulbub vor dem Direktor.

»Ja, mein Gott, dann nehmen Sie doch einen anderen Bus! Oder die U-Bahn!« Die Runzeln hatten meine Stirn tief zerfurcht.

»Mister Sanjuan, sie nicht verstehen«, sagte Schdorowenin fast heulend. »Es ist sowjetischer Bus nach Riverdale, unser Lager, wo wir wohnen. Sie machen Kontrolle am Bus, und wenn ich nicht da bin, bin ich am Arsch, wie bei Ihnen heißt.«

»Ja, wie kommen Sie denn dann in die Stadt oder zum Essen oder ins Kino?« Ich konnte es noch immer nicht fassen.

»Wir gehen normalerweise da nicht hin, aber wenn müssen irgendwo hingehen, wir brauchen offizielle Erlaubnis, zum Beispiel kaufen ein paar Schuhe oder neuen Radiorecorder. Sie wissen, wir lieben die Radiorecorder. Gibt es in Rußland nicht«, erklärte Schdorowenin mit entwaffnender Unschuld.

»Hauen Sie ab und kriegen Sie ihren verdammten Bus!« Mir wurde klar, daß diese Menschen in New York praktisch Gefangene waren.

Ein paar Jahre später hatte ich mich mit Schdorowenin so weit angefreundet, wie es die besonderen Umstände zuließen. Ich nahm ihn eines Tages mit zum Essen nach Chinatown in die Mott Street 20, meine echte Hunan-Lieblingskaschemme. Er war nach all den New Yorker Jahren noch nie in Chinatown gewesen.

Bei gefüllten Austern erzählte er mir Geschichten aus seinem Leben. Schließlich gestand er mir, er habe bei einer seiner Fischfangexpeditionen irgendwo in Fernost heimlich eine Ladung von billigen Puppen gekauft, um sie nach Rußland zu schmuggeln und mit einem fetten Profit zu verkaufen. Solche ausländischen Spielzeuge waren damals in der UdSSR heiß begehrt. Als er in Wladiwostok von Bord ging, nahm ihn die KGB-Grenzpolizei fest und durchsuchte das Schiff nach den Puppenkartons. Das sei dann sein letzter Fischzug gewesen. Zur Strafe kam er zu den Vereinten Nationen.

Die Sowjets schickten dem UN-Sekretariat also überführte Schmuggler, um sie unter Kontrolle zu haben. Ihre kriminelle Vergangenheit war für ihre Einstellung kein Hindernis. Die Vereinten Nationen brauchten nicht viel mehr als den Namen, den Rang und die laufende Nummer. Eine Überdosis von Strafzetteln wegen zu schnellem Fahren (oder eine Empfehlung von Senator Warner) reichte dagegen aus, um jeden hochqualifizierten Amerikaner für eine UN-Laufbahn zu disqualifizieren.

Der arme Schdorowenin kam schließlich eines Tages in höchster Not zu mir. Er hatte während der Mittagspause in einer Bar in der Second Avenue einen Amerikaner getroffen, der sich als Angehöriger der »U.S. federal secret police« zu erkennen gab. Er habe ihm geraten, die Vereinten Nationen zu verlassen und in Washington sowjetische Geheimnisse auszuplaudern. Was er jetzt tun solle, fragte er mich – ausgerechnet mich!

Ich teilte dem unglücklichen Schdorowenin mit, ich könne nicht viel für ihn tun, hätte aber meine Zweifel, daß sich jemand als Mitglied der »U.S. federal secret police« ausweisen würde.

»Oh, doch, doch, Mr. Sanjuan, das ist genau das, was Kerl gesagt hat!«

Meine Freunde im Büro teilten mir mit, mein russischer Mitarbeiter sei anscheinend verrückt geworden. Ich nahm mir vor, mich aus allem, in was Schdorowenin hineingeraten sein könnte, herauszuhalten.

»Gut dann, ich beschwere mich bei sowjetische Vertretung, daß Ihre Regierung sich an UN-Beamten heranmacht«, erklärte Schdorowenin. Anscheinend war er tatsächlich verrückt geworden.

»Es ist Ihre Vertretung«, sagte ich.

Ein paar Tage später fing ich an, Schdorowenin im Büro zu vermissen. Meine Sekretärin teilte mir mit, er sei vor ein paar Tagen überstürzt weggegangen. Er habe gesagt, er käme nicht wieder.

Als ich im Fahrstuhl die aufleuchtenden Ziffern über der Tür verfolgte, sah ich seitlich von mir Wassili Safrontschuk, den Nachfolger Ustinows als sowjetischem Untergeneralsekretär. »Was ist denn mit unserem Freund Schdorowenin passiert?«, fragte ich ihn, obwohl man in den UN-Aufzügen normalerweise keine Konversation trieb.

Safrontschuk zog die Augenbrauen hoch und setzte ein vieldeutiges Lächeln auf. Nachdem wir das stählerne Gehäuse verlassen hatten, wandte er sich mir zu. »Ja, also, Waleri Schdorowenin ist krank. Er hat chronische Krankheit, kann nur in Sowjetunion behandelt werden. Wir haben sehr gute Ärzte und Krankenhäuser in Sowjetunion, wie Sie wissen.«

Schdorowenins Nachfolger war ein gewisser Viktor Zarew, ein weiterer »Experte« für das dahindümpelnde Seerecht. Er stellte sich in meinem Büro vor, indem er mir einen Zettel mit einem sehr knappen Lebenslauf überreichte, zusammen mit einer angeblich von ihm angefertigten zehnseitigen Studie über das Gesetz der Meere. Sie war auf Französisch verfaßt, weil die Sprache der Vereinten Nationen – wie er mich auf Russisch belehrte – Französisch ist.

»Alors, vous connaissez la langue de Racine!«, rief ich aus.

»Njet. Tolko tschitajo. Ne goworio«, replizierte er, »ich kann es nur lesen, nicht sprechen« – womit er immerhin zu erkennen gab, daß ihm meine Äußerung nicht Spanisch vorkam.

Wie sich herausstellte, hatte Zarew mit der Vorlage seines französischen Beglaubigungsschreibens sein Soll an Expertisen erfüllt. Er beschränkte sich fortan darauf, um zehn Uhr zu kommen und bald darauf für den Rest des Tages abzutauchen, sofern er nicht ab und zu in der Mittagspause seine Anwesenheit demonstrierte.

Eines Tages, als ich mich mit einigen Mitgliedern meines Stabes, darunter zwei russischsprechenden Polen (einer davon ein früheres Warschauer ZK-Mitglied) wieder einmal anschickte, zur Essensaufnahme in meine geliebte Mott Street zu ziehen, erwischte ich Zarewitsch an der Tür. »Los, kommen Sie mit essen nach Chinatown«, sagte ich, was er als einen Befehl mißverstand.

Bei Tisch sagte Zarew kein Wort, bis ich ihn, um das Eis zu brechen, auf die enzyklopädische Speisekarte verwies. »Es geht nichts über chinesisches Essen. Die gefüllten Austern kann ich wärmstens empfehlen.«

Zarew nahm die gefüllten Muscheln, zog ein Gesicht und erklärte sie für sehr schmackhaft, »otschen wkusno!« Dann blieb er für längere Zeit stumm. Schließlich sagte er in stockendem Englisch: »In Moscow we also have excellent Chinese restaurant.«

»In New York«, trumpfte ich auf, »haben wir 60.325 chinesische Restaurants.«

»Ach ja, wo?«, fragte Zarew.

»Sie brauchen sich beim Hinausgehen nur umzusehen. In der Mott Street gibt es vierhundertundfünfzig.«

Zarews Charme lag in seiner sichtbaren Inkompetenz. Mag sein, daß seine Stärke darin bestand, nach Moskau getickerte Nachrichten zu verschlüsseln, aber wäre er ein gewöhnlicher Amerikaner gewesen, dann hätte er es nie zu den Vereinten Nationen geschafft.

Die Sowjets waren gewitzt genug, nicht den Eindruck zu erwecken, daß sie hinter allen Top-Positionen im Sekretariat her sind. Worauf Sie es abgesehen hatten, waren aber die zweiten und dritten Schlüsselpositionen in allen Hauptabteilungen, die man ihnen noch nicht ganz überlassen hatte. Die Hauptabteilung Politik und Angelegenheiten des Sicherheitsrats, die UN-Sekretariatsbibliothek und die russische Übersetzungsabteilung galten inoffiziell als sowjetisches Hoheitsgebiet.

Besonders fest unter Kontrolle hatten die Sowjets die Hauptabteilung Personal. Durch ihre auf »Dauer«-Stellen gut plazierten Agenten konnten Sie die nicht-sowjetischen Mitarbeiter bis in ihr Privatleben hinein kontrollieren, was ihnen bei anstehenden Vertragsverlängerungen besonders nützliche Informationen verschaffte. Überwacht wurde ihre Arbeit von Madame Boyer in der sowjetisierten Hauptabteilung Politik und Angelegenheiten des Sicherheitsrats.

An entscheidenden Stationen in der Karriere eines UN-Mitarbeiters wußten dann die Sowjets genau Bescheid, welche fälligen Arzthonorare, Hypothekenzinsen und Bankkredite der Betreffende hatte – mit anderen Worten, wie geordnet oder prekär die Verhältnisse waren, in denen der Vertragsinhaber lebte, und ob sich die Vertragsverlängerung als Druckmittel einsetzen ließ, um ihn zur gelegentlichen Mitarbeit zu zwingen.

Wie konnte die amerikanische Regierung dazu gebracht werden, diesen Machtmißbrauch hinzunehmen? Tatsächlich läßt sich das Warum und Weshalb der amerikanischen Toleranz durchaus nachvollziehen. Als die sowjetische »Unterrepräsentations«-Strategie offensichtlich wurde, konnte man die Regelung nicht mehr rückgängig machen. Die USA wären sonst der Buhmann gewesen, der die mühsam erkämpften Rechte der kleinen unterrepräsentierten Länder beschneiden will und nicht bloß die mühelos erkämpften, skandalösen Vorrechte der sich als unterrepräsentiert gebenden Sowjets.

Spätestens 1986 waren mir diese Trickserelen und Machenschaften völlig klar, genauso wie jedem anderen nicht ganz auf den Kopf gefallenen Sekretariatsmitglied. Bei meinen Aufenthalten in Washington zu Gesprächen mit Abgeordneten und Senatoren oder ihren Mitarbeitern habe ich darauf hinzuweisen versucht, wie stark die Sowjets inzwischen das UN-Sekretariat beherrschten und daß sie diese Kontrolle weiter ausbauen würden. Die Parlamentarier wurden von mir selbst angesprochen. Pérez de Cuellar hatte keine Ahnung – und es interessierte ihn auch nicht –, was im amerikanischen Kongreß vor sich ging.

Er dachte sich, das Außenministerium werde schon dafür sorgen, daß ihm der Kongreß seine Gelder bewilligt, und so war es auch. Sein Interesse, die Volksvertreter in Washington zu umwerben, war eher persönlicher Art. Er ließ sich gern mit einflußreichen Politikern sehen, auch wenn er keinen Demokraten von einem Republikaner unterscheiden konnte. Ich hatte also freie Bahn.

Mit ganz wenigen Ausnahmen – Senator Hatch, Senator Hollings, Senator D'Amato, dem Abgeordneten Scheuer und ein paar anderen – hielt man die Vereinten Nationen im Kongreß für Zeitverschwendung, sprich: für eine von den Amerikanern finanzierte Veranstaltung, um die Dritte Welt bei Laune zu halten.

Gleichwohl machten mir die sowjetischen Intrigen und Betrugsmanöver – besonders die dreisten Geheimdienstaktivitäten – ziemlich zu schaffen. Bei einem Essen mit Pérez de Cuellar ließ ich die Bemerkung fallen, daß diese unverschämten Übergriffe früher oder später zum Himmel stinken würden. Der öffentliche Druck könne dann den Kongreß dazu zwingen, den Vereinten Nationen finanziell die Luft abzudrehen.

»Hören Sie, Don Pedro«, sagte der Generalsekretär, »wenn die amerikanische Vertretung, oder auch Sie persönlich, mir einen genau belegten Fall von sowjetischer Spionage im Sekretariat vorlegen kann, werde ich umgehend veranlassen, daß die betreffende Person dieses Haus verläßt und nach Rußland zurückgeschickt wird.«

Ich lachte in mich hinein. Er wußte verdammt gut, daß ein solcher Fall nicht »belegt« werden kann, sind doch die heiligen Hallen der Vereinten Nationen für amerikanische Ermittlungsbeamte nicht zugänglich. Er wußte auch, daß ich zwar alles mögliche wußte – fast so viel wie er selbst –, daß ich aber nicht in der Lage war, über jemanden ein detailliert und lückenlos belegtes »Dossier« anzulegen.

Die Generalsekretäre waren in der Frage der sowjetischen Kontrolle weder dumm noch uninformiert oder gar Komplizen. Wenn man bedenkt, wie wenig die amerikanische Regierung ihre eigenen Interessen im Blick hatte, kann man ihnen das alles nicht vorwerfen.

1988 ging meine erste fünfjährige Amtszeit zu Ende, und wie bei jedem anderen UN-Beamten – einschließlich des Generalsekretärs selbst – stand eine Verlängerung an. Sie wurde normalerweise automatisch gewährt. Doch mitten in einem belanglosen Plausch bei einem weiteren Arbeitsessen fragte mich der damalige sowjetische Untergeneralsekretär Ustinow mit hinterhältiger Miene, ob ich eigentlich die Absicht hätte zu bleiben. Er brachte diese unschuldige Frage mit dem Umfang meiner Hypothek in Verbindung. Er wußte genau, wie hoch meine Verpflichtungen waren, denn die Sowjets wußten über jeden Bescheid.

Diese Information konnte nur aus meiner Steuererklärung stammen. Als amerikanischer UN-Beamter mußte ich sie bei den Vereinten Nationen abgeben, die sie dann dem US-Finanzministerium zur Genehmigung meiner UN-Personalabgabe vorlegten, dem Äquivalent für meine amerikanische Einkommenssteuer. All diese privaten Daten wie auch eine Reihe von weiteren persönlichen Angaben – weil mich das Finanzministerium dazu zwang, alle mir zustehenden Freibeträge im einzelnen aufzulisten – waren durch einen sowjetischen Zuträger in Kofi Annans Personalabteilung für den obersten sowjetischen UN-Beamten und seinen KGB-Führungsoffizier einsehbar (und vielleicht auch für Madame Boyer).

Auf Ustinows impertinente Frage erwiderte ich: »Nehmen Sie es mir bitte nicht übel, aber es gibt einen russischen Ausdruck, den ich gerne benutzen möchte, statt Ihnen ausführlich zu antworten.« Ich bediente mich einer sehr starken Injurie, die sich auf die Untergeneralsekretärsmutter bezog, eine in Rußland als *materit* bekannte Übung.

Mein russischer Kollege verließ das Essen, vielleicht um einem Schlaganfall vorzubeugen, und erschien erst wieder zum Dessert. Damit war die Sache vom Tisch.

SECHSTES KAPITEL

Wie der KGB das UN-Sekretariat kontrollierte

Ich habe lange beruflich mit waschechten KGB-Leuten verkehrt. Ich war deshalb – auch wenn ich nicht beanspruchen kann, über die weltweiten früheren KGB- oder aktuellen russischen Geheimdienstoperationen im einzelnen Bescheid zu wissen – in einem beträchtlichen Umfang in ein einzigartiges Spektrum von sowjetischen Untergrundaktivitäten verwickelt. Für diese Kungelei mit dem »Feind« kam ich weder in den Knast noch vors Militärgericht; ich wurde weder zum feindlichen Agenten erklärt, noch hat man mich als Verräter gebrandmarkt. Ich erhielt vielmehr eine Auszeichnung vom FBI, die im meinem Büro hängt.

Wie schon deutlich geworden ist, hat ein Zusammentreffen von sehr eigentümlichen Umständen vor langer Zeit ein paradoxes UN-Milieu hervorgebracht, das von außen nicht zu kontrollieren ist, in dem sich aber kaum etwas verheimlichen läßt. Tatsächlich bestand für die Sowjets und andere ausländische Agenten auch gar keine Notwendigkeit zu übertriebenen Sicherheitsvorkehrungen. Das Sekretariat war und ist eine geschlossene Gesellschaft, ein warmes Nest für eine bedeutende Zahl von »internationalen Beamten«, die gelegentlich in konspirative oder kriminelle Aktionen verwickelt sind – gleichermaßen Bundesgenossen und Gegner, die in relativ engen Räumlichkeiten dicht aufeinander hocken.

Ich wußte über sie Bescheid. Sie wußten über mich Bescheid. Ich informierte das FBI, aber das FBI konnte anhand der von mir gelieferten Informationen kaum etwas unternehmen. Das amerikanische Außenministerium wollte nichts wissen. Die sowjetischen Agenten konnten allerdings gegen meine Schnüffelei auch nicht viel unternehmen. Es konnte nicht in ihrem Interesse sein, Öffentlichkeit herzustellen, indem sie mich loszuwerden versuchten.

Zum besseren Verständnis dieser Vorgänge sollten wir festhalten, daß der schließlich verwirklichte architektonische Entwurf des Sekretariatsgebäudes sehr eigentümliche Vorgänger hatte. Er stammt von dem französischen Architekten Le Corbusier, der Bauwerke als Skulpturen auffaßte, die nicht unbedingt bewohnbar sein müssen. Nach diesem Entwurf sollte der ganze vierzigstöckige UN-Wolkenkratzer auf Pfeilern stehen – auf einer gewaltigen Säulenphalanx. Und zwar ohne Rücksicht auf die arktischen Winde, die im Winter kreuz und quer über die Mündung des East River fegen. Die UN-Beamten hätten unten schlotternd auf die Fahrstühle gewartet, wenn das Pfeilerkonzept sich durchgesetzt hätte.

Le Corbusier warf schließlich die Brocken hin und überließ den Entwurf einem »Komitee«, das dann ein modifiziertes Sekretariatsgebäude entwarf. Es ist ein höchst unpraktischer Bau mit ebenso engen wie endlosen Korridoren und sehr begrenzter Bürofläche in den einzelnen Stockwerken. Der hochgestellte flache Kasten besteht aus übereinandergelegten dünnen Raumscheiben. Jede Etage wird durch sechs Fahrstuhlschächte und eine imposante Damentoilette in zwei Teile geteilt. Geht man den Gang hinunter, wird jede Etage noch einmal durch eine eindrucksvolle Herrentoilette und durch einen vierzig Stockwerke tiefen Schacht zerschnitten, der das Sekretariatsgebäude von einem selbständigen inneren Fluchtweg aus massivem Beton trennt, einem endlosen Treppenhaus. Ein weiteres großes Treppenhaus verbaut die andere Seite jenseits der Fahrstühle.

Kurz, das UN-Sekretariat ist die Hölle für rheumatische Arthritiker und ein Paradies für alle Inhaber einer schwachen Blase, hat es doch nahezu hundert Toilettenanlagen für beide Geschlechter zu bieten.

Das Gebäude bietet aber auch ein unfreiwilliges Element an gemeinschaftlicher Nähe, weil sich wegen seiner unpraktischen Konzeption jede der vielen Hauptabteilungen auf mehrere Stockwerke verteilt. Wie wir schon sahen, stellen deren Funktionen nicht nur ein unübersichtliches Gestrüpp dar, sie scheinen sich auch in jeder Hauptabteilung zu wiederholen. Eine wirkliche Zusammenarbeit zwischen den einzelnen Hauptabteilungen findet kaum statt. Das ist auch nicht weiter erstaunlich, weil diese – wie mittelalterliche Fürstentümer unter einem machtlosen Herrscher – durch die Funktionsüberschneidungen praktisch autark sind und weil der Mangel an erkennbarer Substanz ohnehin die meisten Hauptabteilungen überflüssig macht. Sie können also ohne weiteres unabhängig voneinander funktionieren.

Noch verschlimmert wird dieses promiskuöse Chaos von Hauptabteilungen, die ihre überflüssigen Funktionen weder teilen noch abgeben wollen, durch den Prestigefaktor der Höhe. Die oberen Stockwerke sind hochbegehrt. Als die Hauptabteilungen sich etablierten, ergriffen sie anteilmäßig Besitz von den höheren Etagen und breiteten sich dann in einer Rutschpartie in den mittleren und unteren Stockwerken aus. Dieses phantastische, organisch gewachsene Labyrinth sorgt nun dafür, daß alle sich ständig über den Weg laufen, so daß jeder schnell mitbekommt, wer aus welchen Gründen mit wem zusammenhockt.

Gegen Ende der achtziger Jahre, als die sowjetische Hegemonie unübersehbar zu bröckeln begann und auf den Zusammenbruch zusteuerte, sahen sich die KGB-Leute bei den Vereinten Nationen mit der Aussicht konfrontiert, allein im Regen zu stehen. Verständlicherweise wollten sie so lange wie möglich im Lande des Überflusses bleiben. Und wer war der Amerikaner, den sie am besten kannten, mit dem sie am häufigsten zu tun hatten und dem sie, so paradox es klingt, am meisten vertrauten? Natürlich ich, der amerikanische Spion, den sie jeden Tag sahen und sprachen.

Sie suchten ständig meinen Rat. Sie baten mich um kostenlose Rechtsberatung, wenn sie oder ihre Frauen in Autounfälle verwickelt waren, wenn sie von der New Yorker Russenmafia erpresserische Anrufe erhielten oder wenn sie ihre Geschichten vor der Presse und in den Hörsälen ausbreiten wollten. Sie bewirteten mich schließlich in Moskau im besten sowjetischen Restaurant, dem Praga – wahrscheinlich der Hauptgrund, warum sich McDonald's nach 1992 so luxuriös etablierte.

Was war das für eine Klasse, diese KGB-Leute und sonstigen Angehörigen der sowjetischen Schlapphutfraktion?

Als Gruppe betrachtet, waren sie eine ziemlich intelligente und kultivierte Truppe. Sie hatten eine feines Gespür für die menschliche Tragödie, verbunden mit einen ausgeprägten russischen Sinn für Humor.

»Militärische Aufklärung *(intelligence)* ist ein Widerspruch in sich«, heißt es in den USA, aber in der UdSSR mit all ihren Gebrechen und Eiterbeulen traf das im Grunde nicht zu. In einer autoritären Gesellschaft tendieren die Klügsten dazu, sich den autoritärsten Professionen zuzuwenden – vor allem der Geheimpolizei in all ihren Formen. Der KGB war ein riesiges Unternehmen, das mit allen erdenklichen Mitteln Spionage betrieb. Er hatte eine Armee zur Bewachung der sowjetischen Grenzen, führte offene und geheime Operationen durch und beschäftigte sich mit allem, womit andere sich eben beschäftigt haben. In der UdSSR gingen viele der besten und hellsten Köpfe zum KGB.

Das New Yorker UN-Sekretariat war eine beliebte KGB-Außenstelle. Man konnte sich entspannen, mit dem amerikanischen »Gegner« Verstecken spielen und von den süßen Früchten des dekadenten Kapitalismus kosten.

»Pedro, bitte tu mir Gefallen«, bat mich eines Tages ein gewisser Charitonow. »Guck dir Kamera an. Habe ich gerade bei Central Camera in Central Grand gekauft.«

»Grand Central«, korrigierte ich ihn. Mit mir Russisch zu sprechen, war ein Kompliment, das mir von den Russen häufig gemacht wurde. Hätte ich selbst mit ihnen Russisch gesprochen, wäre dies allzu häufig beleidigend gewesen, so als hätte ich sagen wollen: »Dein Englisch ist einfach zu schlecht.«

»Was hast du dafür bezahlt?«, fragte ich.

»Dreihundertfünfzig Dollar. Ist Ojimpus. Sehr gut!«, sagte Charitonow, nichts Gutes ahnend.

»Reingefallen. Die hättest du für 150 Dollar haben können«, stellte ich fest – zu meinem Bedauern, aber in der Hoffnung, dem KGB beibringen zu können, wie man bei uns richtig einkauft.

»Aber ist Preisliste«, protestierte er schwach.

»Den Listenpreis zahlt man bei Central Camera nie«, klärte ich ihn auf. »Du fragst: ›Was kostet die?‹ Der Verkäufer sagt: ›350 Dollar.‹ Du sagst: ›Ein gelungener Scherz, aber ich bin etwas in Eile. Also wieviel?‹ Er sagt: ›Ich könnte sie Ihnen für 290 Dollar lassen. Sind Sie bei den Vereinten Nationen? Da können wir Ihnen einen Vorzugspreis anbieten – 250 Dollar.‹ Du drehst dich um und sagst: ›Vielen Dank.‹ Er sagt: ›Hätten Sie vielleicht eine Minute Zeit? Ich muß kurz mit dem Geschäftsführer sprechen.‹ Er kommt schnurstracks zurück und sagt: ›160 Dollar ist unser letztes Wort.‹ Du sagst: ›150 Dollar, okay?‹ Und du kriegst die Olympus für weniger als die Hälfte von diesem sagenhaften Listenpreis. So macht man das!«

»Aber ist wie Basar in Damaskus«, jammerte Charitonow. »Nicht korrekt. In Sowjetunion ein Preis und wird bezahlt.«

»In Sowjetunion, lieber Freund«, gab ich zu bedenken, »gibt es auch keine Olympus-Kameras.«

Wir mußten beide lachen.

Ich hätte auch über mich selbst lachen können, denn nach diesem kurzen Lehrgang zum Thema Kapitalismus für Fortgeschrittene tauchte mindestens einmal pro Woche ein sowjetischer Kollege in meinem Büro auf, um mit mir zu besprechen, wieviel man für eine Kamera bezahlen sollte, für ein Fernglas, für ein Teleskop oder was immer es bei Central Camera gab.

Wenn meine Charitonow-Anekdote etwas herablassend klingt, sollte man bedenken, daß ich in Moskau nicht die leiseste Ahnung hatte, was man für eine Kamera bezahlt oder wo man welche bekommt, ja nicht einmal davon, daß sie für mich als Ausländer gar nicht zu haben waren. Bei meinen zweiten Rußlandreise zu Sowjetzeiten fand ich heraus, daß gute Kameras (manche Fabrikate waren nämlich gar nicht so schlecht) nur über das Verteidigungsministerium zu bekommen waren, sofern man sich als Berufsfotograf ausweisen konnte – also als Mitglied des richtigen Profsojus, zum Beispiel des Fotografenverbands.

Warum über das Verteidigungsministerium? Weil optische Geräte in erster Linie militärischen Zwecken dienten. Deshalb war das Verteidigungsministerium zuständig.

Charitonow und die anderen sowjetischen Agenten machten keinen besonderen Hehl aus ihrem eigenen Profsojus – ihrer KGB- oder GRU-Zugehörigkeit. Sie haben sie nie bestätigt, aber auch nie bestritten. Wenn ich gutmütig den moralischen Zeigefinger hob, setzten sie ein breites Grinsen auf. Natürlich hatten sie alle die bei den Vereinten Nationen erforderlichen Papiere vorgelegt, die sie als Angehörige ihres Außenministeriums auswiesen.

Die eigentliche Dostojewski-Gestalt unter diesen Edelspionen war der Nachfolger von Untergeneralsekretär Ustinow. Wassili Sergejewitsch Safrontschuk, dessen russifizierter mongolischer Name auf eine skandinavisch-tatarische Mischung verwies, war Anfang sechzig, untersetzt und vierschrötig, hatte dichtes weißes Haar und trug ständig ein mißtrauisches Lächeln zur Schau, das einen schweren Minderwertigkeitskomplex verriet.

Es gab nichts, was Safrontschuk nicht sowieso schon wußte, bis hin zum Blutdruck eines Kakadus. »Ja usche snajo« (»Ich weiß«) – dieses Wort lag ihm permanent auf den Lippen.

Als ehemaliger Artillerieoffizier in der Roten Armee vergaß er nie, die Geschichte zum besten zu geben, wie seine Einheit während des Krieges von den Amerikanern im Zuge des Lend-Lease-Programms einen Lkw erhielt, nur damit er gleich nach dem Krieg von amerikanischen Truppen beschlagnahmt wurde, die in Deutschland US-Eigentum konfiszierten. Die Yankees nahmen ihnen den geliebten Studebaker weg und sprengten ihn nicht weit von Wassili und seinen Männern entfernt in die Luft.

»Warum habt ihr das getan? Wir haben unseren Lastwagen geliebt«, klagte er immer wieder in tiefem Schmerz und schleuderte mir die Missetat ins Gesicht.

Anfangs sprach ich Safrontschuk mein Beileid aus, aber nachdem ich die traurige Geschichte zum x-ten Male gehört hatte, teilte ich ihm mit, daß ich mit dem Zweiten Weltkrieg gar nichts zu tun hatte, weil ich bei Kriegsende gerade mal ein Teenager war, und daß mir ihr geliebter Studebaker eigentlich scheißegal ist.

»Ja usche snajo«, antwortete Wassili wie auf Kommando.

Dieses zwanghafte Bedürfnis, alles zu wissen, kam mir aber durchaus entgegen, weil ich ein etwas anders gelagertes Problem hatte – ich war zwanghaft neugierig. Aus dem Zusammenspiel unserer komplementären Obsessionen zog ich dabei den größeren Nutzen.

Damit Safrontschuk sein Band abspulte, mußte man ihm nur etwas anbieten, das nicht ganz dem entsprach, was er schon wußte. Sobald sich ihm die Gelegenheit bot, seine Überlegenheit zu demonstrieren – zumal gegenüber dem amerikanischen Spion, der seinen geliebten Studebaker auf dem Gewissen hatte –, stellte Wassili seinen Federkranz hoch, um sich über das Thema auszubreiten.

Bei verschiedenen Essen in entlegeneren spanischen Restaurants (er hatte eine Schwäche für Angulas, gebratene Babyaale, die in New

York ein Vermögen kosten) behauptete ich zu wissen, wie der KGB im UN-Sekretariat zu Werke geht. Was ich von mir gab, war dermaßen absurd und mit amerikanischen Ethnozentrismen gespickt, daß Wassili nicht umhin konnte, mich – und damit die CIA – gründlich ins Bild zu setzen. Er war nämlich davon überzeugt, in mir einen hochkarätigen CIA-Agenten vor sich zu haben – mindestens im Range eines Brigadegenerals, was im KGB eine ziemlich hohe Position war. Er gab mir zu verstehen, daß dies seinem eigenen Dienstgrad entsprach. Und er wußte natürlich, wie die CIA organisiert ist, weil er und seine Leute eben über alles »sowieso schon« Bescheid wußten.

Die vielen Einladungen in Restaurants mit Aalspezialitäten (Fornos, Jai Alai, La Bilbaina oder El Pote) kosteten mich keinen Cent. Das FBI erstattete mir alles in einem unauffällig geparkten Wagen an der Ecke First Avenue/44. Straße, vorschriftsmäßig im Beisein zweier im Auto anwesender Zeugen.

Natürlich waren die sowjetischen Mitarbeiter im UN-Sekretariat nicht alle im KGB, erklärte mir Safrontschuk. Wie denn auch? Der KGB hatte sozusagen eine organisatorische Funktion. Er leitete die Operation, wenn man es so nennen durfte – nicht anders als die Operation, die von anderen Sekretariatsmitarbeitern aus der Volksrepublik China oder von den Franzosen oder Briten durchgeführt wurde, oder von den Filipinos.

»Was für Filipinos?«, rief ich scheinbar überrascht aus.

»Filipinos kontrollieren Bereich Finanzen und Personalbeurteilung in Hauptabteilung Verwaltung. Ist Monopol«, verriet Safrontschuk. »Wußten Sie nicht? Nur Amerikaner sind bei UNO aus dem Spiel, wie bei euch heißt – außer CIA hat Sie, natürlich!«

Meine CIA-Zugehörigkeit war ihm nicht auszureden. So saß ich da wie die Mona Lisa und lächelte ihm unergründlich zu.

Es gab vielleicht um die dreißig KGB-Leute im Sekretariat; die genaue Zahl wollte Wassili nicht mitteilen. Der Rest des sowjetischen Kontingents bestand aus Spezialisten und KGB-Verwaltungspersonal – abgesehen von ein paar Russen, die aus der Nomenklatura kamen, also Sprößlingen von Parteibonzen. Letztere waren Heilige Kühe und bei den Vereinten Nationen kaum zu gebrauchen.

Beziehungs- und Pfründenwirtschaft war aber auch bei anderen nationalen UN-Personalkontingenten üblich, wie mir Wassili bei unseren Tête-à-tête-Gesprächen erklärte – sogar bei den Briten, auf jeden Fall bei den Franzosen und bei sämtlichen Afrikanern und Lateinamerikanern. Da hatte er allerdings recht.

Auch die Vertreter anderer Länder, in denen es das gab, was wir Amerikaner gern »kommunistische« Regierungen nennen – die Polen, Tschechen, Ungarn und so weiter – hatten ihre eigene Hierarchie. Der Staatssozialismus war ein gut organisiertes System, nicht so unfähig, wie dies die meisten Regierungen kapitalistischer Länder tendenziell sind. Wassili war stolz darauf, Kommunist zu sein, und nicht ohne Grund.

Die ideologische Affinität der sozialistischen Staaten sorgte dafür, daß es unter ihren UN-Mitarbeitern ein breites Maß an Zusammenarbeit gab. Sie wußten um ihre Gemeinsamkeit. Aber wußten nicht auch Briten und Amerikaner um ihre Gemeinsamkeit? Schon wieder hatte er recht.

Wassili antwortete eigentlich auf seine eigenen Fragen, was mir sehr entgegenkam. Ich mußte also keine peinlichen Informationen preisgeben – etwa über den verheerenden Mangel an Solidarität, den es zwischen den Amerikanern im UN-Sekretariat gab –, damit das Gespräch in Gang blieb. Es war im Grunde ein Monolog, bei dem ich die Rolle des aufmerksamen und gebannten Zuhörers spielte.

Safrontschuks großspurige Enthüllungen lieferten die Bestätigung – wenn es denn einer solchen bedurfte –, daß die sowjetische Kontrolle über das osteuropäische UN-Personal total war und auch das Personal vieler schwarzafrikanischer Länder erfaßte. Gegenüber den Nordafrikanern und Vorderasiaten – dem »islamischen Block«, wie er sie nannte – kehrte er allerdings ständig seine Geringschätzung heraus. Sie waren für ihn Lakaien des Westens.

All diese gesammelten »Juwelen« dostojewskiesker Weisheit wurden von mir in systematisierter Form meinen Kontaktleuten in Jim Fox' New Yorker FBI-Büro übergeben, nicht selten im Zuge von Gesprächen, die ich mit Fox persönlich in seinem Lieblingsrestaurant in der Sixth Avenue führte. Jim und ich nahmen den geschäftlichen Teil des Essens sehr ernst, erlaubten uns aber zum Nachtisch einige Scherze. Wir wußten, daß die UN-Aktivitäten des KGB weder die CIA noch das Außenministerium sonderlich interessierten.

Bei meinen wiederholten Gesprächen mit Vizepräsident Bush im Weißen Haus und in seinem Senatsbüro, arrangiert von seiner freundlichen Assistentin Jennifer Fitzgerald, habe ich ihm diese Probleme immer wieder vor Augen geführt. Das erste dieser Gespräche fand Anfang 1984 statt.

Ich teilte Bush mit, daß die sowjetischen Geheimdienstoperationen ein leicht zu beschreibendes und leicht zu bewältigendes Problem seien, wenn sich das State Department dazu entschließen könnte, dem Treiben ein Ende zu machen. Demgegenüber sei die Kultur des Antisemitismus, der Zusammenhalt unter den militanten Islamisten (für das Außenministerium damals noch Freunde Amerikas) und die Gleichgültigkeit des Generalsekretärs gegenüber allem, was sich vor seiner Nase abspielte, alles in allem ein sehr viel komplexeres Problem, das in seinen gesamten Verästelungen schwer anzupacken, aber noch vordringlicher zu lösen sei.

Bush fragte mich, wie man mit diesem Schlamassel am besten umgehen könnte.

»Also, was mir Sorgen macht, ist, daß zwischen den Vereinten Nationen und dem amerikanischen Kongreß eine zunehmende Kluft entsteht, die bei den Vereinten Nationen immer größere Probleme schafft. Die Sowjets werden nicht zögern, die Gelegenheit zu nutzen und sich der unzufriedenen Elemente zu bedienen.«

Senatorin Nancy Kassebaum hatte bereits gefordert, die amerikanischen Zahlungen gesetzlich zu reduzieren oder einzustellen, weil die Vereinten Nationen Geld verschwendeten.

»Die Geldverschwendung durch die Vereinten Nationen ist zwar ihrem Charakter nach chronisch, aber das ist noch unsere geringste Sorge«, teilte ich Bush mit. »In allen amerikanischen Ministerien und Behörden wird tonnenweise Geld verpulvert, erst recht, wenn man die Regierung vom anarchistischen Standpunkt betrachtet, wonach die meiste Regierungstätigkeit unnötig ist. Die kriminellen, korrupten, geheimen und konspirativen Vorgänge im UN-Sekretariat gehen aber noch sehr viel weiter und könnten verheerend sein. Wenn sich der Kongreß mit diesen Dingen befaßt – und ich glaube, ich habe letzten

Endes die Pflicht, dazu beizutragen, daß Aktivitäten abgestellt werden, die den USA schaden –, dann könnte der Bruch mit den Vereinten Nationen irreparabel sein.«

»Was kann man also Ihrer Meinung nach tun? Ich weiß nur zu gut, wie es da aussieht. Ich bin selbst UN-Botschafter gewesen.«

»Das weiß ich, Sir«, beeilte ich mich hinzuzufügen. »Was man tun kann: Man müßte dem Generalsekretär klarmachen, wie gefährlich es für ihn ist, was sich im Kongreß entwickelt.«

»Ich kenne ihn, aber nicht besonders gut. Ist er ein eloquenter Mensch?«

»Vor großem Publikum ist er ein totaler Langweiler«, erklärte ich. »Er liest seine Reden ab wie das Telefonbuch. Vor einer kleinen Gruppe, zum Beispiel in einem Seminar, kann er allerdings ganz charmant sein, ziemlich intelligent, manchmal sogar witzig. Er kann seine Zuhörer überzeugen und herumkriegen, und er kann auch gut zuhören.«

»Vielleicht können wir ihn dazu kriegen, nach Washington zu kommen und mit einer ausgewählten Gruppe von Senatoren zu sprechen, damit sie seine Probleme verstehen und er unsere. Ich könnte vielleicht ein Essen geben«, schlug Bush vor.

»Im Senat?«, fragte ich – in der Annahme, er wolle es als Senatspräsident geben.

»Nein, das ist keine gute Idee«, sagte Bush. »Nicht eingeladene Senatoren haben Mittel und Wege, bei solchen Anlässen aufzukreuzen, und das kann schiefgehen. Nein. In meinem Haus in der Massachusetts Avenue [dem Amtssitz des Vizepräsidenten] oder in einem Club in Georgetown, wo ich noch Mitglied bin. Also was für Senatoren?«

»Senatoren wie Percy und andere liberale Republikaner sind überzeugte Internationalisten, die können wir uns also schenken«, stellte ich fest. »Die extremen Konservativen kann man vergessen, die werden ihre Meinung nicht ändern. Probieren wir es also, wenn Sie einverstanden sind, mit den ›In-Betweens‹, die mit sich reden lassen, zum Beispiel Hatch, Kassebaum natürlich, Kasten, Roth, Hollings und so weiter. Ich habe mit ihnen gesprochen, und sie wollen eine Reform bei den Vereinten Nationen, die etwas bewirkt.«

Bush fand die Kategorie der »In-Betweens« richtig, weil sich mit ein paar entscheidenden Stimmen im Senat einiges ausrichten ließ.

Mit seinem Segen und einem mit seinem Monogramm bestickten roten Polohemd (Größe XXL), das er als Geschenk überreichte, zog ich los, um Pérez de Cuellar zu fragen. Das war eine ausgezeichnete Gelegenheit für diesen leisen, etwas ängstlichen Generalsekretär, Farbe zu bekennen und gleichzeitig zu begreifen, daß im UN-Sekretariat der Ofen aus ist, wenn die Stimmung in Washington kippt.

Don Javier empfing den Vorschlag mit einer lauwarmen Begeisterung, die mir eher gekünstelt schien. Es war aber ein Vorschlag des amerikanischen Vizepräsidenten, den ein Peruaner mit sozialen Identitätsproblemen ernst nehmen mußte. Und den er eigentlich nicht ablehnen konnte.

»Machen wir das Anfang nächsten Jahres [1985] oder noch besser Mitte März, wenn das Theater mit der Vollversammlungsdebatte vorbei ist.«

»Das klingt machbar«, sagte ich aufs Geratewohl, »aber wir müssen natürlich die Termine des Vizepräsidenten berücksichtigen.«

»Und diese Senatoren, wer sind die?«, fragte Herr Pérez (wie er eigentlich hieß) mit besorgter Miene. Ich nannte ihm die mit Bush besprochenen Namen.

»Diese jüdische Frau schon wieder«, schnaubte Javier. »Sie haßt uns und will uns die Mittel streichen.«

Ich tat, als verstünde ich nicht. »Von welcher Frau sprechen Sie, Don Javier?«

»Diese Senatorin Kastenbaum [*sic*]. Der Vorname ist Nancy oder so ähnlich.«

»Senatorin Kassebaum ist keine Jüdin. Ich sehe aber auch nicht, was das ausmachen würde. Je länger ich in diesem Sekretariat bin, um so stärker schockiert es mich, daß Jude zu sein, gelinde gesagt, als schwerwiegender Charaktermangel gilt. Als ich hier ankam, hat mich dieser Sowjetbüttel Ustinow als Juden angegriffen und in eine blödsinnige Diskussion verwickelt. Dann habe ich das einzig Richtige getan und mich selbst als Juden bezeichnet.«

»Oh, Sie sind kein Jude«, sagte Don Javier, indem er die Hand auf und ab bewegte. »Wir haben das alles nachgeprüft und wissen das.«

»Hören Sie, Herr Generalsekretär«, sagte ich ziemlich aufgebracht und gleichzeitig zu stark erregt, »ich bin vielleicht kein Jude, und ich kenne vielleicht auch ein paar Juden, die mich nicht leiden können, aber ich gelte überall da, wo ich von Amts wegen hinkomme, als ein Gegner von Rassismus und Antisemitismus.«

»Lassen wir das beiseite«, sagte Don Javier, unbeeindruckt von meinem Protest. »Also lassen wir die Kastenbaum bei dem Essen dabei sein und die anderen Senatoren auch. Ich denke, das Essen ist vielleicht eine ganz gute Idee. Sie werden natürlich mit mir mitkommen?«

»Sie können darauf zählen!«, sagte ich.

Ein paar Wochen vergingen, und Jenny Fitzgerald schickte eine Liste mit ungefähr fünfzehn Senatoren, allesamt handverlesen von Bush. Ich vergewisserte mich bei Don Javier, daß er den 15. März als vereinbartes Datum auf seinem Terminplan hatte.

Später, als der März heranrückte, teilte Jenny mir mit, daß die Einladungen in Washington herausgegangen seien, nachdem man sich in der Senatsverwaltung rückversichert habe, daß gegen den 15. März nichts sprach. Der Generalsekretär sollte seine offizielle Einladung erhalten, nachdem die Antworten aus dem Senat eingetroffen waren, so daß das Essen stattfinden konnte.

Am 1. März gab es genügend Zusagen, um eine hochkarätige Gästeliste zu garantieren. Ich setzte den Generalsekretär davon in Kenntnis.

»Was ist das für ein Essen«, fragte er und tat etwas irritiert.

»Das Essen, das der Vizepräsident in seinem Haus für Sie gibt, um wichtige Senatoren zu treffen.«

»Hatten wir einen Termin festgelegt?«, fragte er scheinheilig.

»Das haben wir, und wie Sie sich erinnern müßten, habe ich ihn persönlich ein paar Mal mit Ihnen abgestimmt. Das Datum haben Sie selbst ausgesucht. Die Einladungen sind alle herausgegangen, und alle haben zugesagt. Vizepräsident Bush steht jetzt sozusagen dumm da.«

Er blickte langsam auf, um mir in meine blitzenden Augen zu sehen (ich war wieder sichtlich erregt) und murmelte etwas von der Eröffnung eines neuen UN-Informationszentrums in Madrid, bei der auch der König zugegen sein werde.

»Und wieviel Geld bekommen Sie vom spanischen König?«, fragte ich mit einer Überdosis von Sarkasmus.

»Das weiß ich im Augenblick wirklich nicht.«

»Hören Sie, Don Javier, der Vizepräsident der Vereinigten Staaten kann als Vertreter der amerikanischen Regierung die Vereinten Nationen in den Bankrott treiben, wenn er die Senatorin Kassebaum dazu ermutigt, das UN-Budget tatsächlich drastisch zu kürzen.«

»Oh«, antwortete er etwas kleinlaut, »das wird diese jüdische Frau ja wohl nicht tun.«

Aufgebracht verließ ich Don Javiers Büro, brauchte eine halbe Stunde, um mich in meinem Büro zu sortieren, und ließ mich dann mit Jenny Fitzgerald verbinden.

»Jenny, ich weiß nicht, wie ich es Ihnen sagen soll, aber dieser Trottel von Generalsekretär hat uns verarscht. Er sagt, daß er am 15. März schon mit dem König von Spanien verabredet war. Noblesse oblige.«

»Eine Sekunde, Pedro«, sagte Jenny. Dann hörte ich die Stimme von Bush.

»Was ist das? Er kneift, nachdem wir diese ganzen Senatsleute eingeladen haben? Der König von Spanien? Ich kann nicht folgen.«

»Ich auch nicht, Sir, außer daß sich dieser Hohlkopf von Javier in seinem Spatzenhirn einbildet, daß Nancy Kassebaum Jüdin ist, und er hat anscheinend etwas gegen Juden.«

»Pedro, ich glaube Ihnen kein Wort.«

»Es ist aber so. Und dabei ist ihm nicht einmal klar, daß der König von Spanien zwar Bourbone ist, aber über ein paar Ecken verwandt mit König Ferdinand von Aragon, einem Bastard mit jüdischer Mutter.«

»Okay, Pedro, ich verstehe. Sie sind da in einem Märchenland. Machen Sie sich keine Gedanken. Sie haben alles richtig gemacht. Wir erfinden irgendein Problem, um die Absage zu begründen. Kopf hoch!«

Später erkühnte sich der peruanische Patriarch dann zu sagen, daß ein Gespräch mit dem Präsidenten der Vereinigten Staaten einem UN-Generalsekretär vielleicht besser anstünde.

»Der Präsident ist Jude«, sagte ich sarkastisch, »und sein Verteidigungsminister auch.«

Unbeirrt davon ließ Don Javier seine anderen »offiziellen« Verbindungen spielen, um ein paar Monate später einen Besuch in Washington zu arrangieren, mit einem Termin bei Reagan um 12.45 Uhr im Weißen Haus. Eine Woche vor diesem »bedeutenden Ereignis« teilte er mir und allen, die ihm über den Weg liefen, mit, Ronald Reagan habe ihn zum Essen gebeten.

Tatsächlich erschien Reagan zu dem Gespräch, das außerhalb des Oval Office stattfand, mit zwanzigminütiger Verspätung. Er hielt sich fünf Minuten mit Don Javier auf und entschuldigte sich dann bei dem peruanischen Antisemiten, weil er zu einem Essen mußte.

SIEBTES KAPITEL

Die amerikanische Gegenspionage

Als ich 1984 zu den Vereinten Nationen kam, hatte ich mich mit der amerikanischen Botschafterin Kirkpatrick darauf verständigt, daß ich eine zuverlässige Anlaufstelle brauchte, um meine Erkenntnisse über die nachrichtendienstlichen Aktivitäten der Sowjets und ähnliche Verstöße gegen die »Neutralität« des UN-Sekretariats sofort an unsere eigenen Geheimdienstleute weitergeben zu können. Jeane hatte mich bereits mit Janine Bruckner bekanntgemacht, der CIA-Beamtin bei der amerikanischen Vertretung.

Für die CIA-Leute in Washington, mit denen ich mich nun ungefähr einmal im Monat traf, war es ein Routinejob, der sie aus der trostlosen Umgebung von Langley/Virginia herauskommen ließ. Wir hockten in Georgetown in einem unauffälligen Lokal, dem American Café, und sie stellten mir immer wieder die gleichen nervtötenden Fragen.

Diese Routinesitzungen waren totale Zeitverschwendung; es lohnte sich nicht, dafür extra nach Washington zu fahren. So wurde denn bald beschlossen, daß mich ein CIA-Vertreter in einem anderen unauffälligen Lokal in New York treffen sollte, um mich mit denselben dummen Fragen zu löchern.

Jeanes Anlaufstellen im Außenministerium hatten sich bereits als nutzlos erwiesen. Das State Department reagierte auf alle durch sie übermittelten Enthüllungen mit den zwei Standardantworten »Das wußten wir schon« – eine glatte Lüge – und: »Wir wollen solche Fragen [Spionage!] nicht zum Thema machen, weil es unseren bilateralen Beziehungen zur Sowjetunion schaden könnte.« Der dritte Grund für ihr Desinteresse – daß solche zusätzlichen Probleme jemanden davon abhalten könnten, nach Dienstschluß mit seiner Frau einkaufen zu gehen – wurde natürlich nicht ausgesprochen. Wir brauchten, das war Jeane offenbar klar, einen stärker praxisbezogenen Kontakt, einen direkten Draht zum FBI.

Der Einfluß, über den Jeane Kirkpatrick im Außenministerium verfügte, war praktisch gleich Null. Sie war von Haus aus Wissenschaftlerin, Verfasserin eines Artikels über die Doppelmoral der Diktatur (»Dictatorship and Double Standards«), der Reagan schwer beeindruckt hatte. So machte er sie zu unserer Frau bei den Vereinten Nationen. Jeane hielt die Programme solcher UN-Organisationen wie UNESCO und WIPO (Kultur und geistiges Eigentum) für zumeist unglaublich politisiert und brachte dies auch immer wieder zur Sprache. Sie prangerte offen an, daß sich die nicht-ideologischen Zielsetzungen der Vereinten Nationen in ihr Gegenteil verkehrt hatten. Das Außenministerium fand dieses Benehmen entsetzlich, und es sah in der Plazierung eines amerikanischen Spions im UN-Sekretariat (meiner Wenigkeit) einen weiteren Verstoß gegen den diplomatischen Anstand.

Gerechterweise sei dazu gesagt, daß der Kalte Krieg seit Mitte der achtziger Jahre dahinschmolz. In den Medien, ja sogar in Washingtoner Regierungskreisen wurde die sowjetische Gefahr zunehmend entspannter betrachtet. Es waren die Tage der senil gewordenen Sowjetführung, kurz vor dem Machtantritt von Michail Gorbatschow.

Jeane Kirkpatricks Stellvertreter war damals Charles Lichenstein, der seine Verachtung für die Vereinten Nationen als einem legitimen internationalen Forum sehr aggressiv und oftmals lautstark zum Ausdruck brachte. Er verkuppelte mich mit James Fox, dem Chef des New Yorker FBI-Büros. Wir trafen uns zuerst in Washington im Justizministerium.

Fox war ein Lichtblick. Er verstand sofort das Problem, mit dem ich – und damit auch Jeane – bei dem Versuch konfrontiert war, die von mir zutage geförderten Informationen kontinuierlich weiterzugeben. Anders gesagt, es war zwar überfällig gewesen, einen amerikanischen Spion im UN-Sekretariat zu plazieren. Es war aber unklug und ineffektiv, keinen funktionierenden Draht zur Regierung zu haben, der das apathische Außenministerium umging.

Ich sprach darüber mit Vizepräsident Bush in seinem Senatsbüro, und er war damit einverstanden, daß die Überwachung der Aktivitäten meiner sowjetischen Gegenspieler und die Übermittlung bedeutsamer Entwicklungen über den Leiter des New Yorker FBI-Büros erfolgen sollte. So wurde ich zu einem legitimen und legalen Gegenspion, dem es oblag, die Spione, die mein Land ausspionierten, auszuspionieren.

Fox arrangierte für mich ein wöchentliches Treffen mit einem New Yorker FBI-Agenten. Wir vereinbarten, daß er oder seine Kollegen sich am Telefon als »Mr. Mason« melden würden, ein leicht wiedererkennbarer Deckname. Ab Mitte Mai speiste ich jede Woche auf FBI-Kosten in einem unscheinbaren Lokal Ecke Second Avenue/35. Straße.

Ich solle mir von diesen regelmäßigen Gesprächen nicht zuviel erwarten, gab mir Fox mit auf den Weg. Er wußte nur zu gut, daß der große Coup, der Gesamtüberblick über die sowjetischen Verletzungen der »Neutralität« des UN-Sekretariats, nur durch Ermittlungen vor Ort herstellbar war – durch Festnahmen auf frischer Tat, Beschlagnahmungen von UN-Dokumenten oder sogar durch Verhaftungen. Durch alles das also, was das FBI nicht tun darf, da das UN-Sekretariat diplomatische Immunität genießt. Ohnehin tummelte sich in den UN-Gebäuden schon ein Regiment von KGB-Leuten. Man würde sich, wie Jim mit ironischem Grinsen erklärte, gegenseitig auf die Füße treten, wenn auch noch das FBI dort aufkreuzen würde.

»Pedro«, sagte Fox, »wir haben immer wieder versucht, in den UN-Gebäuden gewöhnliche Kriminelle mit ihrer Ware zu erwischen. Die bekannteste Geschichte war die, als wir vor ein paar Jahren in der Garage des UN-Sekretariats gegen schweren Drogenhandel vorgehen wollten. Wir wissen, daß die Diplomatenkarossen und die New Yorker Drogenhändler, getarnt als Gäste von verschiedenen Ländervertretungen, im UN-Tiefgeschoß parken und ganz gemütlich vor aller Augen jede Menge Rauschgift gegen Aktentaschen voll Geld eintauschen. Wir wollten sie hochgehen lassen und brauchten dafür die Genehmigung des Außenministeriums. Das Außenministerium bemühte sich um eine Genehmigung des Generalsekretärs. Als sich alles herumgesprochen hatte und wir die Erlaubnis hatten, kurz die heiligen UN-Hallen zu inspizieren, war kein Drogenhändler in Sicht. Also, du siehst das Problem.«

Eine Zeitlang hatte ich eine Italoamerikanerin aus Queens zur Sekretärin. Sie hatte Freunde unter den UN-Wachleuten und schließlich einen von ihnen geheiratet. Zu ihren Bekannten gehörte noch ein weiterer Italoamerikaner, ein Wachmann, der sich immer wieder in unserem Büro herumtrieb. Er pflegte mir gelegentlich das Kompliment zu machen, daß ich der einzige Amerikaner im Sekretariat sei, mit dem man sich unterhalten könne.

Einmal fragte er mich nach einigem Zögern, ob ich nicht Lust hätte, gelegentlich mal mit ihm essen zu gehen. »Wer bezahlt?«, fragte ich. »Oh, das geht auf mich, Sir!« »Warum nicht gleich?«, schlug ich vor, und wir zuckelten los.

Beim Essen erwähnte ich, was ich über die Drogenszene in der UN-Garage gehört hatte. »Na klar«, sagte er, »das geht die ganze Zeit so. Die Botschaftslimousinen aus den Ländern, wo man an Kokain oder Heroin herankommt, oder an andere hochwertige Ware – kein Hasch, damit geben die sich nicht ab –, kommen herein und parken in der Diplomatenzone. Sie suchen sich einen Platz, wo ein freier Parkplatz daneben ist. Dann kommt ein Wagen mit gefälschtem Besucherparkschein und stellt sich dazu. Die Kofferräume gehen auf, der eine holt den Geldsack raus, der andere den Stoff. Der Handel ist perfekt, und der Besucher fährt mit der Ware weg.«

»Und wo fahren die Spitzbuben damit hin?«, wollte ich wissen.

»Ich würde sagen, zu den New Yorker Schulen, wo schon die Dealer warten. Oder zu den Verteilern in der Stadt. Wo sie das Zeug eben loswerden. Wollen Sie die Burschen bei der Arbeit sehen? Ich kann Sie auf dem Rückweg mitnehmen. Tun Sie mir bloß den Gefallen und gucken Sie nicht genau hin, wenn wir eine Übergabe sehen. Es ist besser, diese Leute zu ignorieren – wenn Sie wissen, was ich meine. Ich bin zwar UN-Wachmann, aber ich hänge an meinem Leben.«

Gesagt, getan – und wie versprochen, standen zwei schwarze Limousinen, beide mit offenem Kofferraum, auf zwei verschiedenen Stellplätzen in der Diplomatenzone der UN-Tiefgarage, flankiert von zwei anderen Limousinen, ebenfalls mit offenem Kofferraum. Ich sah nicht hin, aber es spielte sich genauso ab, wie Jim es beschrieben hatte.

»Ich hätte nie gedacht, daß wir diese Burschen auf Kommando ans Werk gehen sehen«, sagte ich zu meinem neuen Freund, als wir den Ort des Geschehens verließen.

»Ja, ja«, sagte er, »das ist eine richtige UN-Institution. Und ein verdammt gutes Geschäft, würde ich sagen.«

Meine Kontakte zu verschiedenen FBI-Agenten – alle mit Namen Mason – bewährten sich nun vierzehn Jahre lang, sowohl in meiner Zeit bei den Vereinten Nationen als auch später als Leiter eines UN-nahen Instituts. Die Treffen fanden immer nach demselben Muster statt. Die »hochkarätigen« Erkenntnisse – daß zum Beispiel der finnische Verwaltungs-Untergeneralsekretär Martti Ahtisaari mit den Sowjets zusammenarbeitete – wurden von meinen FBI-Freunden gewissenhaft notiert. Was sie interessierte, waren aber eher die Details. Hatte ein gewisser Ignatiew zwei Mäntel mit ins Büro gebracht und den einen an der Garderobe hängenlassen, um sich mittags mit dem anderen wegzuschleichen? Nahm sich der schlaue Perewerzew mehrmals längere Zeit frei, so daß man nicht feststellen konnte, wo er sich aufhielt?

Soviel ich weiß, wurde keiner dieser verdächtigten »Spione« jemals offiziell enttarnt. Die amerikanische Regierung hat während meiner Zeit bei den Vereinten Nationen keinen von ihnen zur unerwünschten Person erklärt und dazu aufgefordert, das Land zu verlassen. Kaum einer dürfte dem FBI mit vollen Taschen ins Netz gegangen sein. Sie waren gleichsam »akkreditierte« Spione, auch wenn sie ihre »Spionage«-Aktivitäten – wenn wir sie denn so nennen wollen – auf dem Gebiet der Nachrichtenbeschaffung betrieben und nur in sehr geringem Maße in Form von wirklichem Geheimnisverrat.

Allerdings ist in Geheimdienstkreisen – in amerikanischen oder britischen, im deutschen Bundesnachrichtendienst oder im noch legereren Deuxième Bureau – seit jeher bekannt, daß die Beschaffung großer Mengen von Material, das aus den verschiedensten Quellen stammt, viel wertvollere Informationen abwirft als das gefährliche und unsichere Handwerk der zünftigen Spionage. Gestohlene »Geheimnisse« sind normalerweise zweifelhaften Ursprungs, haben sehr fragwürdige Quellen und erbringen oft zuverlässige Informationen von höchst unzuverlässiger Herkunft – oder umgekehrt. Ich habe dies frühzeitig gelernt, als ich Ende der fünfziger Jahre in Zusammenarbeit mit unseren befreundeten Geheimdienstkollegen in Deutschland sowjetische und osteuropäische Überläufer überprüfte.

So war denn die weitaus größte sowjetische Geheimdienstoperation in den USA, und noch dazu die erfolgreichste – so wurde es mir jedenfalls von beteiligten Russen nach dem Zusammenbruch der

UdSSR geschildert –, die Nachrichtenbeschaffung im UN-Sekretariat. Sie widersprach völlig dem Statusabkommen zwischen den Vereinten Nationen und den USA als gastgebendem Land. Sie verstieß gegen die elementarsten Grundsätze der UN-Charta. Sie stand in einem kompletten Gegensatz zu den nationalen Sicherheitsinteressen der USA. Und es war eine illegale Aktivität von unerhörter Dreistigkeit, die aber das amerikanische Außenministerium, wie wir gesehen haben, nicht sonderlich interessierte – schon gar nicht, wenn sich dieses zusätzliche Problem auf Kollisionskurs mit den Ladenschlußzeiten befand.

Meine fleißigen »Spionage«-Operationen bei den Vereinten Nationen und ähnliche Dienste, die ich meinen FBI-Freunden noch für mehrere Jahre nach meinem Ausscheiden aus dem UN-Sekretariat erwies, brachten mir, wie schon gesagt, eine schöne Erinnerungstafel ein, überreicht vom New Yorker FBI-Direktor, dem Nachfolger des früh verstorbenen James Fox. Auf dieser prächtigen Metalltafel hat man mich als einen Patrioten bezeichnet, und so weiter und so fort – jedenfalls nicht als eine Pestbeule oder als jemanden, der für die weltläufigeren Laisser-Faire-Elemente in der amerikanischen Außenpolitik ein Stein des Anstoßes ist.

Während der Präsidentschaft von George W. Bush senior wurden meine Kontakte zum Außenministerium besser, aber nur in geringem Maße. Wer bei den Vereinten Nationen auf diplomatischem Wege etwas erreichen will, muß sich arrangieren; schließlich haben wir es mit einer internationalen Organisation zu tun. Im State Department war man allgemein der Ansicht, daß Jeane Kirkpatrick zu sehr eine »Intellektuelle« gewesen sei, die das Wesen der Diplomatie nicht begriffen hat.

Leider hatte der nächste UN-Botschafter, General Vernon (Dick) Walters, vor allem ein Ziel, das er allen, die es hören wollten, unablässig verkündete – nämlich die von Jeane angerichteten »Schäden« zu »reparieren«. Wo immer Jeane schwierige Zeitgenossen und empfindsame Gemüter »vor den Kopf gestoßen« hatte, wollte er für die USA Freunde gewinnen. Die Bush-Administration hat aber auch einen früheren Beamten aus dem Justizministerium, der Walters' Neigung zum Schaumschlagen voll durchschaute, zum Staatssekretär für internationale Beziehungen ernannt. Er hieß John Bolton, und wir sind uns in

Washington im Büro meines baskischen Landsmanns, Senator Paul Laxalts, erstmals begegnet.

John erkannte sofort, daß die Beschaffung von Insider-Informationen auf den höheren Ebenen des UN-Sekretariats eine Sache von erheblicher Bedeutung war, wenn sich die USA bei den Vereinten Nationen behaupten wollten. Im Gegensatz zu der Gleichgültigkeit, mit der das übrige Außenministerium zusah, wie die ganze UN-Organisation mit ihren weltweiten Ablegern zu einer Propagandawaffe gegen die USA und zu einer in den USA angesiedelten sowjetischen Geheimdienstzentrale umfunktioniert wurde, verstand er in bezug auf das UN-Sekretariat keinen Spaß. John hatte begriffen, wie absurd es war, eine Institution wie die Vereinten Nationen – voll von Nepotismus, Inkompetenz und Korruption, durchtränkt von Antisemitismus und Haßliebe für das Gastgeberland und die sie aufnehmende Stadt – als eine Art von Gesamtkunstwerk zu erhalten und auch noch auszuhalten. Im Kongreß machte er sein Bild bei allen diesbezüglichen Anhörungen deutlich.

Walters strich bald darauf die Segel. Er kapitulierte vor Boltons differenzierterem Umgang mit dem Verhältnis der Vereinigten Staaten zur Dritten Welt vermittels einer Institution, die in hohem Maße nur eine Ansammlung von prätentiösen, nur notdürftig verkappten Gaunern war.

Ich traf John regelmäßig in seinem Büro im Außenministerium und habe noch häufiger mit ihm telefoniert. Sein Interesse an den Vorgängen im UN-Theater blieb unvermindert stark. Bei einer Gelegenheit teilte er mir mit, daß die von mir übermittelten Nachrichten völlig mit den Informationen übereinstimmten, die er am Vortag vom FBI erhalten hatte. Kein Wunder, sagte ich. Schließlich hatte ich das FBI zwei Tage zuvor informiert.

ACHTES KAPITEL

Die antisemitische UN-Kultur

Gleich zu Beginn meiner UN-Zeit konfrontierte mich Emilio de Olivares, der peruanische Generalsekretärsassistent, mit einer eigentümlichen Frage: »Pedro, bist du eigentlich Jude oder bloß Philosemit?«

Damals habe ich mich gefragt, ob es vielleicht im Sekretariat so etwas wie eine heimliche Quote gibt, die darüber bestimmt, wie hoch der Anteil von jüdischen Amerikanern sein darf. Das hätte das anfängliche Herumreiten auf meiner Abstammung erklärt. Wäre ich Jude gewesen, hätte ich vielleicht über der Quote gelegen. Ich fragte mich auch, ob es in diesem Punkt nicht ein informelles Einvernehmen zwischen den Vereinten Nationen und dem amerikanischen Außenministerium gab. Das State Department wollte ganz offensichtlich eine so »sensible« Frage nicht anschneiden. Immerhin hatte es ja auch selbst in den frühen sechziger Jahren in seinem Europabüro keine Juden gehabt, um die europäische Klientel nicht zu brüskieren. Robert Kennedy und ich haben dies damals gegenüber den Außenministern Rusk und Harriman zur Sprache gebracht.

Vielleicht sollte der Autor erklären, warum er als Nichtjude auf Antisemitismus so empfindlich reagiert. Juden sind immer wieder dafür kritisiert worden, daß sie sich gegen den Antisemitismus, wo auch immer er auftritt, nicht energisch genug zur Wehr setzen und nicht mit der nötigen Entschiedenheit dagegen vorgehen. Die inkonsequente und feige Antipathie, die ihnen entgegengebracht wird, sollte für sie doch eigentlich Anlaß sein, dagegen zu protestieren und dagegen zu kämpfen.

Ich will also nicht bestreiten, daß man von jüdischen Mitbürgern – seien sie nun religiös oder nur einer Tradition verhaftet – durchaus erwarten kann, daß sie den Antisemitismus in all seinen Formen bekämpfen. Ich bin aber keineswegs der Ansicht, daß die Bekämpfung des Antisemitismus ausschließlich Sache der Juden ist. Der Antisemitismus floriert auch in ihrer Abwesenheit. Mehr noch, antisemitische

Gefühle werden nur selten in ihrer Anwesenheit zum Ausdruck gebracht. Da Juden alles andere als allgegenwärtig sind, müssen andere an ihrer Stelle präsent sein und den Kampf für sie führen.

Über diese taktische Erwägung hinaus haben Nichtjuden aber auch die moralische Pflicht, einem von Nichtjuden gepflegten und verbreiteten Vorurteil entgegenzutreten, das ebenso schändlich wie gefährlich ist. Da mir die verheerenden Folgen eines unwidersprochenen Antisemitismus bewußt sind, halte ich es entschieden für meine Pflicht, ihn überall und in jeder Form zu bekämpfen – gerade weil ich kein Jude bin.

Der arabisch-israelische Konflikt, der seit dem Ende des Zweiten Weltkrieges schwelt, ist meines Erachtens ein tragisches Nebenprodukt der europäischen Verachtung nicht nur gegenüber den Juden, sondern auch gegenüber den übel behandelten, ausgebeuteten und unterdrückten Völkern des Nahen Ostens, die vom Regen der osmanischen Herrschaft in die Traufe der britischen, französischen und griechischen Kolonialherrschaft gelangten. Israel ist letztlich das Ergebnis der Heuchelei europäischer Länder – und zwar nicht nur Deutschlands und Österreichs –, die einerseits den Holocaust beklagten, aber andererseits keine Anstalten machten, verschleppte Juden nach Kriegsende in ihre Heimat zurückzubringen und ihren konfiszierten Besitz zurückzuerstatten.

Meine Sympathien für Israel standen bei den Vereinten Nationen zwar nie in Frage, aber meine jüdische Herkunft wurde mir schließlich erlassen. Das macht durchaus einen Unterschied. *Judaizantes* werden als unangepaßte In-Group-Mitglieder toleriert. Juden hingegen stehen praktisch außerhalb der UN-Grenzen – ein paar wenige Vorzeigejuden im amerikanischen Kontingent von mehr als vierhundert Leuten im höheren Dienst schienen gerade noch akzeptabel zu sein.

Wie ich festgestellt habe, ist das UN-Klima, besonders im Sekretariat, mit Antisemitismus geschwängert. Er ist überall zu spüren, weil es im Sekretariatspersonal so wenige Juden oder Israelis gibt. Der Judenwitz war deshalb immer ein beliebter und sicherer Zeitvertreib.

»Byl Jewrei ...«, beginnt der russische Kollege zu erzählen. »Es gab einmal einen Juden ...«

»Había un judío ...«, sagt der Argentinier.

Der Antisemitismus floriert stets in der Abwesenheit von Juden. Die Gänge und Büros des UN-Sekretariats werden von dieser bleiernen Abwesenheit beherrscht. Gewiß, die wenigen jüdischen Experten und Führungskräfte, die anerkannte Mitglieder des UN-Stabs sein wollen – die Aushängeschilder –, werden vielleicht sagen, daß das antisemitische Klima nicht durchgängig herrscht. Daß es so schlimm nun auch wieder nicht ist. Trotzdem sind diese Männer und Frauen auf diskrete Weise stigmatisiert – indem sie als Juden bekannt sind –, und die Diskretion läßt sich in ihrer Anwesenheit leicht aufrechterhalten.

Schwerer fällt diese Diskretion gegenüber dem Büropersonal, das aus den USA kommt und zu einem größeren Prozentsatz aus Juden besteht als die kleine Schar derer, die sich im höheren Dienst durchsetzen konnten. Fragen Sie eine meiner Sekretärinnen, die immer noch Angst hat, ihre UN-Pension zu verlieren und deshalb anonym bleiben möchte. Fragen Sie Sonia Nosenbaum, die es fast zum Wahnsinn getrieben hat, daß sie einfach »zu« jüdisch war, um sich in den Mainstream des UN-Sekretariats einzufügen.

Das offen antisemitische Klima macht sich nicht nur in den Alltagsgesprächen und im zwanglosen Beisammensein bemerkbar – in den Gängen, Cafeterien und Speiseräumen –, es hat auch eine sichtbare und ästhetische Dimension.

So war zum Beispiel das einzige bemerkenswerte Kunstwerk im Sekretariatsgebäude ein herrliches Glasfenster von Marc Chagall, das den Personaleingang schmückte, den meistbenutzten Durchgang in der New Yorker UN-Zentrale. Inzwischen hat man das Chagall-Fenster in eine düstere »Kapelle« in der Nähe des Besuchereingangs verbannt, gut geschützt vor neugierigen Blicken, wo die phantasievollen Chagall-Motive mit ihren charakteristischen Blau- und Rottönen durch das fehlende Licht überhaupt nicht zur Geltung kommen.

Das war eine teure Aktion, aber der damalige Generalsekretär Waldheim, der unbelehrbare Kriegsverbrecher, wollte das Werk eines jüdischen Malers nicht so prominent ausgestellt haben. Ein jüdisches Motiv – das war nach seinem Empfinden nichts für die Vereinten Nationen. In der Tat. Aber das Chagall-Fenster war genauso wenig ein jüdisches Motiv, wie Beethovens Fünfte eine deutsche Symphonie ist.

Hat die antisemitische Kultur im Sekretariat die Israel-Politik der Vereinten Nationen beeinflußt? Mit Sicherheit! Sie spiegelte nicht nur die antisemitische und antiisraelische Stimmung in der Vollversammlung wider, sondern auch die Tatsache, daß die antisemitische Mentalität bei den Vereinten Nationen omnipräsent war – im Sekretariat, in der Vollversammlung und anderswo –, wobei sie sich mit besonderer Heftigkeit in der UNESCO, der UNIDO, der WIPO und anderen UN-Organisationen manifestierte.

So ist zum Beispiel bekannt, daß die UNESCO in den sechziger und siebziger Jahren von militant antiisraelischen Kräften übernommen wurde, die sie mit tatkräftiger Unterstützung ihres Direktors zu einer Plattform für den Dauerbeschuß Israels machten. Mit einer windigen Fassade von archäologischen, anthropologischen, pseudokulturellen und wissenschaftlichen Winkelzügen und Taschenspielertricks wollte die UNESCO den »Nachweis« erbringen, daß Israel in Palästina und Nahost nur eine fremde Besatzungsmacht sei, die amerikanischen Interessen diene. Und das von einer in Paris ansässigen Organisation, die zu mehr als einem Drittel von den USA finanziert wurde! Die »unpolitische« Organisation trat dermaßen antisemitisch auf, daß sich auch kultivierte Europäer mit ihrer langen Tradition der Toleranz gegenüber antisemitischen Äußerungen schockiert zeigten.

Am Ende hat der UNESCO-Skandal auch das hartnäckige Desinteresse bezwungen, das der amerikanische Kongreß gegenüber den politischen Machenschaften bei den Vereinten Nationen an den Tag legte. Die USA zogen sich aus der UNESCO zurück und stellten ihre Zahlungen ein.

In der amerikanischen und europäischen Presse wurde die UNESCO-Affäre als eine skandalöse Abweichung von der anerkannten UN-Norm politischer Neutralität betrachtet. Entsprechend war in Washington ein erleichtertes Aufatmen zu hören, als sich die USA aus der UNESCO zurückzogen. Man hatte auf den Antisemitismus bei den Vereinten Nationen reagiert. Natürlich war die UNESCO-Affäre kein Einzelfall, sondern das Symptom einer chronischen Krankheit, die alle UN-Organisationen befallen hat, insbesondere die UNIDO (die Organisation für industrielle Entwicklung), die WIPO (geistiges Eigentum) und die Menschenrechtskommission.

Im amerikanischen Kongreß hatte Israel seit jeher über einen starken Rückhalt verfügt. Die öffentliche Meinung in den USA und in beiden politischen Parteien hatte den Antisemitismus im In- und Ausland immer wieder verurteilt. Doch die Haltung des amerikanischen Außenministeriums gegenüber der antisemitischen UN-Kultur war von diplomatischer Zurückhaltung geprägt.

Amerikanische UN-Botschafter wie Arthur Goldberg, Daniel Patrick Moynihan und Jeane Kirkpatrick haben mit gerechtem Zorn ihre Stimme gegen Vollversammlungsbeschlüsse und UNESCO-Aktionen erhoben, in denen Israel verurteilt wurde, insbesondere gegen die infame, 1975 verabschiedete (und erst kürzlich aufgehobene) Resolution Nr. 3379, die den Zionismus als eine Form von Rassismus bezeichnete. Israel blieb von allen regionalen Interessengruppen ausgeschlossen, auch von der Europalobby, so als sei sich die ganze Welt darüber einig, daß es sich um eine aussätzige Gesellschaft handelt, mit der man nicht in Berührung kommen darf. Dieser Antisemitismus grassierte bei den Vereinten Nationen intern, während nach außen hin europäische Länder wie Deutschland, Frankreich, Schweden, Polen, Italien, Ungarn, Österreich oder Rumänien alljährlich in offiziellen Gedenkveranstaltungen und Kundgebungen ihre Krokodilstränen über den Holocaust vergossen.

Trotzdem wurde dieses offen antisemitische Klima, das die gesamte UN-Organisation durchzog, vom amerikanischen Außenministerium nicht weiter in Frage gestellt. Verbunden ist dieses Klima mit dem Verdacht, daß die USA von Juden beherrscht werden – in der Regierung, in den Medien, in Wirtschaft und Wissenschaft und allüberall. Pérez de Cuellar ließ einmal etwas ungeschickt die Bemerkung fallen, ich könne ihm als Kontaktmann zu jüdischen »Elementen« in Washington sehr nützlich sein. Da ich nicht darauf antwortete, hat er leider nicht ausgeführt, in welcher Eigenschaft ich einen solchen Kontakt herstellen sollte – der ja durchaus sinnvoll war.

Ich machte jedenfalls von Don Javiers Blankovollmacht meinen persönlichen Gebrauch und sprach mit dem Abgeordneten James Scheuer und seinen Leuten wie auch mit den Mitarbeitern von Senator D'Amato, wobei ich hervorhob, daß das Außenministerium das Sekretariat wegen seiner grob antisemitischen Praktiken ins Gebet nehmen müsse. Auch müsse man darauf dringen, daß die israelischen Quoten für das Sekretariatspersonal eingehalten werden – was unerhörterweise Jahr für Jahr hintertrieben wurde.

Von der wiederholten Ablehnung israelischer Bewerber für Sekretariatspositionen erfuhr ich zuerst vom israelischen UN-Botschafter Benjamin »Bibi« Netanjahu.

Netanjahu, in den USA aufgewachsen und kein Berufsdiplomat, war weniger als seine Vorgänger dazu bereit, die Ausgrenzung Israels hinzunehmen. Er scheute sich nicht, die von mir beschriebenen Verhältnisse zur Sprache zu bringen. Er tat dies bei öffentlichen Veranstaltungen in New York und anderswo und konnte dadurch in den USA einflußreiche Freunde gewinnen – politische Freunde, die Israel unterstützten. Netanjahu genoß das volle Vertrauen und die Unterstützung von Jeane Kirkpatrick, und er war auch derjenige, auf den es vor allem zurückzuführen ist, daß der New Yorker Oberbürgermeister Koch die Vereinten Nationen wiederholt einen »Sumpf« nannte.

USA und Vereinte Nationen waren aber zwei ganz unterschiedliche Foren. Außerhalb der UNO agierte Netanjahu als Sonderbotschafter Israels, sehr viel erfolgreicher und stärker konsultiert als der offizielle israelische Botschafter beim Weißen Haus. Er war kein Diplomat, er war eine Persönlichkeit – ein Staatsmann.

Bei den Vereinten Nationen hingegen war Netanjahu völlig abgemeldet. Als ein Israeli, der es wagte, den Mund aufzumachen, wurde der »gefährliche Unruhestifter« erst recht ausgegrenzt. Je eloquenter er auftrat, desto mehr machte er sich unmöglich. Der Generalsekretär pflegte mit der für ihn typischen feigen Zurückhaltung auf meine Kontakte zu Netanjahu nur indirekt anzuspielen.

»Nehmen Sie sich vor diesem Netanjahu in acht«, sagte der indiskrete Olivares einmal etwas dreister im Beisein des diskreten Generalsekretärs.

»Nehmen *Sie* sich gefälligst vor Netanjahu in acht, und vor mir noch dazu«, gab ich zur Antwort. »Es gehört nicht zu Ihren Aufgaben, worin diese auch bestehen mögen, sich in meine persönlichen Angelegenheiten einzumischen!« Don Javier beschränkte sich auf einen gequälten Gesichtsausdruck. Er mochte solche Auseinandersetzungen nicht.

Schon wenige Monate nach meinem Eintreffen in der Wunderwelt des UN-Sekretariats hatte mich Jeane Kirkpatrick bei einem Empfang in der amerikanischen Vertretung mit Netanjahu bekanntgemacht. Er war erst kürzlich als neuer UN-Botschafter aus Israel eingetroffen.

»Das ist der einzige Amerikaner, dem wir im UN-Sekretariat trauen können«, sagte Jeane zu Netanjahu. Dann zwinkerte sie mir zu. »Du wirst Dich doch bei denen um die Interessen des Botschafters kümmern, oder nicht, Pedro?«

Ich nickte. »Sieht so aus, als gäbe es im ganzen Sekretariat keine höherrangigen Juden.«

Netanjahu lächelte, legte mir die Hand auf die Schulter und witzelte: »Sie sind bei denen der einzige höherrangige Jude.«

»Ich will Sie nicht enttäuschen, aber ich bin gar kein Jude«, erklärte ich.

»Genau das wollte ich damit sagen«, antwortete Bibi.

Nachdem ich im Sekretariat nach Umtrieben Ausschau gehalten hatte, die israelische Interessen berühren könnten, entschloß ich mich schließlich, direkt mit ihm Kontakt aufzunehmen. Von der UN-Charta wird es theoretisch mißbilligt, wenn Mitgliedsstaaten die Beamten im Sekretariat beeinflussen; sie hat aber nichts dagegen einzuwenden, wenn Sekretariatsbeamte Vertretungen der Mitgliedsstaaten informieren oder sogar auf sie Einfluß nehmen. Unnötig zu sagen, daß das Schauspiel von 274 sowjetischen und einer ebenso großen, wenn nicht noch größeren Zahl von Sekretariatsmitarbeitern aus sowjetischen Satellitenstaaten, die ihren Tagesbefehl von ihren jeweiligen Ländervertretungen erhalten, die Autorität der UN-Charta längst in jeder Beziehung aufgeweicht hat.

Die israelische UN-Botschaft, untergebracht im 15. Stockwerk eines gewöhnlichen Bürogebäudes in der Second Avenue, Nähe 42. Straße, bot und bietet eine eindrucksvolle Illustration für Israels Status bei den Vereinten Nationen, die für die Israelis lange als feindliches Gebiet galten. Um sie zu besuchen, fuhr man zuerst in den 14. Stock. Dann wechselte man in einen anderen Fahrstuhl, der nur bis zum 15. Stock fuhr. Dort stand ich vor einer zylindrischen Kabine. Eine Stimme forderte mich zum Eintreten auf. Der Zylinder schloß sich, und ich spürte, wie etwas oder jemand mich absuchte. Ein paar Minuten lang wurde ich in diesem engen Raum festgehalten – eine recht lange Zeit, wenn man in einem Zylinder steckt. Nachdem man offenbar meine Identität überprüft und nach versteckten Geräten oder Waffen gesucht hatte, ging am anderen Ende der Kabine die runde Schiebetür auf. Zwei Wachmänner nahmen mich in Empfang. Sie führten mich an Leuten vorbei, die an Schreibtischen saßen und mir mißtrauische Blikke zuwarfen.

Schließlich stand ich vor einer Bürotür. Dahinter saß in einem Raum mit vergitterten Fenstern Benjamin Netanjahu.

»Bibi, warum habt ihr denn diese schweren Gitter vor den Fenstern? Wir sind doch hier im 15. Stock, und zwar in New York und nicht im Gazastreifen.«

»Weil meine weniger toleranten UN-Kollegen auf die Idee kommen könnten, aus dem 16. Stockwerk hier einzusteigen, mein Freund«, sagte Bibi. »Man hat es jedenfalls versucht. Oder mit einem Seil einen Sprengsatz hereinzuschleudern, auch aus dem 16. Stock. Deshalb haben wir die Fenster vergittert.«

Dank der wirksamen Lobbyarbeit, die Netanjahu nach außen betrieb, waren verschiedene amerikanische Senatoren und Kongreßabgeordnete über Israels empörende Pariastellung bei den Vereinten Nationen aus erster Hand informiert. Senator D'Amato, ein Italoamerikaner mit großem jüdischen Wählerreservoir, hat das Problem mit besonderem Interesse verfolgt. Als 1986 der Skandal von Waldheims NS-Vergangenheit aufflog, rief er mich an. Ob ich nicht die Vereinten Nationen dazu bewegen könne, die im Sekretariat unter Verschluß gehaltenen Waldheim-Akten zu öffnen?

Die Waldheim-Akten, von den Vereinten Nationen versiegelt, enthielten Hintergrundmaterial über den früheren Generalsekretär, die interessante Details über sein jugendliches NS-Engagement in Österreich und über seine Kriegsverbrecherrolle in Jugoslawien enthüllten. Das Material dürfte sich kaum von den umfangreicheren Akten unterschieden haben, die im Besitz der amerikanischen und zweifellos auch der sowjetischen Regierung waren – die beide Seiten aber nicht publik machen wollten, wobei sie aber auch deren Existenz dementierten.

Die Sowjets wie auch die Amerikaner wußten durchaus um Waldheims Mitgliedschaft in der Hitlerjugend und um seine Rolle in Jugoslawien (wo er als Stabsoffizier auf Befehl der Wehrmachtsführung britische Kriegsgefangene hinrichten ließ), als sie 1971 seiner Ernennung zustimmten. Sie erfolgte durch den Sicherheitsrat und wurde von der Vollversammlung ratifiziert – das letztere eine reine Formalität.

Wie konnten die USA und die Sowjets einen nationalsozialistischen Kriegsverbrecher zum UN-Generalsekretär machen? Nun, wir müssen die Frage anders stellen: Wie hätten sich USA und Sowjets die Möglichkeit entgehen lassen können, einen so erpreßbaren Generalsekretär zu haben wie Kurt Waldheim mit seiner Nazi- und Kriegsverbrechervergangenheit?

Im Jahre 1987, nachdem Waldheim, dem eine dritte Amtszeit als UN-Generalsekretär verwehrt blieb, erfolgreich für das Amt des österreichischen Bundespräsidenten kandidiert hatte, setzten ihn die Vereinigten Staaten auf eine »schwarze Liste« von unerwünschten Ausländern, die nicht in die USA einreisen durften. Es wäre ein sehr gewagter Schritt gewesen, das Staatsoberhaupt eines befreundeten Landes zur unerwünschten Person zu erklären, hätte es nicht in amerikanischen Tresoren hinreichende Belege für das gegeben, was sich in den UN-Akten fand.

Warum wurden die Akten versiegelt? Das war Bestandteil der Geheimhaltungspolitik, mit der alle UN-Dokumente bei den Vereinten Nationen behandelt werden. Darüber hinaus durften sie nach dem Elf-Staaten-Abkommen, das die Waldheim-Akten ins UN-Archiv verbannte, nur mit Zustimmung aller Parteien publik gemacht werden. Hat sich D'Amato für die Öffnung der Akten eingesetzt, um im New Yorker Wahlkampf bei seiner jüdischen Klientel gegen einen jüdischen Kontrahenten zu punkten? Mag sein. Aber seine Offenheit und seine energische Verurteilung der antiisraelischen UN-Politik haben mir bei den Gesprächen, die ich später mit ihm führte, deutlich gemacht, daß er die antisemitischen und antiamerikanischen Tendenzen bei den Vereinten Nationen aus persönlicher Überzeugung verabscheute.

Ich ging also im Namen von D'Amato zu Don Javier und legte ihm die Forderung des Senators auf den Tisch: »Entweder Sie machen die Akten publik und tun, was D'Amato verlangt, oder er drischt bei den

New Yorker Senatswahlen auf die Vereinten Nationen ein und sorgt dafür, daß der amerikanische Beitrag noch weiter gekürzt wird.«

»Aber ich kann diese Akten erst freigeben, wenn die elf Unterzeichnerstaaten des Geheimhaltungsabkommens zugestimmt haben«, sagte Don Javier und versuchte, hilflos zu wirken.

»Doch, Sie können! Sie sind der Generalsekretär. Machen Sie einfach den Waldheim-Müll auf, und keiner von den elf Unterzeichnern wird es wagen, den Mund aufzumachen oder sich noch an irgendeine Unterschrift erinnern. Tun Sie es!«

Es spricht (wenn auch nur ein wenig) für den kleinmütigen Don Javier, daß er die Akten tatsächlich freigab. Ich setzte D'Amatos Bürochef davon in Kenntnis und gab der in New York erscheinenden jüdischen Zeitung *The Forward* ein Interview, in dem ich feststellte, daß der Druck von D'Amato die Freigabe erreicht habe.

Schnell verbreitete sich im Sekretariat die Kunde, ich sei ein Freund von D'Amato – bei den vermeintlich unpolitischen Vereinten Nationen eine »schwerwiegende« Anschuldigung. Javier, der gegenüber seinem berüchtigten Nazi-Vorgänger nicht als illoyal gelten wollte, teilte mir auf dem Gang vor seinem Büro mit, alle würden behaupten, daß ich mit D'Amato befreundet sei, womit er versuchte, seine halbwegs mutige Waldheim-Aktion mir in die Schuhe zu schieben. »Das bin ich auch!«, sagte ich und übertrieb damit mein tatsächliches Verhältnis zu dem Senator.

Mark Green, der New Yorker Bürgerbeauftragte und spätere Bürgermeisterkandidat, kandidierte damals gegen D'Amato für den Senat. Er rief mich an und fragte, ob sich die Vereinten Nationen in den New Yorker Wahlkampf einmischen wollten. »Nein«, sagte ich. »Ich habe gegenüber der Presse erklärt, daß die Waldheim-Akten auf die Forderung von D'Amato hin geöffnet wurden. Wenn jemand früher angerufen hätte, hätte ich alles ihm gutgeschrieben.«

Javier wußte nichts von den Finessen der amerikanischen Politik, und der Name Mark Green sagte ihm überhaupt nichts. Den Senator konnte der Exilperuaner vage identifizieren, ohne sich allerdings darüber im klaren zu sein, daß D'Amato Vorsitzender des Bankenausschusses war. Er hatte auch keine Vorstellung davon, was dieser Ausschuß tat oder für die Vereinten Nationen bedeuten könnte.

In Washington traf ich mich mit Don Javiers nonchalant gegebenem Einverständnis wiederholt mit den Leuten von Nancy Kassebaum. Ich empfahl ihnen, die Senatorin solle sich stärker um die antisemitischen und antiisraelischen Praktiken im UN-Sekretariat kümmern, und auch um das dort herrschende eklatante Ausmaß an Korruption.

Senatorin Kassebaum hatte einen besonderen Ruf als Haushaltsexpertin, und ihre Mitarbeiter waren ausgewiesene Spürhunde für überflüssige Staatsausgaben. Der Kampf gegen staatliche Verschwendung kam bei ihren Wählern in Kansas gut an. Nachdem in den Jahren zuvor ein Parlamentsassistent namens Christensen zu ihr gestoßen war und angefangen hatte, sich für die fehlende Rechenschaftspflicht der UNO bei sämtlichen Haushaltsangelegenheiten zu interessieren, hatte die Senatorin die Vereinten Nationen im Visier – nicht aus politischen Gründen, sondern als Beispiel für die Verschwendung von amerikanischen Steuergeldern.

Die von der Senatorin durchgesetzten Beitragskürzungen (von 25 auf 20 Prozent vom Gesamtetat des UN-Sekretariats) wurden mit schlichter Verschwendung und Ineffizienz begründet – mit der Unfähigkeit der Vereinten Nationen, ihre Finanzen zu verwalten. Kassebaum war nicht etwa durch mich dazu veranlaßt worden, sich mit den Vereinten Nationen zu beschäftigen. Ich insistierte aber darauf, daß sie auch die ungerechtfertigte und eklatant unrechtmäßige Ausgrenzung der Israelis und die offenen Diebstähle im Sekretariat ansprechen sollte, um diese Dinge stärker publik zu machen.

Bei einer Gelegenheit sprach ich mit Don Javier über die im Senat herrschende Animosität gegenüber den Vereinten Nationen. Ich versuchte ihm zu erklären, warum verschiedene Senatoren mit der Weltorganisation ihre Probleme hatten. Das veranlaßte ihn zu der Bemerkung: »Die Senatorin Kastenbaum [*sic*] haßt uns natürlich, weil sie Jüdin ist.«

»Frau Senatorin Nancy Kassebaum aus Kansas ist Episkopalin«, erklärte ich. »Sie ist die Tochter von Alf Landon, einem früheren Präsidentschaftskandidaten. Sie ist keine Jüdin. Mir scheint, Don Javier, daß jeder, den Sie bei den Vereinten Nationen nicht leiden können, zum Juden erklärt wird.«

»Na gut«, sagte Don Javier und sah aus einem seiner sechs Fenster, wie er es immer tat, wenn er mit unangenehmen Dingen konfrontiert wurde. »Wenn sie keine Jüdin ist, dann sind es eben die Leute, von denen sie gewählt wird. Wer war dieser Lyndon? War der nicht Präsident?«

Es hatte keinen Sinn, ihm erklären zu wollen, daß Kansas nicht zu unseren jüdischen Hochburgen zählt. »Nein, Don Javier. Alf Landon hat gegen Franklin Roosevelt kandidiert und verloren. Er hat nichts mit Lyndon Johnson zu tun.«

Später ließ sich Pérez de Cuellar dann wieder von seinen antisemitischen Gefühlen treiben, um eine durch mich überbrachte Bitte um ein Gespräch mit dem Vorsitzenden der Anti-Defamation League abzulehnen. »Ich mußte dieses Jahr schon den Bnai-Brith-Präsidenten empfangen. Diese ganzen jüdischen Organisationen sind doch alle gleich. Wissen Sie, ich sollte aus politischen Gründen nicht zu viele davon empfangen«, vertraute Javier mir an.

»Diese Schulkinder mit ihren Friedenstauben sind doch auch alle gleich«, sagte ich. »Sie finden aber in ihrem vollgestopften Terminplan immer wieder Zeit, um sie zu empfangen. Da sind bestimmt auch jüdische Kinder dabei. Das könnte natürlich zu politischen Verwicklungen führen.«

Javier, das war mir inzwischen klar, regte sich nie auf. Er regte sich nur ab, und zu diesem Zweck hatte er seine sechs Fenster mit ihrer Aussicht auf die Mündung des East River und auf die Pepsi-Cola-Reklame über Long Island.

Doch Javier war bei den Vereinten Nationen längst nicht der einzige, der unter jedem Bett einen Juden fand. Senator John Heinz aus Pennsylvania schlug zum Beispiel 1987 eine außenpolitische Gesetzesänderung vor, um die amerikanischen Zahlungen an die Vereinten Nationen zu stoppen. Fast jeder im Sekretariat »wußte« natürlich, daß Senator Heinz (der später bei einem Flugzeugabsturz starb) Jude war. Er war es aber nicht. Die Familie Heinz hatte seit über hundert Jahren großzügig die Belange des Protestantismus gefördert.

Im selben Jahr wurde Thérèse Sevigny, eine frühere Direktorin der Kanadischen Rundfunkgesellschaft, Untergeneralsekretärin für Presse und Information – also für die Hauptabteilung mit dem größten Etat und einer entsprechend großen Belegschaft. Im Jahr darauf wurde sie in Washington von dem New Yorker Kongreßabgeordneten Scheuer gefragt, ob sich darunter auch Israelis befänden. Das wisse sie nicht, sagte sie. Sie habe aber einen Juden in ihrer Hauptabteilung – von ihr nicht »Jew«, sondern »Chew« ausgesprochen. Ob amerikanische Juden und Israelis für sie ein und dasselbe seien, wollte Scheuer von ihr wissen. »To me, all Chews are the same«, antwortete sie.

Der Abgeordnete nahm an ihrer Äußerung Anstoß. Sie gab deshalb in ihrem New Yorker UN-Büro eine Pressekonferenz, in der sie im wesentlichen dasselbe permanent wiederholte und dabei hinzufügte, daß sie natürlich keine Antisemitin sei. Aber Juden seien doch schließlich Juden.

Ihre Erklärungen hatten Scheuer verständlicherweise auf die Palme gebracht, und so wurde ich von Javier zu dem Abgeordneten geschickt.

Ich teilte Scheuers Leuten mit, daß die Dame meint, was sie sagt, daß sich das UN-Sekretariat nichts dabei denkt und daß dies, soweit ich es beurteilen könne, auch für das amerikanische Außenministerium gilt.

»Das ist die Gelegenheit, mal richtig auf den Putz zu hauen«, empfahl ich. »Fragen Sie nach den Namen der israelischen Mitarbeiter im UN-Sekretariat. Sie werden keinen einzigen finden.«

Scheuer veranstaltete den entsprechenden Wirbel, und dem Generalsekretär wurde zugetragen, daß dies alles mein Werk sei. Aber der zaghafte Peruaner sagte nichts, und darauf kam es an.

Mitten in der Aufregung über meine Scheuer-, D'Amato- und Kassebaum-Kontakte wurde ein neuer Verwaltungs-Untergeneralsekretär ernannt, ein sehr ausladender Finne namens Martti Ahtisaari. Nicht lange danach stellte ich fest, daß er sich jeden Tag zu Wassili Safrontschuk begab, dem neuen sowjetischen Untergeneralsekretär für Politik und Angelegenheiten des Sicherheitsrats. Die meisten UN-Leute, sogar ein paar sowjetische, sprachen unter Anspielung auf die Dominanz der mächtigen Sowjetunion über den kleinen nördlichen Nachbarn scherzhaft von der »Finnlandisierung« Ahtisaaris.

Ahtisaari wiederum hatte seinen eigenen Vasallen, einen gewissen Tapio Kanninen, der im Büro des Generalsekretärs tätig war. Sein finnischer Landsmann versuchte dort – was ihm auch häufig gelang –, an sensible Informationen aus amerikanischen Regierungskreisen heranzukommen, die für den Generalsekretär bestimmt waren. Sie gingen dann direkt an Ahtisaari.

Eines Tages hatte Kanninen die hirnrissige Idee, im Namen des Generalsekretärs das Stanford Research Institute, einen Zulieferer des Pentagon, anzuschreiben, um sich einmal mehr nach der Abschußsequenz der amerikanischen Interkontinentalraketen im Falle eines atomaren Schlagabtauschs mit der UdSSR zu erkundigen. Er hatte gehört, daß das SRI regelmäßig Ernstfallsimulationen für das Verteidigungsministerium durchführte.

Das SRI schickte den Brief an den Verteidigungs-Staatssekretär Fred Iklé, meinen früheren Chef aus der amerikanischen Rüstungskontrollbehörde, der ein guter Freund von mir ist. Er rief mich an. Ich bat ihn, eine Kopie des Briefes an Senator William Roth zu schicken, den Vorsitzenden des Geheimdienstausschusses. Roth verlangte eine Erklärung, und Javier, immer noch UN-Generalsekretär, schickte mich hin, um ihm die Sache zu erklären.

Das tat ich dann. Ich erklärte Roth, daß dies zu der internen Geheimdienstoperation gehöre, die Ahtisaari für seine sowjetischen Bosse durchführe. Das ganze sei ebenso absurd wie komisch. Natürlich sei es völlig unvereinbar mit den vom UN-Sekretariat zu erwartenden Aktivitäten, die keine Spionagetätigkeit für die UdSSR einschlossen.

»Sollten wir den UN-Etat noch weiter kürzen?«, fragte Roth. »Auf jeden Fall«, sagte ich, »aber machen Sie daraus einen politischen Vorgang. Sagen Sie nicht, Sie tun es nur deshalb, weil die Vereinten Nationen Geld verplempern.«

Der Generalsekretär empfing nun die Nachricht, daß Roth wegen des Kanninen-Briefes mächtig empört sei, desgleichen einige andere Senatoren, zum Beispiel Robert Kasten, Nancy Kassebaum und Fritz Hollings.

Javier fiel daraufhin nichts besseres ein, als ausgerechnet den dikken Ahtisaari zu den vergrätzten Senatoren zu schicken. Der erklärte ihnen, daß eine Kürzung des amerikanischen UN-Beitrags überhaupt nicht in Frage käme. »Finnland, wo ich herkomme, bezahlt seine Beiträge«, belehrte er Senator Hollings. »Die Vereinigten Staaten, die vertraglich verpflichtet sind, ihren Anteil am UN-Budget aufzubringen, sollten dasselbe tun wie Finnland.«

»Und wie hoch ist der finnische Staatshaushalt, Mr. Attsarara?«, fragte Hollings. Ahtisaari nannte eine bescheidene Summe. »Gut, wenn Ihr Etat so hoch ist wie unserer, können Sie wiederkommen, verstanden?« Einige Senatoren gaben Ahtisaari noch mit auf den Weg, Pérez de Cuellar solle lieber mich zu ihnen schicken. Ich wüßte wenigstens, wie man mit dem Senat umgeht.

Brodelnd kam der dicke Ahtisaari zu den Vereinten Nationen zurück. »Wie kommt es, daß Sie in Washington so viele Senatoren kennen und daß Sie sich ständig mit ihnen treffen?«

»Lassen Sie mich Ihre Fragen in umgekehrter Reihenfolge beantworten. Ich gehe nach Washington, weil mich der Generalsekretär hinschickt. Wie es kommt oder warum es so ist, daß ich so viele Senatoren kenne, braucht Sie nicht zu interessieren. Ich interessiere mich ja auch nicht dafür, wie viele finnische Abgeordnete Sie kennen.«

»Aber«, fuhr ich fort, »da Sie ja hier bei den Vereinten Nationen für die Verwaltung zuständig sind, kann ich Ihnen einen Tip geben. Sie könnten einiges dazu beitragen, daß der amerikanische Beitrag wieder auf 25 Prozent ansteigt, wenn Sie auf den Positionen, die im UN-Sekretariat Israel zustehen, Israelis einstellen würden. Das wäre ein sehr kluger Schritt, der den Vereinten Nationen in Washington mehr Respekt verschafft, nämlich als einer echten internationalen Organisation und nicht als einer Arena für politische Machenschaften.«

Ahtisaari, der spätere finnische Staatspräsident, stemmte die Hände in die Hüften, um auf diese Weise noch mehr anzuschwellen. »Israel ist nur deshalb UN-Mitglied, weil es von Ihrem Land unterstützt wird. Für mich hat es noch weniger Legitimität als die PLO, und die PLO hat nur einen Beobachterstatus!«

Sehr viel später wurde dann Martti Ahtisaari, inzwischen finnischer Ex-Staatspräsident, von UN-Generalsekretär Kofi Annan zum faktischen Vorsitzenden der UN-Kommission ernannt, die sich mit den angeblichen Jenin-Massakern beschäftigen sollte. Die antiisraelische Reputation, die er sich während seiner UN-Zeit erworben hatte, war den israelischen Politikern lebhaft im Gedächtnis geblieben. Seine nachfolgende Berufung in diese unsinnige Kommission war eine bewußte Provokation, die Israel zu einer negativen Reaktion veranlassen sollte. Die eklatante Einseitigkeit der Untersuchung zu den Vorfällen von Jenin war denn auch für jeden in Israel unübersehbar.

Die antisemitische Kultur des UN-Sekretariats wurde in ihrer eitlen Selbstzufriedenheit von seinen Mitarbeitern nie zugegeben oder auch nur registriert. Wenn Pérez de Cuellar den Bnai-Brith-Präsidenten abblitzen ließ oder die Senatorin Kassebaum zur Jüdin erklärte – weil sie die Vereinten Nationen kritisierte und weil eben alle Juden UN-Hasser sind –, dann war er natürlich kein Antisemit.

Ebenso sah sich der sowjetische Untergeneralsekretär völlig im Einklang mit der herrschenden Sekretariatskultur, als er herausfinden wollte, ob ich einer von diesen jüdischen Unruhestiftern bin. Nein, der Genosse Untergeneralsekretär war doch kein Antisemit! Was sollte das überhaupt heißen? In der UdSSR gab es schließlich auch Juden. Es waren Wissenschaftler und Ärzte, und viele hatte ihre Beziehungen zum Schwarzmarkt. Es waren eben Juden.

»Ihr habt in Amerika eine Obsession mit der Judenfrage. Ihr seid zu empfindlich«, erklärte mir ein aufrichtiger sowjetischer Antisemit im April 1986 bei einem offiziellen Essen zum Abschluß des Internationalen Friedensjahrs. »Ihr seht in allem, was wir Russen sagen, ein Beispiel von Antisemitismus. Wir sind keine Antisemiten. Bei uns gibt es Juden. Aber hier in Amerika regieren euch die Juden. Eure Regierung wird von den Juden kontrolliert.«

Gestützt wurde diese im UN-Sekretariat »normale« Einstellung von der UN-Vollversammlung, die mit überwältigender Mehrheit die infame Resolution gegen den Zionismus als eine Form von Rassismus verabschiedet hatte. Yassir Arafat hatte dort mit umgeschnallter Pistole unter wiederholtem Beifall von mehreren hundert Delegierten und Beobachtern gesprochen.

Wer daran zweifelt, daß die Kultur des Antisemitismus nicht nur im UN-Sekretariat herrscht, sondern ebenso in anderen UN-Organisationen und in manchen bei den Vereinten Nationen akkreditierten Nichtregierungsorganisationen, den möchte ich auf die verheerende Konferenz von Durban hinweisen, die sich im Jahre 2001 mit Rassismus und anderen Formen von Diffamierung und Intoleranz befaßt hat. Die Thematik des Zionismus als einer Form von Rassismus wurde dort wiedereinmal aufgenommen, und der Haß richtete sich in beträchtlichem Maße direkt gegen Israels Schutzmacht, die USA.

Kritiker der zweiten Bush-Administration halten es für einen Fehler, an der Zionismusdebatte von Durban nicht teilgenommen zu haben. Was immer die außenpolitischen Fehler der Bush-Regierung sein mögen, die Nichtteilnahme an dem Hinterhalt von Durban gehörte jedenfalls nicht dazu. Denn die Vereinigten Staaten haben auf die Vereinten Nationen in der Frage des Antisemitismus nie Einfluß gehabt, weil dort immer die Überzeugung herrschte, daß Israel nur ein Handlanger der USA ist.

Am 15. Oktober 1996, ein paar Jahre nach meinem Ausscheiden aus dem UN-Sekretariat, spazierte ich zwischen Second und Third Avenue über die 42. Straße. Auf meiner Flucht vor der gelben Gefahr von mehreren wildgewordenen Taxifahrern, die mich unbedingt zur Strecke bringen wollten, hatte ich gar nicht bemerkt, daß in derselben Richtung eine lockere Menschenmenge die 42. Straße hinuntermarschierte.

»Was ist denn hier los?«, frage ich einen von den Marschierern, nachdem ich auf der anderen Straßenseite in Sicherheit war.

»Das ist die Jom-Kippur-Demonstration vor dem UN-Gebäude. Kommen Sie mit und sehen Sie selbst.«

Wie konnte ich diese großzügige Einladung ausschlagen? Außerdem mußte ich selbst zum UN-Gebäude, weil ich um 13.30 Uhr, einer für UN-Verhältnisse sehr korrekten Zeit, mit einigen meiner früheren Kollegen in der UN-Cafeteria zum Essen verabredet war. Die UN-Cafeteria ist der etwas familiärere Treffpunkt für viele anspruchslose Mitarbeiter, die ihre Genußsucht nur auf Sparflamme befriedigen können. Sie ist stark subventioniert.

Als ich den Ralph-Bunche-Park durchquerte, erkannte ich Reverend Louis Farrakhan, der gegenüber dem UN-Portal an der First Avenue zu den Massen sprach. Seine Worte sangen das Hohe Lied des UN-Generalsekretärs Boutros Boutros-Ghali, und sie verdammten die Nahostpolitik Israels.

Ich ging durch das UN-Tor und blickte mich um. Farrakhan und eine kleine Schar von Anhängern kamen nun auch herüber. Sie gingen hinter mir durch das Tor und wurden am Haupteingang des UN-Gebäudes von einer größeren Gruppe empfangen. Ich erkannte mehrere libysche UN-Delegierte, die Farrakhan begrüßten.

Drinnen marschierte Farrakhan in einem Siegeszug durch die Hallen und wurde von fast allen, an denen er vorbeizog, gegrüßt und erkannt. Es war ein großes, nicht unerwartetes Ereignis, offenbar im voraus geplant. Die Vereinigung der UN-Korrespondenten hielt für ihn eine Pressekonferenz ab, in der er wiederholte, was er bei seiner Kundgebung gegenüber der First Avenue gesagt hatte.

Zum Lunch mit meinen alten Kollegen kam ich zu spät, erfuhr aber von ihnen, was das ganze Haus längst zu wissen schien. Farrakhan war als Gast der Libyer und anderer arabischer Delegationen da, aber auch auf persönliche Einladung von Boutros-Ghali. Der hatte sich von ein paar amerikanischen »Beratern« einflüstern lassen, daß die Nation of Islam das Machtzentrum afroamerikanischer Politik sei. Mit Farrakhan im Rücken glaubte er die Unterstützung des Congressional Black Caucus gewinnen zu können, mit dem er sich bereits getroffen hatte. Boutros-Ghali bemühte sich verzweifelt um seine Wahl – Auswahl, genauer gesagt – für eine weitere fünfjährige Amtszeit als UN-Generalsekretär.

Der Congressional Black Caucus, die Vereinigung der schwarzen Kongreßabgeordneten in Washington, hatte sich für einen UN-Generalsekretär, der am Capitol Hill sein eigenes Süppchen kocht, nicht besonders erwärmen können. So spielte Boutros nun seinen Trumpf aus und sicherte sich die Unterstützung der grauen Eminenz, die bekanntlich über die afroamerikanischen Stimmen in den Vereinigten Staaten gebot.

Dieses Narrenspiel sagt mehr als genug über das erbärmliche Dilemma der Vereinten Nationen, die von den USA dermaßen abhängig sind und doch so wenig darüber wissen, was in Washington und überhaupt in der amerikanischen Politik abläuft. Ich war aber auch empört über das absurde und krasse Fehlverhalten von Boutros-Ghali. Er schien keine Ahnung zu haben zu wissen, was ein UN-Generalsekretär zu tun und zu lassen hat, wenn er auf die inneren Angelegenheiten eines Mitgliedsstaats Einfluß nehmen möchte.

Ich schrieb also einen Artikel für das *Wall Street Journal,* in dem ich Boutros-Ghali als das bezeichnete, was er war – als einen hoffnungslosen Egomanen, der um seine Wiederernennung buhlt. Mein Artikel ließ anklingen, daß er mit Farrakhans Antisemitismus sympathisierte.

Am 30. Oktober, als der Artikel mit Porträtskizzen von Boutros und Farrakhan erschien, ging Boutros in die Luft. Er schickte einen seiner Assistenten mit einem Scheckbuch nach unten, um am Kiosk neben den Fahrstühlen alle noch vorhandenen Wall-Street-Journale aufzukaufen – ungeachtet der Tatsache, daß an der nächsten Ecke andere Zeitungsstände dieselbe Ausgabe verkauften und schon bald nachbestellen mußten, damit sie der steigenden Nachfrage von gegenüber gerecht werden konnten. Eine zunehmende Zahl von UN-Mitarbeitern kaufte noch tagelang dieselbe Ausgabe. Der Generalsekretär gab auch Anweisung, das *Wall Street Journal* nicht in der UN-Bibliothek auszulegen.

Boutros hatte schon einmal eine ähnliche, wenngleich maßvollere Aktion gestartet, als das Magazin *Time* dem ägyptischen Kopten einen kritischen Artikel gewidmet hatte. Weder *Wall Street Journal* noch *Time* wurden von seiner Politik der verbrannten Erde gegenüber der respektlosen amerikanischen Presse ernsthaft getroffen.

Boutros ging nicht nur in die Luft, nachdem ich sein Fehlverhalten und seine konfusen Ideen angeprangert hatte, er kreiste dort auch längere Zeit herum. Zunächst kontaktierte er die Vorsitzenden aller jüdischen Organisationen, die sein Exekutivsekretär im Telefonbuch von Manhattan fand. Er bestellte sie zu einer Konferenz bei den Vereinten Nationen. Der Vorsitzende der Internationalen Assoziation jüdischer Anwälte und Juristen rief mich an und wollte wissen, was bei den Vereinten Nationen los ist. Ich sagte, ich hätte keine Ahnung, aber er solle doch einfach mal hingehen. Vielleicht könne er mich dann hinterher anrufen und mir erzählen, was Boutros gesagt hat.

Auf diese Weise erfuhr ich, daß Boutros, genau wie in meinen Artikel vorhergesagt, allen Eingeladenen mitgeteilt habe, er sei kein Antisemit, weil er mit einer Jüdin verheiratet sei – ein schlagendes Argument. Er habe, wie er ihnen erzählte, seinen sämtlichen Amtsleitern und Untergeneralsekretären eine Mitteilung geschickt, in der er sie aufforderte, allen etwaigen antisemitischen Ideen abzuschwören.

Am selben Tag – ich glaube, es war der 3. November 1996 – entschloß ich mich, zum Essen zu den Vereinten Nationen zu gehen, und zwar im Speiseraum der UN-Delegierten, wo man vorher reservieren muß. Ich passierte die Tore, ohne daß etwas geschah, auch nachdem ich probehalber meinen Ausweis vor den Wachen fallen ließ und ihn demonstrativ vor ihnen aufklappte. Auch das Essen verlief ereignislos. Später erfuhr ich, daß Boutros alle möglichen Schritte gegen mich eingeleitet hatte, wobei ein Hausverbot für das UN-Gelände noch das wenigste war. Kühlere Köpfe hätten ihn aber davon abhalten können, indem sie dem internationalen Autokraten klarmachten, daß ich vielleicht nur auf eine solche Gelegenheit warten würde.

Das tat ich.

Mehr als alles andere in der ganzen UN-Spionage- und Gegenspionage-Geschichte hat mich in all den Jahren, die ich dort zubrachte, diese unausrottbare Bigotterie gestört.

NEUNTES KAPITEL

Das Ende des Kalten Krieges bei den Vereinten Nationen

Wurde ich in meinen ersten drei Jahren im UN-Sekretariat noch als eine Gefahr angesehen, so gingen die Sowjets nach und nach dazu über, mich zunächst als ein interessantes Inventar zu betrachten, das man nicht loswerden konnte, und dann als einen potentiellen Aktivposten, mit dem man sich anfreunden sollte. Die Sowjetunion machte bereits tiefgreifende Veränderungen durch – auch wenn unsere CIA davon wenig mitbekam –, und der drohende Zusammenbruch des Kommunismus trug dazu bei, daß der KGB mir gegenüber freundlicher auftrat. Wir waren ja schließlich Berufskollegen.

Im Fortgang der achtziger Jahre wurde ich wiederholt zu »internationalen« Konferenzen und »Symposien« in Moskau, Leningrad und anderen regionalen UdSSR-Hauptstädten eingeladen. Sie hingen alle mit den Vereinten Nationen zusammen. Bezahlt wurden sie mit Spielgeld – nicht-konvertierbaren Rubeln, mit denen die sowjetischen UN-Beiträge abgegolten wurden, die man aber nur in der Sowjetunion ausgeben konnte.

Eine Zeitlang lehnte ich solche Einladungen höflich ab. Ich hatte Angst, daß sie neben ihren vielleicht ganz freundlichen und wohlklingenden Intentionen auch die Absicht verfolgen könnten, den Burschen, der für die Russen »Reagans Mann bei den Vereinten Nationen« war, für sowjetische Propagandazwecke einzuspannen.

Doch als die Monate vergingen, begannen die Nachfolger Kaschirins – wie Perewerzew und die anderen unverkennbaren KGB-Leute – zusammen mit ihrem unverwüstlichen Chef, Untergeneralsekretär Ustinow, der bei den Vereinten Nationen brav auf seinem Posten geblieben war, mich zu geselligen Abenden in New York einzuladen. Ich konnte diese Einladungen nicht ablehnen, ohne sie vor den Kopf zu stoßen. Es wurde auch von mir erwartet, daß ich sie erwiderte.

Als Ustinow eines Abends mit seiner Frau bei mir zum Essen kommen sollte, fand er (oder, besser gesagt, sein Chauffeur) den Weg nicht.

Ich erklärte ihm noch einmal telefonisch, wie man zu mir nach La Rochelle kommt. Er meinte, daß er jetzt hoffentlich hinfinden werde, trotz all dieser dämlichen und viel zu komplizierten Schilder, mit denen die amerikanischen Straßen geschmückt sind. In Rußland gab es dieses Problem nicht. Es gab nur ganz wenige Schilder – und nur ganz wenige Straßen.

»Na gut, Slawa«, sagte ich, »wenn Sie sich noch einmal verfransen, halten Sie einfach an und fragen Sie den FBI-Wagen, der hinter Ihnen steht, wo es langgeht.«

»Wie bitte? Ist da ein FBI-Wagen hinter uns?«, fragte Ustinow und tat so, als sei er darüber entsetzt.

»Halten Sie doch an und gucken Sie nach«, wiederholte ich mit spöttischem Nachdruck.

Er wußte natürlich genau, was los war.

Das Eis war endgültig gebrochen. Ganz kurz durchzuckte mich der Gedanke, ein paar sowjetische UN-Leute umzudrehen, aber ich verwarf ihn wieder. Es war nicht meine Aufgabe, meine neuen sowjetischen »Freunde« in dieser Richtung zu beeinflussen. Die meisten Verräter führten ein sehr trauriges Leben.

Ab 1985 wurde ich mehrmals eingeladen, als Gast der dortigen Regierung nach Rumänien zu fahren. Vom Generalsekretär wurde mir mitgeteilt, daß man eine solche Ehre nicht ablehnen dürfe. Meine Rumänienreise war jedenfalls sehr schön. Ich hatte mein Interesse zum Ausdruck gebracht, ein paar von den alten, reich geschmückten Klöstern in Moldawien besuchen zu können, und ich bekam in zehn Tagen die meisten von ihnen gezeigt.

Eine ähnliche Einladung erhielt ich 1985, um den polnischen Beitrag zum Internationalen Friedensjahr zu würdigen. Das brachte mir verschiedene Einladungen nach Warschau und Krakau ein. Es folgte die Tschechoslowakei mit einem ähnlichen, harmlos klingenden Vorwand, wobei ich den Generalsekretär vertrat. Offenbar war ich als Reagans »Spion« bei den Vereinten Nationen eine Attraktion.

Obwohl ich als Vertreter des Generalsekretärs in verschiedene Weltgegenden reiste, sogar in sozialistische Länder wie Rumänien und Polen, lehnte ich Einladungen in die Sowjetunion nach wie vor ab, worüber sich die Sowjets beschwerten.

Schließlich sprach der Generalsekretär den neuen US-Botschafter Vernon Walters darauf an. Warum diese merkwürdige Zurückhaltung bei Dienstreisen in die Union der Sozialistischen Sowjetrepubliken? Walters, der nie so genau wußte, wer von uns beiden die Nummer eins ist, bat mich zum Essen in die amerikanische Vertretung. Warum ich denn nie in die Sowjetunion reisen würde, wollte er wissen.

Ich teilte es ihm mit. Er wandte ein, daß er selbst Einladungen in das Mekka des Kommunismus annehmen würde, warum also nicht auch ich? Ich antwortete, es würden sich noch viele offene und vertrauliche Gründe für das anführen lassen, was ich als meine persönliche Entscheidung ansah.

»Und wenn nun der Generalsekretär selbst, oder vielleicht auch ich, Sie darum bitten würde, eine von diesen russischen Konferenzen zu besuchen?«

»Der Generalsekretär wird das nicht tun, weil er sich nicht traut. Und zwar schon deshalb, weil er ganz naiv Sie bittet, mich darauf anzusprechen. Er vergißt dabei völlig, daß ich eigentlich für ihn arbeite und nicht für Sie. Ihr Versuch, mich zu beeinflussen, verstößt gegen die heiligsten Grundsätze der UN-Charta. Haben Sie die mal gelesen, Dick?« Meine Entgegnungen bekamen eine etwas aggressive Note, so daß der joviale Walters einen neutraleren Ton anschlug. »Und wenn der Generalsekretär nun darauf besteht, daß Sie nach Rußland gehen?«

»Dann würde ich meinen Abschied nehmen, Dick. Aber Sie können beruhigt sein. Don Javier wird das nicht tun.«

Da hatte ich mich ein kleines bißchen geirrt, denn als nächstes bat mich Don Javier, für ihn die Sowjetunion zu fahren. Ich sollte als sein Vertreter den drei Heldenstädten des Zweiten Weltkriegs – Leningrad, Moskau und Wolgograd (dem früheren Stalingrad) – die UN-Friedensmedaille verleihen.

Das war nun keine Konferenz oder Propagandaveranstaltung, sondern eine mir vollauf sympathische Geste. Es stand für mich nie in Frage, daß das heroische Leiden des russischen Volkes und die großartige Leistung der Roten Armee das Hauptkontingent der deutschen Wehrmacht vernichtet hatte und damit uns alle vor der nationalsozialistischen Bedrohung gerettet hat. Es war für mich kein Problem, den

Überlebenden in diesen Städten ihre wohlverdienten Medaillen zu überreichen. Ich schloß mich mit Jeane Kirkpatrick in Washington kurz, desgleichen mit dem Staatssekretär für internationale Beziehungen im Außenministerium wie auch mit meinem FBI-Freund Jim Fox, und sagte dann zu.

Walters rief mich an und beglückwünschte mich zu meiner Entscheidung, die mit ihm gar nichts zu tun hatte. Als ich schwieg, fügte er hinzu, er wolle mich eigentlich um einen Gefallen bitten. Er war, wie er sagte, ein Sammler von Palech-Lackdosen und bat mich, ihm eine mitzubringen, wenn mir ein besonders erlesenes Exemplar über den Weg liefe. Es war eine etwas seltsame Bitte, weil Walters ja selbst häufig in die UdSSR fuhr. »Na klar«, sagte ich. Später trieb ich auf einem riesigen Flohmarkt am Stadtrand von Moskau ein wahres Prachtstück auf, das ich Walters nach meiner Rückkehr verehrte.

Meine erste Reise in die Sowjetunion war sehr aufschlußreich. Ich sprach vor einer ganzen Reihe von »staatsbürgerlichen« Organisationen, Gewerkschaften und Schriftstellerverbänden, fast immer unter einem Leninbild. Ich sprach Russisch, womit ich mich etwas beliebter machte, und wurde ständig als »der Sonderbeauftragte von Präsident Reagan« vorgestellt, was ich immer wieder richtigstellte. »Nein, ich bin der Sonderbeauftragte des Generalsekretärs der Vereinten Nationen« – ein Dementi, das im Publikum nicht selten vereinzeltes Gelächter und Beifall hervorrief.

Ich wurde auch streng überwacht von meinem persönlichen KGB-Führungsoffizier, der mich zusammen mit einer Intourist-Hosteß zu all den Sehenswürdigkeiten in Moskau und Leningrad führte, die ich immer schon hatte besichtigen wollen – allerdings nicht in Wolgograd, denn dort gibt es außer dem Weltkriegsdiorama an der Mamajew-Kurgan-Gedenkstätte, wo der Endkampf um Stalingrad stattfand, nichts mehr zu sehen. Die Stadt war im Krieg dem Erdboden gleichgemacht worden.

Die Aufmerksamkeiten, die mir die Sowjets in den Jahren 1987 bis 1989 erwiesen, hingen wohl mit den freundschaftlichen Gesten zusammen, die damals der Reagan-Administration entgegengebracht wurden und die sich auf vielen Gebieten zeigten. Sie erfolgten im traditionellen sowjetischen Stil, insbesondere was mich betraf. Ich war ja bei den Vereinten Nationen der einzige amerikanische KGB-Widerpart und damit für sie von besonderer Bedeutung. Kurz, meine Gouvernanten hatten Anweisung, zu mir besonders nett zu sein – und mich nicht aus den Augen zu lassen.

Toilettenpapier war in jenen Tagen im sozialistischen Sowjetparadies ein besonderer Luxus. Im Hotel Rossia, das sich das größte der Welt nennt, mußte man wie in anderen Hotels mit der Etagenaufseherin um die besondere Gunst feilschen, eine halb aufgebrauchte Rolle ins Bad gehängt zu bekommen. Als ich nach einer komplizierten Aufnahmeprozedur mein Zimmer bezog, inspizierte ich sofort das Bad und fand dort erwartungsgemäß kein Papier. Ich lief also zur Etagenaufseherin, die auf ihrem Platz neben den Fahrstühlen saß, und bat sie um eine Rolle *tualetnaja bumaga.* Sie verzog das Gesicht, so daß ich mich wieder auf mein Zimmer zurückzog. Nach fünf Minuten stand Geli Neprowsky, mein KGB-Aufpasser, mit einer halben Rolle vor der Tür.

»Wie haben Sie das gewußt?«, fragte ich ihn.

»Okay, Okay! Fragen Sie nicht, wie! Tut mir leid, daß es nur eine halbe Rolle ist, aber ich versuche, noch mehr aufzutreiben.« Geli wedelte mit den Armen, um mir zu signalisieren, daß er am Rande der Verzweiflung war.

Meine gesamten Mitteilungen an das Hotelpersonal (das ich nur in Gestalt der Etagenaufseherinnen sah), wurden sofort an Geli weitergeleitet. Und Geli überschlug sich, um all meinen Wünschen zu genügen. Ich war jedenfalls ein sehr hochgestellter Gefangener.

Die Eremitage, den Katharinenpalast in Puschkin, die Schlösser Peterhof und Pawlowsk, das Russische Museum, die Peter-und-Pauls-Festung, die Admiralität – das alles habe ich in Leningrad besucht. Später habe ich praktisch den gesamten Moskauer Kreml besichtigt, das Kloster Zagorsk und viele andere herrliche Geschichts- und Kulturdenkmäler. Ich wurde herumgeführt wie ein ganz hohes Tier – als der Sonderbeauftragte von Präsident Reagan, allen meinen Dementis zum Trotz.

In Leningrad befand ich mich plötzlich auf der Piskarijowska, einem riesigen Friedhof für 1,2 Millionen Menschen, die der deutschen Belagerung zum Opfer gefallen waren – unschuldige Menschen jeglichen Alters, gestorben an Hunger und Seuchen. Ich weiß, man soll nicht mit seinen Gefühlen hausieren, aber der Kloß in meinem Hals schwoll mehr und mehr an, als ich vor den einzelnen Hügeln stand, auf denen jeweils ein Monat des Jahres 1942 verzeichnet ist – »April 1942: 50.000«, »Mai 1942: 70.000« und so weiter.

Nach dem Rundgang fragte mich ein *Iswestia*-Reporter nach dem Grund für meinen Besuch auf der Piskarijowska. Ich habe nicht etwa gesagt: »Weil mich mein KGB-Führer hier hingeschleppt hat«, sondern: »Weil die Faschisten vor den Toren Leningrads das Chaos waren und weil die heroische Bevölkerung Leningrads für die Ordnung stand – und die Ordnung hat gesiegt! Durch das Opfer, das sie gebracht hat, hat die Bevölkerung Leningrads meine Kinder und Enkel [die ich damals noch gar nicht hatte] vor der faschistischen Bedrohung gerettet. Sie hat uns unsere Freiheit bewahrt. Ich bin deshalb gekommen, um den Opfern zu danken.«

Meine Antwort klang für mich wie ein gutgemeintes, aber vorgestanztes Gerede. An jenem Abend und am darauffolgenden Tag stand sie in der *Prawda,* in der *Iswestia,* in der *Komsomolskaja Prawda,* in der *Wetscherni Leningrad* und in verschiedenen Moskauer Lokalzeitungen. Sie wurde auch mehrmals in der staatlichen Nachrichtensendung *Wremia* verlesen. Warum ich ein solches Presseecho bekomme, fragte ich Geli. »Weil Sie als der Sonderbotschafter von Präsident Reagan der erste Amerikaner sind, der in Rußland so etwas gesagt hat.«

Wenn dem so war, dann war das bisherige amerikanische Schweigen erstaunlich. Meine Äußerungen entsprachen doch bei all ihrer Banalität nur der Wahrheit. Warum nicht den Menschen die Ehre erweisen, die ihnen gebührt?

In Wolgograd bekam ich als der »Sonderbeauftragte« von Ronald Reagan (in Rußland als »Ronuald Rjegin« bekannt) einen richtigen Staatsempfang. Begrüßung am Flughafen durch den Oberbürgermeister, Fahrt mit einer Motorradeskorte zu seiner riesigen Datsche und wieder das übliche Programm von Ansprachen vor düster dreinblikkenden Beamten, Experten und Funktionären, die sich auch durch meine russische Redekunst nicht aufheitern ließen. Am zweiten Tag fuhr mich der OB mit seiner Jacht (es lebe der Sozialismus!) die Wolga hinab bis hin zu dem Damm, vor dem sich eine Unmenge von Stören tummelt, die daran gehindert sind, flußabwärts ins Kaspische Meer zu schwimmen. Manche werden über acht Meter lang.

Belugakaviar von der besten Sorte war auf der Jacht wie Petersilie verstreut. Ich langte dermaßen zu, daß mir abends schlecht wurde. Es war trotzdem ein Genuß ohne Reue, denn wer kann sich schon rühmen, in einem Zuge ein Pfund Belugakaviar vertilgt zu haben. Der Oberbürgermeister taute bald auf, legte den Schlips ab und fragte mich streng vertraulich und außer Hörweite meines Großen KGB-Bruders: »Warum sprechen Sie eigentlich Russisch?«

»Damit ich mit Ihnen sprechen kann!«, antwortete ich boshaft, um dann hinzuzufügen: »Nein, ich habe an einer amerikanischen Universität Russisch studiert und sechs Jahre lang bei einer russischen Professorenfamilie gewohnt. Ich habe also auf dem besten Wege Russisch gelernt, nämlich bei Russen.«

Der OB wurde neugierig. »Und haben Sie auch russische Autoren auf Russisch gelesen?«

»Ja, das ist die beste Methode.«

»Und haben Sie Lenin gelesen? Lenin hat ja eine Menge geschrieben, und er schrieb sehr gut«, fuhr er fort.

Ich gab stolz zu, Lenin gelesen zu haben, allerdings zu einem Großteil auf Englisch. Ich pflichtete ihm auch bei, daß Lenin sehr viel geschrieben habe, wenngleich kaum Erzählungen und Romane. Dann fügte ich mit größerem Ernst hinzu: »Leo Trotzki, seine Geschichte der Russischen Revolution, das war ein Erlebnis.«

»Vergessen Sie Trotzki! Der war Jude und hat von Russland und der Revolution nichts verstanden. Sie können mir glauben«, sagte der OB, als ließe er mir eine vertrauliche Information zukommen.

»Wollen Sie damit sagen, daß Lew Dawidowitsch Bronstein ein Schwindler war? Habt ihr hier im früheren Stalingrad immer noch einen Haß auf Juden? Sind denn für Stalingrad keine Juden gefallen?«

Ich war mir nicht ganz sicher, ob der Oberbürgermeister mit dem Namen Bronstein etwas anfangen konnte. Er konnte.

»Ihr Amerikaner habt doch keine Ahnung. Ihr habt ja auch keine Juden, die hinter jeder Tür und hinter jedem Busch sitzen. Wir haben sie, oder wir haben sie gehabt, und wir müssen immer noch die silbernen

Löffel verstecken, damit sie nicht irgendein Bronstein vor unserer Nase mitgehen läßt.«

»Nein, ihr habt ja selbst keine Ahnung! Natürlich haben wir in Amerika Juden, und zwar Millionen und Abermillionen. Die sitzen in der Regierung, sie beherrschen die Banken, sie besitzen die Zeitungen und kontrollieren die Finanzmärkte. Die sind überall. Präsident Reagan ist Jude, seine Frau Nancy ist Jüdin. Und denken Sie mal an, ich bin selbst Jude, und zwar väterlicher- und mütterlicherseits. Oder was glauben Sie, wie ich zum persönlichen Sonderbeauftragten von Präsident Reagan geworden bin?«

Mit dieser freizügigen Erklärung war das Thema der jüdischen Gefahr in Rußland und Amerika ausdiskutiert. Der Oberbürgermeister wurde etwas förmlicher und sehr viel erträglicher, bis er schließlich mich und meinen KGB-Führer – wieder mit einer Motorradeskorte – frühmorgens zum Flughafen von Wolgograd begleitete.

Der Flieger war voll. Der OB ließ deshalb kraft seines Amtes zwei unschuldige Passagiere aus der Aeroflotmaschine nach Moskau hinausbefördern, um für den KGB-Mann und für den jüdischen Beauftragten des jüdischen Präsidenten der jüdischen USA Platz zu machen.

Mein KGB-Offizier Geli Neprowsky war seinem offiziellen Titel nach Direktor des Moskauer UN-Informationszentrums (UNIC). Die Vereinten Nationen hatten ihre Informationszentren in allen wichtigen Hauptstädten. Das Moskauer UNIC durfte nach einer Sonderregelung nur mit sowjetischen Staatsbeamten besetzt werden, die zu den Vereinten Nationen »abgeordnet« waren. Es waren allesamt ausgebildete Geheimdienstleute, und auch Geli Neprowsky war ein hochrangiger KGB-Funktionär. Das Moskauer UNIC war faktisch eine sowjetische Propagandazentrale, in der die Vereinten Nationen stets als Freunde der Sowjetunion und als Kritiker des Westens auftraten, insbesondere als Kritiker der Vereinigten Staaten. Von der aufkeimenden russisch-amerikanischen Freundschaft war in der auf die russische Bevölkerung abgestellten UN-Propaganda nichts zu verspüren. Die Sowjets waren die Guten und die Amerikaner die Bösen.

Meine erste Erfahrung mit der US- und israelfeindlichen Schlagseite in den Übersee-Aktivitäten der Hauptabteilung Presse und Information hatte ich noch vor meiner UN-Zeit gehabt. Ich befand mich als Innenstaatssekretär auf den Nördlichen Marianen, einer Inselgruppe am Ostrand von Mikronesien. Die Marianen gehörten damals zum »Treuhandgebiet der Pazifikinseln«, das die Vereinten Nationen nach dem Zweiten Weltkrieg den USA übertragen hatten. Gleichwohl waren die UN-Radioprogramme, mit denen die acht Millionen Quadratkilometer Mikronesiens (davon 97 Prozent unter Wasser) flächendeckend beschallt wurden, auch in der Marianen-Hauptstadt Saipan die einzige tägliche Nachrichtenquelle. Was ich darin – auf einem US-Territorium! – zu hören bekam, war die erstaunlichste Verurteilung der amerikanischen Politik, unter besonderer Berücksichtigung der verfehlten Unterstützung für Israel und der typischen PLO-Positionen im Nahostkonflikt. Diese einseitige Sicht wurde, wie ich später erfuhr, von den Vereinten Nationen weltweit ausgestrahlt und von allen UN-Informationszentren verbreitet – auch von dem im Washington.

Seltsamerweise blieb der Einfluß, den die Sowjets in dieser Hinsicht auf die UN-Öffentlichkeitsarbeit hatten, auch nach der beginnenden Auflösung der Blockkonfrontation noch lange Zeit antiamerikanisch und antiisraelisch geprägt. Die sowjetischen Funktionäre, bei den Vereinten Nationen fest installiert, blieben ihrer ursprünglichen Marschroute treu und setzten ihre Kalte-Kriegs-Propaganda ohne Rücksicht auf das Tauwetter in den amerikanisch-sowjetischen Beziehungen fort.

Auf meinen Reisen, die ich vor dem Zusammenbruch des kommunistischen Systems in die Sowjetunion unternahm, konnte ich auch sehen, daß die populäre Nachrichtensendung *Wremia* (»Die Zeit«) einen täglichen UN-Nachrichtenblock brachte. Die vom Moskauer UNIC übermittelten Informationen vermittelten ein völlig schiefes Bild von allem, was bei den Vereinten Nationen geschah. Wenn bei den Vereinten Nationen nichts geschah, was häufig der Fall war, fabrizierte *Wremia* irgend etwas in Zusammenhang mit dem Moskauer UNIC. Die UN-Kurznachrichten lobten stets die Sowjets und watschten die USA, Großbritannien und Konsorten ständig ab. »Mit starker Unterstützung der Vereinten Nationen werden sowjetische Lebensmittel, Medikamente und andere humanitäre Hilfsgüter nach Afrika transportiert, während die USA den gesamten konfliktgeschüttelten Kontinent mit

Waffen beliefern, um die reaktionären Regime und die Apartheit zu fördern.«

Gerechterweise muß man hinzufügen, daß sowohl die Sowjetunion als auch die USA die ostafrikanischen Konfliktparteien mit Waffen belieferten – eine ebenso verwerfliche wie gefährliche Praxis, die sich vielfach gerächt hat. Die Vereinten Nationen haben gegen diesen abscheulichen Zustand nichts unternehmen können, weil weder die USA noch die Sowjets ihnen erlaubten, sich in diese Dinge einzumischen. Eine ganz andere Frage war aber die sowjetische UN-Propaganda in Rußland. Hier haben die USA nie protestiert, weil das amerikanische Außenministerium darin offenbar kein besonderes Problem sah. In der Moskauer US-Botschaft stehen zahlreiche Fernsehgeräte.

Andere UNICs in aller Welt gaben ähnliche Formen von »antiimperialistischer« Propaganda von sich. Die Sowjets haben durch ihren Einfluß im UN-Sekretariat und speziell in der Hauptabteilung Presse und Information dafür gesorgt, daß weltweit in den meisten UNICS, besonders in den wichtigsten, an entscheidenden Stellen sowjetische Beamte saßen.

Das UN-Informationszentrum in Washington wurde ein paar Jahre lang von Phyllis Kaminsky geleitet, einer unter Reagan eingesetzten UN-Funktionärin. Sie hat sich immer wieder bitter darüber beklagt, daß eine der Hauptaufgaben ihrer Einrichtung darin bestand, in der amerikanischen Bundesregierung von PLO-Vertretern zusammengestellte UN-Dokumente zu verbreiten, die auf die Schwächung der Position Israels abzielten. Das galt natürlich als eine vom UN-Sekretariat offiziell gebilligte Aktivität, hatte doch die Vollversammlung die Resolution gegen den Zionismus als einer Form von Rassismus verabschiedet. Dieses Material ging auch an die anderen halbwegs bedeutsamen UNICs in aller Welt.

Bei einer meiner nächsten Reisen in die Sowjetunion wurde ich erneut von Geli Neprowsky in seiner Eigenschaft als »Gastgeber« und Moskauer UNIC-Direktor begleitet. Ich fragte ihn, warum die Moskauer Fernsehprogramme und Zeitungen eigentlich nicht den der Vereinten Nationen unwürdigen PLO-Müll brächten, der doch von allen anderen UNICs weltweit verbreitet wird, nicht zuletzt von dem in Washington.

»Geli, ich habe eigentlich gedacht, daß Juden, um es mal so zu sagen, im kommunistischen Rußland nicht so gerne gemocht werden. Warum zensiert ihr dann die PLO-Propaganda weg, die sie regelmäßig im Washingtoner UNIC bekommen?«

»Sie müssen eben wissen«, antwortete er, »daß wir zwar in der Sowjetunion keine schlauen Juden mögen, aber wir Russen haben auch ein kleines Problem mit Mohammedanern, oder wie das bei euch heißt.«

»Das heißt bei uns jetzt Muslime«, korrigierte ich.

»Na gut, also Muslime, wenn Sie so wollen. Aber wenn Sie so viel über Rußland gelesen haben, wissen Sie ja auch, daß die Russen ungefähr dreihundert Jahre lang von den Tataren beherrscht wurden. Diese Tataren waren Mongolen und Türken, und das waren eben Muslime, wie Sie das nennen. Wir mögen also tatsächlich keine raffinierte PLO-Propaganda.«

Die UN-Informationszentren in aller Welt dienten jedenfalls lange (und eigentlich immer noch) als antiisraelische Propagandazentralen.

Die Hauptabteilung Presse und Information steht mit ihrem riesigen Apparat und ihrem großen Personalüberhang Mitgliedern der Vollversammlung für die Veröffentlichung von Dokumenten zur Verfügung, wenn deren Verbreitung von den Vereinten Nationen gefördert wird. Gewaltige Mengen antiisraelischer PLO-Propaganda wurden auf diese Weise vom UN-Sekretariat genehmigt. Ein Vollversammlungsbeschluß hatte ja kategorisch festgestellt, daß Zionismus eine Form von Rassismus ist. Kein Vollversammlungsbeschluß hatte jemals den Antisemitismus als Rassismus oder ähnliches bezeichnet.

Israel hat trotz Sitz und Stimme in der Vollversammlung nach wie vor keinen vergleichbaren Zugang zur Presse- und Informationsabteilung des UN-Sekretariats, während die UN-Informationszentren kontinuierlich in allen wichtigen Hauptstädten der Welt die Regierungsorgane der verschiedenen Mitgliedsstaaten mit PLO-Propaganda versorgten. Die PLO hat bei den Vereinten Nationen einen »Beobachter«-Status.

Dieser offene und schamlose Mißbrauch des weltweiten UN-Apparats durch zahlreiche Informationszentren auf allen sieben Kontinenten dürfte zu den Zeiten des Kalten Krieges kein großes Geheimnis gewesen sein. Seither hat sich sehr wenig geändert, jedenfalls nicht in bezug auf die Verbreitung von pro-palästinensischem und anti-israelischem Material. Es wird vielleicht geschickter präsentiert, aber die Manipulation der UN-Informationszentren in aller Welt zu einseitigen politischen Zwecken bleibt ein Skandal, dem die Vereinigten Staaten nach wie vor ohnmächtig zusehen und der die Kongreßabgeordneten nicht sonderlich interessiert.

In meinen zwei letzten Jahren im UN-Sekretariat unternahm ich noch weitere Rußlandreisen. Das tat ich auch nach meinem Ausscheiden in den sieben Jahren als Leiter des bereits erwähnten Instituts, das von der Vollversammlung ins Leben gerufen wurde. Auch wenn ich nun nicht mehr als der »Sonder«-Beauftragte von Ronald Reagan galt.

Das Institut für Ost-West-Beziehungen *(Institute of East-West Dynamics)*, eine gemeinnützige Organisation, beriet sowjetische Körperschaften wie zum Beispiel das weltweit größte (und gleichzeitig unwirtschaftlichste) Stahlwerk Magnitogorsk, die Provinz Murmansk, das russische Außenhandelsministerium und indirekt auch Michail Gorbatschow. Unsere Arbeit bestand hauptsächlich darin, der privatisierten russischen Wirtschaft amerikanische Unternehmenskonzepte und Technologien zu vermitteln. Gorbatschow hat mir 1990 bei einem offiziellen Essen im Kreml auf die Schulter geklopft und festgestellt: »Sie arbeiten jetzt für mich!« Leider wurde er bald von Boris Jelzin beiseite gedrängt.

Der mit Abstand höchste Regierungsvertreter in der neuen Russischen Föderation war ein 2,26 Meter großer Riese namens Katschanow, der für mich ein Essen gab, um mich auf Russisch zu fragen: »Kak po-angliski bisnesmenni?« – oder auf Deutsch: »Was heißt auf Englisch *bisnesmeni*«?

»Businessmen«, antwortete ich.

»Ah«, sagte er, »wie auf Russisch!« Er schien tatsächlich geglaubt zu haben, die Amerikaner hätten dieses Wort aus dem Russischen entlehnt. Ich ließ es durchgehen.

Katschanow sprach etwas Englisch, worauf er sehr stolz zu sein schien. »It's like what you call ›undertakers‹ [Leichenbestatter], no?« Ich fand schließlich heraus, daß er das englische Wort für Unternehmer, »entrepreneur«, das aus dem Französischen kommt, in einem Französisch-Englischen Lexikon nachgeschlagen hatte, wo er »to undertake« fand.

Katschanow rückte mir nun auf den Pelz, bat die neben mir sitzende Funktionärsgattin, mit ihm die Plätze zu tauschen, und begann mit mir auf Russisch zu plaudern.

»Also, wir wissen das sehr zu schätzen, was Sie an diesem Institut tun, um uns zu helfen. Ich weiß, daß sich Gorbatschow dafür interessiert. Wir brauchen aber Ihren ganz ehrlichen Rat, weil Sie ja mit diesem neuen Kapitalismus viel mehr Erfahrung haben.«

Ich nickte und lauschte.

Er beugte sich zu mir herunter, denn seine Größe war zu einem Gutteil seinem langen Oberkörper geschuldet. »Sie müssen uns bei Dingen helfen, die nicht immer so ganz einfach sind. Viele von den neuen *bisnesmeni* haben überhaupt keine Manieren, keine Prinzipien, das sind wilde Kapitalisten – Kriminelle. Die meisten sind natürlich Juden. Wie geht ihr damit in der amerikanischen Wirtschaft um?«

Katschanow war nicht nur entwaffnend naiv, er war auch erfrischend dämlich. Ich sah zu ihm auf und sagte lächelnd: »Das ist in Amerika gar kein Problem. Wir bekehren einfach die Juden zum Christentum. Christen halten sich nämlich immer an die zehn Gebote und haben die höchsten Moralbegriffe.«

Er blinzelte ein paarmal, dankte mir und bat dann die Dame, die neben mir gesessen hatte, wieder mit ihm die Plätze zu tauschen.

Geli Neprowski trieb sich bei meinen letzten Rußlandreisen immer noch als Leiter des Moskauer UNIC herum. Auch als ich nicht mehr für die Vereinten Nationen unterwegs war, hielt ich es für besser, ihn machen zu lassen, statt mich darüber zu beschweren, daß mir und meinen Begleitern weiter ein KGB-Agent nachstieg. Immerhin verdankte sich mein Institut einem Vollversammlungsbeschluß; wir waren also in Rußland im Grunde genommen weiterhin für die Vereinten Nationen tätig. So blieb alles wie gewohnt unter Kontrolle des KGB.

Außerdem war Neprowski zu einem, wie er es nannte, »lieben« Freund geworden. Er und ich, wir hatten einiges miteinander erlebt.

Bei unserer ersten Begegnung im Jahre 1987, noch zu Sowjetzeiten, hatte er mich mit Mercedes und Chauffeur am Flughafen Wnukowo abgeholt und zur Begrüßung buchstäblich angeknurrt. »Ich hole dich ab«, sollte das heißen, »aber du bist mir zuwider, du Reagan-Agent!« Auf dem Weg zum Hotel Rossia fragte er mich, ob ich schon gefrühstückt hätte. Als ich verneinte, ließ er seinen Fahrer, einen mürrischen, skandinavisch aussehenden Slawen, vor einem jener Läden halten, die in Moskau damals »Lebensmittelgeschäfte« hießen. Sie hätten auch »leere Lagerräume« heißen können, weil sie so gut wie keine Lebensmittel hatten und normalerweise nicht dazu bereit waren, etwas zu verkaufen – erst recht nicht, wenn sie es hatten.

Geli ging rein, muß dort unauffällig seine KGB-Marke vorgezeigt haben und kam bald darauf zurück. »Hier ist Frühstück!«, sagte er und warf mir ein halbes Brot und ein Stück kalte Salami zu. Das war kein verheißungsvoller Beginn. Er wurde aber bald umgänglicher und sogar regelrecht besorgt um mich, als ich mich auf dieser ersten Reise eines Morgens um sieben Uhr aus dem Rossia schlich und auf eigene Faust zum Kreml und anderen nahegelegenen Sehenswürdigkeiten pilgerte. Kurz nach zehn Uhr war ich wieder im Hotel.

Neprowski stand da, wie von einer Herzattacke heimgesucht. »Wo sind Sie gewesen?«, fragte er, sichtlich bebend.

»Ich bin spazierengegangen und habe mir einiges angeguckt«, antwortete ich.

»Das dürfen Sie nie allein tun! Es könnte Ihnen etwas zustoßen«, stieß er hervor. Ich wußte, daß er sich schämte, weil ich ihm entwischt war.

»Unsinn, Geli! Moskau wimmelt doch von GAI [Verkehrspolizisten], die stehen an jeder Ecke. Ich habe mich total sicher gefühlt. Außerdem habe ich eine Polizeimarke in der Brieftasche. Ich habe mich mit einem von euren Polizisten sehr nett unterhalten. Er hat meine Marke bewundert und mir ganz stolz seine eigene gezeigt. Ich habe ihn gefragt, ob er sie verkaufen will, und er hat sie mir für fünfzig Rubel gelassen. Ich habe ihm dann einen Zehn-Dollar-Schein gegeben. Da, sehen Sie, hier ist die GAI-Marke.« Und, Simsalabim, ich zeigte ihm die soeben erstandene GAI-Marke. »Samjetschatelno!«, rief Geli, was soviel heißen soll wie »wunderbar«.

Unsere Beziehung wurde persönlicher, bis wir uns nach meinem letzten offiziellen Moskaubesuch am Flughafen Wnukowo voneinander verabschiedeten.

»Good-bye, Geli. Ich hoffe, wir sehen uns bald wieder!«

Er schien zu spüren, daß es ein endgültigerer Abschied war. »Was wird aus uns werden? Werden sich unsere Kinder und Enkelkinder jemals begegnen? Werden sich unsere Wege je wieder kreuzen? Was ist unsere Bestimmung? Was ist unser Schicksal *(sudba)*? Was steht uns bevor?«

»Auf Wiedersehen, Geli«, sagte ich, lief zum Flugsteig und winkte zurück. Wir Amerikaner haben schließlich eine englische Kultur geerbt, die keine zuckenden Mundwinkel duldet, schon gar nicht gegenüber KGB-Agenten.

Der Kalte Krieg ging schließlich zu Ende. Er brach zusammen wie jede lange genug aufrechterhaltene Absurdität. Kommunismus wurde in Rußland zu einem Unwort. Gorbatschow, der dem Kommunismus den Garaus gemacht hat, wurde zu einem noch stärker diskreditierten Namen. Warum? Weil er den Kommunismus zerstört hatte und weil die Wirtschaft jetzt von Banditen beherrscht wurde – auch wenn viele dieser neuen kapitalistischen Banditen frühere kommunistische Funktionäre waren.

Rußland trat in eine lange, unsichere Übergangsperiode ein. Der Wandel war eindeutig, nicht aber die Richtung, die die politische und gesellschaftliche Entwicklung einschlug. Die Lage der Welt schien durch das Ende der Blockkonfrontation etwas besser geworden zu sein, doch die plötzliche Abwesenheit von drohenden Konflikten hinterließ eine gefährliche Leere – einen Zustand der Unsicherheit mit der Angst vor dem Chaos und anderen dunklen Mysterien.

Bei den Vereinten Nationen kam es durch die externen Einflüsse, die von den russischen Turbulenzen herrührten, zu gewissen Auflösungserscheinungen. Die Sekretariatsbeamten aus den früheren Ostblockstaaten und der einstigen Sowjetunion drohten zu Waisenkindern zu werden. Der fehlende Rückhalt durch eine starke Regierung bewirkte bei allen Betroffenen ein Gefühl der Orientierungslosigkeit. Verzweifelt fingen die Russen an, nach amerikanischen, britischen, französischen, ja chinesischen Freunden Ausschau zu halten. Sie brauchten längerfristige Verträge, sprich: Fünfjahresverträge mit stillschweigender Verlängerungsgarantie. Sie mußten ihre Aufenthaltserlaubnis in den USA behalten, zusammen mit anderen Einkommensmöglichkeiten außerhalb der Vereinten Nationen, um für den Notfall abgesichert zu sein.

Das UN-Sekretariat, das damit die politische Weltlage widerspiegelte, was eigentlich nicht seine Aufgabe war, wurde nun unter der konfusen Leitung eines ägyptischen Kopten, der Französisch, aber sehr schlecht Englisch sprach und keine Vorstellung davon hatte, was das Sekretariat brauchte, um zu einer rationalen internationalen Organisation zu werden, wieder und wieder umgekrempelt. Boutros-Ghali wurde zum Nachfolger von Pérez de Cuellar bestellt, weil die zwei endlich versöhnten Supermächte (die eine immer noch »Super«, die andere eher Diesel) darin übereinstimmten, daß ein afrikanischer Generalsekretär, der noch dazu schwarz ist, den Vereinten Nationen gerade noch gefehlt hatte. Boutros-Ghali war praktischerweise Afrikaner und gleichzeitig weiß.

Nun stand wirklich nur noch eine arrogante Supermacht allein gegen alle.

ZEHNTES KAPITEL

Das UN-Verwaltungschaos

Zumindest in der Zeit, in der ich auf die eine oder andere Weise mit den Vereinten Nationen zu tun hatte – ungefähr zwanzig Jahre lang –, war das Sekretariat nicht dazu imstande gewesen, mit den gewaltigen finanziellen Mitteln, die es von den Mitgliedsstaaten erhält, die von ihm genutzten Gebäude zu unterhalten.

Eine vorausschauende Finanzplanung für regelmäßige Instandhaltungsarbeiten – wie sie jeder Hausbesitzer zur Werterhaltung seines Besitzes für notwendig hält – scheint bei den Vereinten Nationen graue Theorie zu sein. Auf der anderen Seite sind exorbitante Ausgaben für unsinnige Umbauten und nutzlose Innovationen keine ungewöhnlichen Erscheinungsformen eines bürokratischen Leerlaufs, der mit dem Wegfall des Ost-West-Gegensatzes noch schlimmer wurde.

Die große Tiefgarage, die sich auf drei Ebenen unter der UN-Zentrale befindet, war einmal wie die meisten Garagen der New Yorker Bürogebäude mit grauem Asphalt gepflastert. Plötzlich wurden die Wagen von der einen auf die andere Ebene umgeleitet, weil man angefangen hatte, den Belag (Tausende von Quadratmetern) herauszureißen. Schließlich waren alle drei Ebenen neu asphaltiert. Der neue Belag war dunkler als der völlig funktionale Asphaltboden, der sich bisher dort befand, aber mit Millionen von reflektierenden Steinchen bedeckt. Nachträglich wurde für die Erneuerung des alten Belags eine Erklärung geliefert: Durch die glitzernden »Reflektoren« – winzige Kristallsplitter – könnten die Fahrer »erkennen«, wo sich der Garagenboden befindet, womit Unfällen vorgebeugt werde. Wie es möglich war, nach unten auf den funkelnden Asphalt zu blicken, ohne irgendwo anzubumsen, wurde nicht erklärt. Heute ist der reflektierende Belag größtenteils mit Straßenschmutz und Ölflecken zugedeckt.

Ein weiteres Denkmal des UN-Verwaltungsleichtsinns ist eine riesige Antennenschüssel von zehn Metern Durchmesser, die mittels einer raffinierten Motorik auf einen Satelliten ausgerichtet wird. Durch diese kostspielige High-Tech-Anlage sollte das UN-Sekretariat tagtäglich direkt mit seinen überseeischen Informationszentren verbunden werden – was sich auch mit einem einfacheren Apparat bewerkstelligen ließe, den man Telefon nennt.

Die Notwendigkeit für eine solchen direkten Draht hat nie bestanden, weil die UN-Informationszentren keine Spionage betreiben (oder betreiben sollten). Die wie auch immer gearteten Informationen, die sie an das Sekretariat übermitteln, dürften kaum so sensibel sein, daß dafür »sichere« Direktverbindungen notwendig sind.

Ursprünglich sollte die imposante Schüssel offenbar vor dem UN-Gebäude an der First Avenue aufgestellt werden. Aus einer Reihe von Ländervertretungen auf der anderen Straßenseite, auch aus der amerikanischen, wurden Einwände laut, daß ein solcher »Lausch«-Apparat ihre Sicherheitsinteressen verletzen könne. So wurde das Ungetüm auf der anderen Seite am Fluß aufgestellt, wo es bis heute nie benutzt worden ist. Der hohe Kasten des UN-Gebäudes steht jeglicher Kontaktaufnahme mit einem der verfügbaren Satelliten im Weg.

Zu einem anderen Zeitpunkt in der langen Geschichte der UN-Verwaltungsdummheiten wurden in manchen Toiletten neue Klobecken aufgestellt, ausgestattet mit einem kreisförmigen Gehäuse für eine ultraviolette Desinfektionslampe. Keine glaubhaften Krankheiten, denen sich mit solch ausgefallenen Hygienemethoden begegnen ließe, waren im UN-Sekretariat zur damaligen Zeit bekannt. Es ging das Gerücht, die teuren Apparaturen sollten die Ausbreitung von Aids verhindern.

Das alte System der Eingangskontrollen an der 44. Straße hatte jahrelang reibungslos funktioniert, weil es denkbar einfach war. Das UN-Personal passierte nach dem Vorzeigen eines Lichtbildausweises durch eine von zwei Pforten. Vor nicht allzu langer Zeit wurde ein neues High-Tech-System eingeführt, das hohe Kosten verursachte, weil zu diesem Zweck die Eingänge umgebaut, neu gefliest und erheblich verbreitert werden mußten. Es wurde eine Phalanx von Drehkreuzen installiert, jeweils mit einem Schlitz zum Einlesen der neu ausgegebenen Magnetstreifenausweise. Wenn man seine Karte in den elektronisch kontrollierten Schlitz steckte, wurde das Drehkreuz freigegeben und ließ den Karteninhaber durch. Da Unbefugte die Drehkreuze überspringen konnten, wurde aber sicherheitshalber immer noch an jedem Eingang ein Wachposten aufgestellt.

Schon bald wurde das ganze System aufgegeben und das alte System, einfach die Karte vorzuzeigen, wieder eingeführt. Anscheinend haben die Drehkreuze die am späten Vormittag hineinschwappenden Personalströme zu stark zurückgestaut. Die meisten UN-Mitarbeiter kommen gegen zehn Uhr oder 10.30 Uhr. So bildeten sich auf der Straße zu einer für New Yorker Begriffe sehr unchristlichen Zeit lange Schlangen, die der amerikanischen Öffentlichkeit die bei den Vereinten Nationen herrschende Arbeitsmoral sichtbar vor Augen führten.

Sehr ärgerlich bei der Arbeit im UN-Sekretariat ist die antiquierte und nie gereinigte Belüftungsanlage. Das Heizungssystem hinterläßt auf den Ventilatoren, die sich unter den Fenstern befinden, große Mengen von Ruß, so daß hohe Reinigungskosten entstehen, wenn man sich darüber beugt. Der UN-Ruß ist dick und schmierig.

Wirklich empörend für die Belegschaft war aber die Asbestisolation, die zu einer Zeit, als man dieses krebserregende Material reichlich benutzte – Ende der vierziger und in den fünfziger Jahren – großzügig in den Belüftungsschächten ausgelegt wurde. Moderne New Yorker Bürogebäude haben diese Probleme nicht, und viele andere, weniger moderne, haben Inspektionen durchgeführt, um die gesundheitlichen Gefahren festzustellen und zu beseitigen.

Nach jahrelangen Beschwerden wandten sich rebellierende UN-Mitarbeiter an die New Yorker Aufsichtsbehörde, die für die Gefährdung durch Asbeststaub zuständig ist. Die Stadt schickte einen Beamten, dem es irgendwie gelang, in das Gebäude zu kommen, wahrscheinlich durch den Besuchereingang.

Der Eindringling wurde sofort identifiziert, von den UN-Wachen »verhaftet«, zwei Stunden lang in einem Raum ohne Telefon festgehalten und schließlich mit dem Hinweis entlassen, daß die New Yorker Behörden bei den Vereinten Nationen keine Befugnisse haben. Schließlich gibt es im UN-Sekretariat eine Krankenstation, die auch Emphyseme oder Frühstadien von Lungenkrebs diagnostizieren kann, ohne die Immunität der internationalen Organisation zu verletzen.

Das kostspielige Herumdoktern an Anlagen, die gar nicht »kaputt« sind, täuscht darüber hinweg, daß die normale Instandhaltung (Fahrstühle warten, Fliesen ersetzen, Belüftungsrohre asbestsanieren, Wasserrohre abdichten und dergleichen mehr) ständig vernachlässigt wird. Die Instandhaltungskosten werden nicht vorveranschlagt, sondern nachgeschossen. Bei größeren Schäden soll der amerikanische Kongreß die Mittel bereitstellen, damit die Sache im nächsten Bewilligungszeitraum repariert wird.

So hat der gegenwärtige Generalsekretär Kofi Annan große Anstrengungen unternommen, um den Kongreß davon zu überzeugen, daß sich die Vereinten Nationen in einem maroden Zustand befinden und dringend Geld brauchen, damit der Schornstein wieder raucht. Fahrstühle, die knapp oberhalb oder unterhalb der Etagenfußböden, aber nicht mehr auf gleicher Höhe halten, bedürfen einer Reparatur. Und was soll der ganze Renovierungsspaß kosten? Ungefähr zwei Milliarden Dollar wurden veranschlagt, zahlbar sofort.

Die teuerste Immobilie, die in Manhattan verkauft wurde, das General-Motors-Gebäude, ging kürzlich für 1,4 Milliarden weg. Das gesamte UN-Gebäude ließe sich für weniger als zwei Milliarden noch einmal bauen. Reparieren und Renovieren ist eben teurer, als man denkt.

Ein Nachtrag zu dieser chronischen Ausgabenbürokratie ist der Ankauf des angrenzenden Kraftwerksgeländes, auf dem ein ganz neues UN-Gebäude entstehen soll, weil das jetzige den hohen ästhetischen Ansprüchen einer internationalen Organisation nicht mehr genügt. Die veranschlagten Kosten für die Besiedlung des neuen Areals mit dem entsprechenden Gebäude oder mit den entsprechenden Bauten, Gärten und anderer Landschaftsarchitektur belaufen sich auf etwa sieben Milliarden Dollar, die der amerikanische Kongreß dann wohl zu gegebener Zeit ausspucken soll.

Ein mögliches Motiv für den Bau einer neuen UN-Enklave war auch das jüngste Gerücht, die zwei angemieteten Gebäude auf der anderen Seite der First Avenue, DC-1 und DC-2, sollten von einem israelischen Unternehmen erworben werden, das den Kauf mit freundlicher Unterstützung von Dan Doctoroff aushandeln würde, einem jüdischen Mitarbeiter des jüdischen Oberbürgermeisters von New York. Überall kursierte die alarmierende Nachricht, daß die Israelis in der Lage sein könnten, auf die Vereinten Nationen Einfluß zu nehmen und sogar ihre Finanzen zu kontrollieren. DC-1 und DC-2 wurden durch eine sogenannte UN Development Corporation vermietet, ein Privatunternehmen, das die zwei Gebäude seit Jahren fast gänzlich seiner UN-Kundschaft überließ.

Um dieses seltsame Verhältnis zwischen den Vereinten Nationen und ihren Vermietern zu illustrieren, sollten wir uns ansehen, wie sich die UN-Generalsekretäre fast schon krankhaft geweigert haben, den finanziellen Aderlaß für die in Manhattan anfallenden Mieten zu kontrollieren.

Im Jahre 1987 glaubte ich Pérez de Cuellar davon überzeugt zu haben, daß man als Reaktion auf die von der nichtjüdischen Senatorin Kassebaum vorgebrachte Verschwendungskritik gewisse Sparmaßnahmen durchführen sollte. Mit voller Unterstützung des spanischen Untergeneralsekretärs Patricio Ruedas, dessen Antiamerikanismus durch seine Arroganz gegenüber früheren spanischen Kolonialuntertanen wie dem Generalsekretär etwas abgedämpft wurde, führte ich deshalb eine interne Inspektion durch.

Die Büromieten im Zentrum von Manhattan befanden sich 1987 im freien Fall, und die Vermieter waren allenthalben bereit, neue Verträge auszuhandeln, bevor ihnen ein Mieter absprang. Manchmal genügte schon die Androhung, die wirtschaftliche Rezession würde die Einhaltung der Vertragsbedingungen unmöglich machen, damit sie von sich aus neue Angebote machten.

In den zwei vierzigstöckigen Hochhäusern an der First Avenue gegenüber dem Sekretariatsgebäude lagen die Quadratmeterpreise über den Durchschnittsmieten für andere Büroflächen in dieser Gegend, ja höher als in ganz Manhattan. Da die zwei Hochhäuser fast hundertprozentig mit UN-Büros belegt waren, hätten DC-1 und DC-2 ohne die Vereinten Nationen als Mieter in einer schwierigen wirtschaftlichen Phase Bankrott gemacht. Leerstehende Gebäude mit zahlreichen Umbauten, die nicht den New Yorker Bauvorschriften entsprechen, lassen sich nicht an jeden vermieten. Die Vereinten Nationen brauchten keine Genehmigung, um ihre Büroräume neu aufzuteilen oder neu zu verkabeln, weil die kommunalen Behörden für sie nicht zuständig sind. Nach sorgfältigen Berechnungen – durchgeführt mithilfe von UN-Verwaltungsleuten, die die genauen Zahlen hatten, und mit externen Immobilienfachleuten – kam ich zu dem Ergebnis, daß die Vereinten Nationen durch eine angemessene Mietminderung jährlich 40 bis 60 Millionen Dollar einsparen konnten. Ein hübsches Sümmchen als Zeichen des guten Willens für Senatorin Kassebaum.

Nachdem ich diese recht mühselige Untersuchung abgeschlossen hatte, ging ich zum Generalsekretär. Was mir der spanische Untergeneralsekretär mit auf dem Weg gab, klang nach unverhohlenem Sarkasmus. »¡Buena suerte!«, sagte er, »viel Glück! Der Knabe [er meinte den Generalsekretär] hält sich ja mit seinem fingierten Doppelnamen für einen Aristokraten. Der wird sich seine feinen Hände nicht mit so profanen Finanzfragen schmutzig machen.«

Mit gewissen Vorahnungen trug ich die Sache Don Javier vor. Er lauschte, indem er beide Hände vor sich ausspreizte, und sein Blick aus dem Fenster blieb an den Müllkähnen hängen, die unten über den East River fuhren. Als ich meine Darlegung beendet hatte, sagte er: »Aber warum?«

»Warum!«, rief ich aus. »Um 60 Millionen einzusparen und die Senatorin Kassebaum zu beglücken, damit sie nicht den UN-Etat um eine viel größere Summe kürzt.«

»Aber«, sagte er nach einer Kunstpause, »wir haben mit der Verwaltung von DC-1 und DC-2 einen Vertrag.«

Ich wies darauf hin, daß ich nicht vorschlug, den Vertrag zu kündigen, sondern daß die Hausverwaltung für die »Finanznöte« (einen bei den Vereinten Nationen chronischen Zustand von allgemeinem Bekanntheitsgrad), und zwar insbesondere zu einem Zeitpunkt, zu dem Frau Senatorin Kassebaum damit droht, den Etat zu kürzen, schnell vollstes Verständnis haben werde und einen neu auszuhandelnden Vertrag anbieten würde, weil sie schließlich auf zwei riesigen Gebäuden säßen, für die nur die Vereinten Nationen als Mieter in Frage kommen.

»Aber dafür brauche ich die Erlaubnis der Vollversammlung«, protestierte Don Javier mit fast erloschener Stimme.

»Sagten Sie: der Vollversammlung?«

»Ja, natürlich, der Vollversammlung«, wiederholte Don Javier, und in seinen Augen blitzte es auf. Wirklich eine gute Idee.

»Sir, Sie müssen doch für einen eindeutigen Verwaltungsakt nicht die Vollversammlung oder sonst jemanden fragen. Außerdem: Warum sollte die Vollversammlung etwas dagegen haben, daß sie 60 Millionen Dollar bekommt, die wir für die hungernden Kinder in Afrika verwenden können?«

Don Javiers Augen wurden merklich düsterer. »Wegen dem Vertrag, den wir unterzeichnet haben. Er wurde von der Vollversammlung genehmigt, deshalb.«

»Auf demselben Wege könnten Sie einen neuen Vertrag machen, der für die Vereinten Nationen Millionen einspart und den Sie dann der Vollversammlung vorlegen, die ihm begeistert zustimmen wird, Don Javier.« Meine Worte veranlaßten ihn dazu, die Augen zu schließen und erneut in einer Pose verwirrter Nachdenklichkeit die Finger zu spreizen. Auf dem Fluß waren keine Müllkähne mehr zu sehen.

»Auf jeden Fall«, fügte ich hinzu, »würde schon der Versuch, diese unverschämt hohen Mieten neu auszuhandeln – auch wenn er scheitert, was ich nicht glaube –, bei Senatorin Kassebaum und ihren Senatskollegen auf freundliche Ohren stoßen. Das würde dazu beitragen, daß die Vereinten Nationen in Washington sehr viel stärker als eine verantwortungsbewußte Organisation wahrgenommen werden.«

Der Generalsekretär schreckte auf. »Aber wir sind eine verantwortungsbewußte Organisation!«

»Dafür gibt es in Washington ganz andere Kriterien, das ist alles«, sagte ich. »Aber das Geld, das die Vereinten Nationen von den USA bekommen, rettet sie vor dem Untergang, deshalb sollte der Standpunkt von Senatorin Kassebaum sehr ernst genommen werden.«

Der Generalsekretär heftete seinen Blick erneut auf den East River und sagte: »Also gut, lassen Sie mich darüber nachdenken.«

Er denkt immer noch darüber nach.

Der UN-Haushalt läßt sich am besten beschreiben, wenn man einen Sinn für phantastische Erzählungen hat. Ich bin nicht Hans Christian Andersen, will aber mein Bestes tun.

Das Imperium der UN-Publikationen ist so riesig, ungeheuerlich und komplex, daß man darüber ein weiteres Buch schreiben müßte. Ganz abgesehen davon, daß die komplizierte Quadratwurzelgleichung, die darüber bestimmt, was in wie vielen Sprachen veröffentlicht wird, so gut wie keinen Bezug zur Bedeutung des Materials und zu seiner antizipierten Leserschaft aufweist. Wäre das Ziel dieser Tintenschlacht bloße Eigenwerbung, dann wäre dies wenigstens ein Grund, an dem sich die Kritik an der UN-Verschwendung festmachen könnte. Das kann es aber kaum sein, weil die Hauptabteilung Öffentlichkeitsarbeit alles in einer Sprache veröffentlicht, die für Außenstehende weder lesbar noch zumutbar ist. Selbst eindeutige PLO-Propaganda ist dermaßen verquast formuliert, daß sie sich häufig jeder Übersetzung verweigert. Eine amerikanische Botschaftsangehörige, die im Beratenden Ausschuß für Verwaltungs- und Haushaltsfragen (ACABQ) saß, hat einmal berechnet, daß manche dieser »Dokumente« in der Herstellung 750 Dollar pro Seite kosten.

Es gibt keinerlei Rechenschaftspflicht für die Verwendung der verschiedenen Etatposten, insbesondere nicht für die Gehälter im Sekretariat. Viele gestrandete Schätze der UN-Finanzhavarie können damit beliebig davontreiben.

Wieviel Prozent tragen die USA zum UN-Budget bei? In letzter Zeit sank der Beitrag infolge der Kassebaum-Inititative von 25 auf 18 Prozent, dann während der Finanzkrise der neunziger Jahre auf 20 Prozent, stieg wieder auf theoretische 25 Prozent und pendelte sich schließlich auf die von Richard Holbrooke im Dezember 2000 ausgehandelten 22 Prozent ein. Das sind aber kosmetische Zahlen, bei denen die freiwilligen amerikanischen Beiträge, die enormen Steuerbefreiungen (relevant für die Finanzen der Stadt New York) und eine Reihe von eigens veranschlagten Sonderaufwendungen für die Friedenstruppen gar nicht berücksichtigt sind. Die letzteren müssen häufig dazu herhalten, die UN-Verwaltungs- und Betriebskosten zu rechtfertigen.

Auch werden diese Summen für die Öffentlichkeit nicht im einzelnen aufgeschlüsselt (jedenfalls nicht in dem vom Kongreß verabschiedeten Etatbeitrag); das Geld wird einfach nur dringend für UN-Gebäude, Menschenrechtsinitiativen oder neue Technik benötigt. Im Grunde fließen diese Gelder in das riesige Finanzgeflecht, das die Vereinten Nationen mit den Jahren für sinnlose und überflüssige Funktionen entwickelt haben – Funktionen, deren Beseitigung oder Vereinfachung ihnen einen gewaltigen Überschuß bescheren könnte, mit dem sich viele sinnvolle Aktivitäten viele Jahre lang erheblich ausbauen ließen.

Natürlich käme das Eingeständnis, daß sich die Organisation jahrelang chaotisch entwickelt hat, indem sie, wie wir gesehen haben, unter phantasievollen Bezeichnungen verdächtig redundante Abteilungen aufgebaut hat, für die UN-Bürokratie einem Massenselbstmord gleich. Bürokratien pflegen sich nicht abzuschaffen, sie pflegen nur größer und komplexer zu werden. Es ist schon schwer genug, den amerikanischen Regierungsapparat im Zaum zu halten, auch wenn der Kongreß durch sein Haushaltskontrollrecht in die Bundesfinanzen größtenteils Einblick nehmen kann. Das Bundesministerium mit dem größten Anteil an sensiblen oder geheimen Daten, das Verteidigungsministerium, hat natürlich auch den größten Etat.

Doch anders als selbst das Pentagon erlauben die Vereinten Nationen dem Kongreß keinerlei Einblick in ihre Bücher. Statt dessen beliefern sie die Haushaltsausschüsse indirekt mit langatmigen Beschreibungen von realisierten Ergebnissen und langweiligen Erklärungen zu Meilensteinen und erzielten Durchbrüchen, wie zum Beispiel: »Das Oil-for-Food-Programm war das erste in der Geschichte, in dem die Einkommensquellen des Landes, dem die Hilfe gewährt wurde, aus diesem Land selbst stammten – aus dem Irak!« (Benon Sevans Bericht über das Oil-for-Food-Programm vor dem UN-Sicherheitsrat). Die Budgetansprüche und die Beschreibungen des Finanzbedarfs der Vereinten Nationen sind reich an Worten und sehr, sehr arm an Fakten.

Diesem Etikettenschwindel geht die amerikanische Presse mitsamt dem Kongreß alljährlich auf den Leim, so daß man in diesem Jahr glaubt, die Vereinten Nationen stünden kurz vor der Pleite, während das Wachstum im nächsten Jahr, 2004/05, nachdem die Vollversammlung einen 3,16 Milliarden-Haushalt verabschiedet hat – den größten Zuwachs innerhalb eines Jahrzehnts –, praktisch gleich Null ist, wenn man den UN-Verlautbarungen glaubt. Bei den Vereinten Nationen unterscheidet sich die Behauptung, daß ein Budgetzuwachs einem Nullwachstum gleichkommt, nicht von der jahrelangen Beschwörung des bevorstehenden Bankrotts, während man gleichzeitig alle möglichen überflüssigen und unproduktiven Aktivitäten einer Pfründenwirtschaft unterhält, die wir anhand der Funktionsüberschneidungen in sämtlichen Hauptabteilungen schon beschrieben haben. Der gegenwärtige Budgetzuwachs wurde mit der Notwendigkeit zusätzlicher

Stellen und modernerer Datentechnik begründet. Auch wenn seine Steigerung für die Vereinten Nationen gleich Null ist, handelt es sich natürlich für die meisten seriösen Bilanzierungssysteme um einen erhöhten Etat.

Das fünfzigjährige Verwirrspiel um den UN-Haushalt ist in seinen Grundmotiven nicht so schwer zu erklären. Der Haushaltssumpf kam deshalb zustande, weil die Supermächte der übrigen Welt mittels der Vereinten Nationen vorgegaukelt haben, daß auch sie in der Weltpolitik eine Rolle spielt. Solange die große Masse der halb unabhängigen Randstaaten »Vereinte Nationen« spielte und sich in die Konfrontation der Supermächte während des Kalten Krieges nicht einmischte, bekamen die Parias der Noch-Entwicklungsländer ein Forum für endlose Diskussionen. Dabei durften sie dann das nötige Geld verpulvern, um auf dieser Spielwiese das große Welttheater zu inszenieren.

Daß die Vereinten Nationen ihre Zelte in New York aufschlugen, hatte für die USA natürlich den Nachteil der Nähe zu Washington und des großen Budgetanteils, der auf sie entfiel. Das rief den amerikanischen Kongreß auf den Plan, der sich immer als Anwalt der Steuerzahler darstellen muß. Die Vereinten Nationen waren in dieser Beziehung ein gefundenes Fressen. Sie verjubelten riesige Summen, widersetzten sich aber jeder ernsthaften Kontrolle – die pure Verschwendung, mit der sich der Kongreß zu seinen eigenen politischen Zwecken beschäftigen konnte. Das Ungleichgewicht wurde noch dadurch verschärft, daß alle amerikanischen Zahlungen, wie schon erwähnt, in harter, konvertibler Währung erfolgten, während die Beiträge, die auf die Sowjetunion und ihre Satelliten entfielen, in nichtkonvertierbaren Geldern gezahlt wurden, die man nur in Osteuropa ausgeben konnte. Auch die Dritte Welt bezahlte natürlich im großen und ganzen keine Beiträge, denn diese Staaten waren schließlich arm.

Schon frühzeitig während des Kalten Krieges war also der grundlegende Konflikt bezüglich der UN-Finanzen der zwischen den Vereinten Nationen und dem amerikanischen Kongreß. Und dieser Konflikt kam schnell in einem Gegensatz zwischen den USA und dem Rest der UN-Welt zum Ausdruck. Zur damaligen Zeit schien diese Konfrontation keine Bedeutung zu haben, weil die Vereinten Nationen für die amerikanische Regierung ein Witz waren. Nach dem Zusammenbruch des Kommunismus hat sich das Bild aber grundlegend gewandelt.

Die einzige Supermacht und die anderen aufstrebenden Mächte in der neuen Weltordnung haben nach und nach bedeutsame politische Fragen an die Vereinten Nationen delegiert. Die UNO hat sich deshalb mit Billigung und Zustimmung der USA zu einem sehr einseitigen Forum entwickelt – zu einem Forum, auf dem sich die Welt faktisch in allen praktischen Belangen gegen die Vereinigten Staaten formiert.

Ist diese Verteufelung der USA eine neue UN-Tendenz? Eigentlich nicht. Der amerikanische Kongreß hat die UNO jahrelang für ihre verschwenderische Sorglosigkeit gescholten, während die UNO die Hauptkritikerin Amerikas war.

Was diese neue Bedeutung der UNO für die Stabilität und Kohärenz der künftigen Weltordnung bedeutet, ist eine alles andere als lustige Frage. Die Vereinten Nationen entwickeln sich immer schneller zu einem Kampfplatz, auf dem politische Konflikte nicht in der Hoffnung auf eine Lösung ausgetragen werden, sondern um eine Koalition der Vielen gegen den großen Tyrannen zu schmieden – gegen den reichen Ausbeuter, die neue Imperialmacht, die USA.

Sollte die UNO nach fünfzig Jahren der Bedeutungslosigkeit zu einer Gefahr für die globale Stabilität und für den Weltfrieden werden, dann wird dies das Ende der Vereinten Nationen sein.

ELFTES KAPITEL

Die UN-Kultur der Korruption

Bald nach meiner Berufung zu den Vereinten Nationen im August 1983 fand ich in der Post einen Brief mit der Mitteilung, daß die Firma Trident [Name geändert] damit beauftragt sei, meine Habe von Washington nach New York zu schaffen.

In der amerikanischen Bundesregierung – die sich des Konflikts zwischen Interessen und parlamentarischer Aufsicht sehr wohl bewußt ist – war es stets üblich, daß ein Beamter, der auf Staatskosten umzieht, konkurrierende Angebote von verschiedenen Speditionsfirmen einholen muß. Die Behörde sucht sich dann das günstigste aus. Das wirkt zumindest offensichtlichem Betrug entgegen und soll die Verschwendung von Steuergeldern verhindern. Nicht so bei den Vereinten Nationen.

Die Trident-Leute erschienen in Washington zuerst in meinem Büro im Innenministerium und kamen dann zu mir nach Hause. Das Gesamtgewicht meiner beweglichen Habe wurde grob abgeschätzt. Sie informierten mich auch über die Zusatzkosten für das Ein- und Auspacken des Umzugsguts. Ich wies sie darauf hin, daß diese Kosten nicht anfallen würden, weil ich die Absicht hätte, selbst ein- und auszupacken – die unbekümmerte Nachlässigkeit, mit der manche Möbelpacker das Hab und Gut anderer Leute behandeln, war mir noch im Gedächtnis geblieben.

Nach ihrer Ankunft in New York, drei Tage später, stellten die Trident-Leute die Kartons und das Mobiliar in meinem neuen Haus ab und teilten mir mit, daß für die Überschreitung des veranschlagten Gewichts und für das Auspacken zusätzliche Kosten fällig würden, und zwar sofort. Ich wies sie darauf hin, daß die Vereinten Nationen als ihr Auftraggeber alle sogenannten Zusatzkosten übernehmen müßten und daß ich die Absicht hätte, selbst auszupacken. Die Packer gaben mir zu verstehen, daß sie nicht die Absicht hätten zu gehen, ohne kassiert zu haben. Ich gab ihnen ohne allzu viel Nachdruck zu verstehen, daß sie sich in meinem Haus befänden und daß ich eine zugelassene Schußwaffe besäße. Sie zogen ab.

Ein paar Wochen später, nachdem ich mich in Westchester eingerichtet hatte, ebenso in meinem neuen Büro in Manhattan, tauchte bei mir unangemeldet ein australischer UN-Funktionär auf, um mich davon in Kenntnis zu setzen, daß ich der Firma Trident zwanzigtausend Pfund für Gewichtsüberschreitung und Ein- und Auspacken des Umzugsguts schulde. Ich antwortete, daß ich diese Forderung nicht gerechtfertigt fände; sie müsse aber in jedem Fall von den Vereinten Nationen beglichen werden – schließlich seien alle derartigen Kosten mit meinem Umzug verbunden. »Außerdem«, fügte ich hinzu, »darf ich betonen, daß Ihre verdammte Firma weder ein- noch ausgepackt hat; ich nehme an, daß die Vereinten Nationen dafür auch nichts bezahlen müssen.« Der Aussie verließ mein Büro plötzlich und unerwartet. Ich glaube, es hat ihn umgeworfen.

Am nächsten Tag platzte er erneut unangemeldet und sogar grußlos in mein Büro, hatte noch einen anderen Mann dabei und schnaubte: »Das ist der Direktor von Trident. Er will mit Ihnen sprechen!«

Ich bot diesem illustren Gast einen Platz an und forderte den UN-Funktionär auf, uns allein zu lassen. Das Umzugsfaktotum sagte nein. Er wolle dableiben.

»Sie können dableiben, solange Sie den Mund halten. Wenn Sie das nicht tun, bin ich durchaus dazu imstande und auch dazu berechtigt, Sie rauszuwerfen.«

Da war der angebliche Speditionschef platt. Ich wartete nicht ab, daß einer meiner zwei »Gäste« den Mund aufmachte, und stellte dem Direktor die folgenden Fragen:

- Was für komfortable, krumme Geschäfte mache diese Firma mit den Vereinten Nationen, wenn es in der amerikanischen Regierung, aus der ich komme, üblich sei, verschiedene Kostenvoranschläge einzuholen, bevor man sich für einen Spediteur entscheidet?
- Was seien das für Ganoven, die für ihn arbeiten, wenn Sie nicht wüßten, wie schwer das Umzugsgut ist, auch nachdem sie es bei mir zu Hause abgeschätzt hätten, und wenn sie weder ein- noch ausgepackt hätten und mich dann für beide fiktive Dienstleistungen zur Kasse bitten?

- Ob er sich darüber im klaren sei, daß die Interstate Commerce Commission zwischenstaatlichen Betrugsfällen nachgeht, einer bundesrechtlichen Straftat, mit der ich wohlvertraut sei, da ich mehrmals umgezogen sei und in meiner Regierungslaufbahn in sieben Ministerien und zwei Stäben des Weißen Hauses gearbeitet hätte?
- Ob er sich darüber im klaren sei, daß ich von Trident eine Entschädigung verlangen könne, weil sie meine Sachen zwei Tage zu spät in Washington abgeholt und drei Tage zu spät angeliefert und damit meinen Hotelaufenthalt verlängert hätten?

Der Trident-Chef teilte dem australischen UN-Funktionär mit, daß er uns allein lassen könne. Dann sagte er zu mir: »Mr. Sanjuan, wir – die Firma Trident – haben ein sehr schönes Möbelgeschäft in New Rochelle, ganz in Ihrer Nähe. Hätten Sie nicht Lust, gelegentlich einmal vorbeizuschauen und sich im Wert von bis zu fünfzehnhundert Dollar etwas auszusuchen, was wir Ihnen dann frei Haus anliefern würden – als ein Zeichen unserer Wertschätzung, daß Sie unsere Dienste in Anspruch genommen haben? Sie schulden uns natürlich nichts.«

Ein paar Wochen später sah ich den Australier in der UN-Garage seinen Wagen besteigen, nicht weit von der Stelle, wo mein bescheidenes Gefährt älterer amerikanischer Bauart stand.

Der Australier stieg in einen neuen BMW, und zwar das damals teuerste Modell dieses Herstellers. Das paßte ins Bild. Es lag auf der Hand, daß Trident diesem korrupten UN-Beamten etwas zustecken mußte, um mit den Vereinten Nationen Geschäfte zu machen.

Diese Episode gab mir einen Vorgeschmack auf die moralische Ungezwungenheit, die in der gesamten UN-Organisation herrschte. Es war aber nur ein Anfang.

Was mich anfangs mehr als alles andere überraschte, war die Tatsache, daß zahlreiche unkonventionelle, ja unerlaubte Praktiken mit einer ganz unbekümmerten Offenheit und Selbstverständlichkeit abliefen. Es schien so etwas wie einen »internationalen« Verhaltenskodex zu geben, der bewirkte, daß UN-Funktionäre über den traditionellen Normen standen. Es war, als würde man sagen: »Wir sind keine Ganoven, wir sind eben internationale Beamte« – ein feiner Unterschied, der sich dem Außenstehenden nicht so leicht erschließt.

Wie schon beschrieben, war die Duldung einer umfangreichen sowjetischen Geheimdienstaktivität ein – gelinde gesagt – gewaltiger Interessenkonflikt. Was konnte also in einer solchen politischen Kultur daran hindern, daß der Konflikt durch Personen entstand, die sich für bestimmte Elemente aus der Privatwirtschaft eines Mitgliedsstaats engagierten? Privatwirtschaftliche Interessenkonflikte sind unter UN-Angestellten nach wie vor virulent, sind sie doch – als aufgeblähte Belegschaft von großenteils Überzähligen – nur locker zu solider Haushaltsführung verpflichtet. Seit es die Vereinten Nationen gibt, haben UN-Mitarbeiter während der Dienstzeit ungestraft private Geschäfte getätigt.

Vetternwirtschaft war und ist weithin verbreitet. Die dreistesten und bekanntesten Beispiele sind mit dem Namen Kurt Waldheim verbunden, der seine Nichten als Sekretärinnen einstellte und bald zu Direktorinnen befördert hatte – bis auf die höchste Ebene des internationalen öffentlichen Dienstes. Waldheim hat gewiß einen enormen Konflikt durchgestanden, als er das Amt des Generalsekretärs übernahm. UN-Generalsekretäre sollten eigentlich das Gegenteil von Kriegsverbrechern sein. Das müßte jeder begreifen.

Die amerikanische Regierung war über die Vergangenheit aller Kandidaten, die sie für das Amt des Generalsekretärs vorschlug, bestens informiert gewesen, auch über Waldheim. Sie konnte auch durchaus den Konflikt nachvollziehen, den Joseph E. Connor, ein früherer Vorstandschef des Unternehmensberaters Pricewaterhouse, durchmachen mußte, als er zum Untergeneralsekretär für Verwaltung wurde.

Die Empfehlung eines Amerikaners für dieses sensible Amt wurde von der Clinton-Administration so gerechtfertigt: Das Amt mußte demonstrativ mit einem Amerikaner besetzt werden, damit die USA beanspruchen konnten, auf die sinnvolle Verwendung des umfangreichen amerikanischen Budgetbeitrags zu achten. Natürlich war die Berufung eines Amerikaners ins UN-Sekretariat nicht Sache des amerikanischen Kongresses; sie erfolgte offiziell durch den Generalsekretär, wenn auch faktisch durch den US-Präsidenten. Hätte der Generalsekretär – der damals Boutros-Ghali hieß – nicht zugestimmt, wäre er allerdings vom Präsidenten der einzigen verbliebenen Supermacht schnell dazu veranlaßt worden.

Zu Beginn seiner Amtszeit als Verwaltungs-Untergeneralsekretär hat Mr. Connor – offenbar ohne Gespür für den von ihm personifizierten Interessenkonflikt – zahlreiche zusätzliche Verträge mit Pricewaterhouse genehmigt. Vielleicht war es ja reiner Zufall, daß die Firma auch wiederholt neuen mittelamerikanischen UN-Mitgliedsstaaten empfohlen wurde, die bei den ökonomischen Hilfsorganisationen der Vereinten Nationen eine Soforthilfe beantragten. Um beim UN-Entwicklungsprogramm Wirtschaftshilfe beanspruchen zu können, mußten diese Länder moderne Fünf- und Zehnjahrespläne, Einkommensprognosen und Haushaltsplanungen vorlegen. Die Berater von Pricewaterhouse waren gern bereit, die entsprechenden Studien zu stattlichen Honoraren durchzuführen.

Vor der Einsetzung von Mr. Connor durch die Clinton-Administration hatte die erste Bush-Regierung im Jahre 1990 den früheren Justizminister Richard Thornburgh gebeten, sich unter dem neu berufenen Boutros-Ghali als Verwaltungs-Untergeneralsekretär zur Verfügung zu stellen. Thornburgh und ich hatten vor meinen Ausscheiden aus dem UN-Sekretariat einige interessante Gespräche, bei denen ich versuchte, ihn auf die laxe UN-Moral und auf den verbliebenen sowjetischen Geheimdienstapparat vorzubereiten.

Innerhalb von zwei Jahren führte Thornburgh eine sehr gründliche Untersuchung durch und legte einen kritischen, um nicht zu sagen vernichtenden Bericht vor. Natürlich war es ein interner Bericht. Nach vertraulichen Gesprächen nahm Thornburgh seinen Hut, um sich in Washington einer erquicklicheren Anwaltstätigkeit zu widmen. Ihm folgte Melissa Welles, eine Amerikanerin mit Erfahrungen im höheren diplomatischen Dienst.

Ein gemeinsamer Freund empfahl Mrs. Welles, mit mir zu sprechen, und wir haben uns mehrmals getroffen, wobei ich versuchte, für sie dasselbe zu tun wie für Thornburgh. Schon bald – nach einer Affäre mit einer kanadischen Flugzeugfirma, deren unverschämte Vertragskonditionen ohne Ausschreibung akzeptiert worden waren – teilte sie mir mit, daß sie entsetzt sei über das Ausmaß an Korruption in allen externen Geschäftsabschlüssen, die mit dem UN-Sekretariat abgewickelt werden. Auch Melissa Welles wurde vorzeitig weggelobt, weil sie offene Ausschreibungen einführen wollte und sich mit den korrupten Verhältnissen im UN-System nicht arrangierte.

Der Reise-Etat der Vereinten Nationen ist bei ihren weltweit verstreuten Büros und Programmaktivitäten riesig – er liegt in der Größenordnung von einer Milliarde Dollar pro Jahr. Der entsprechende Vertrag ist deshalb sehr lukrativ und der damit verbundene Wettbewerb zwischen den privaten Reiseagenturen entsprechend hart – sollte man zumindest annehmen.

Im Jahre 1986, kurz nach dem Sieg von Al D'Amato bei den New Yorker Senatswahlen, legte ein Geschäftsfreund von ihm, der Chef der Fugazy Travel Agency, ein Angebot für den Vertrag zur Abwicklung sämtlicher UN-Dienstreisen vor. Da es bei den Vereinten Nationen üblich war, ein solches Angebot mit einer größeren Geldsumme zu verbinden, erklärte sich Fugazy dazu bereit, dem UN-Sekretariat 850.000 Dollar zu zahlen. Ein anderes Unternehmen, Dawn Travel, bot 250.000 Dollar und noch ein weiteres 500.000 Dollar.

Nach Gesprächen mit allen drei Anbietern vergab das UN-Sekretariat den Vertrag an Dawn Travel. Dies ungeachtet der Tatsache, daß dieses Unternehmen die geringste Erfahrung mitbrachte und sein Angebot nicht nur mit dem niedrigsten finanziellen Anreiz, sondern auch mit einer Reihe von eigentümlichen Konditionen verbunden hatte. Eine davon war, daß normale Buchungen für UN-Beamte drei Monate im voraus bezahlt werden mußten, die Tickets aber erst am Tag vor der Abreise ausgehändigt wurden. Das sicherte Dawn einen gewaltigen Umlauffonds, der zu den normalerweise hohen Zinsen für kurzfristige Darlehen kurzfristig angelegt werden konnte. Damit erhebt sich die Frage nach möglichen Schmiergeldern für UN-Funktionäre, die von diesem Arrangement profitierten.

Fugazy war natürlich der Meinung, daß dies nicht mit rechten Dingen zugegangen sein konnte. Er wandte sich an Senator D'Amato. Der rief den Untergeneralsekretär für Verwaltung an und erhielt die Auskunft, es sei den Vereinten Nationen schnurzegal, was sein Mandant glauben würde oder nicht. Sie seien einem amerikanischen Senator keine Rechenschaft schuldig, und der Senator könne sie mal.

Daß Senator D'Amato zur damaligen Zeit einen Senatsausschuß leitete, war für den Umgang mit seiner Anfrage ohne Belang.

Eine der vielleicht eigentümlichsten Abweichungen von der allgemein akzeptierten Verwaltungspraxis ist der Brauch, daß UN-Beamte, die mit Personalangelegenheiten befaßt sind, von weiblichen Angestellten – und zwar nicht nur von Sekretärinnen – sexuelles Entgegenkommen verlangen. Nach dem üblichen Ablauf trifft dabei ein heterosexueller Verwaltungsangestellter, dem es um die Befriedigung seiner Bedürfnisse geht, mit einer halbwegs attraktiven Dame zusammen, die zur Beförderung ansteht. Wer Anrecht auf Beförderung hat, kann bei den Vereinten Nationen sehr rasch aufsteigen (die als Bürokräfte eingestellten Waldheim-Nichten wurden schnell zu Direktorinnen) oder aber nach einem quälend langwierigen und nie ausdrücklich gerechtfertigten Prozedere mit wiederholter Vertragsverlängerung im Falle von UN-Mitarbeitern im höheren Dienst, denen ein schlagendes politisches Argument fehlt. Sekretärinnen werden für ein Jahr auf Probe eingestellt und dann mit einer Festanstellung belohnt. Beförderungen sind aber beim Verwaltungspersonal ein ganz besonderes Ereignis, das manche nicht mehr zu ihren Lebzeiten erleben.

Meine erste Begegnung mit der allgemein akzeptierten Praxis sexueller Ausbeutung hatte ich nach sechs Monaten. Eine attraktive, relativ junge Dame aus dem höheren Dienst, Stufe drei, wurde in meiner Abteilung von ihrem Chef – einem hohen Exfunktionär aus dem Warschauer Parteiapparat, der offiziell als mein oberster Politikexperte fungierte, was ich allerdings zu verhindern wußte – zur Beförderung vorgeschlagen.

Die Empfehlung des Polen wurde von mir in diesem Falle befürwortet. Ein paar Wochen später kam die Frau zu mir und beschwerte sich darüber, daß ihr ein Assistenzdirektor aus dem Generalsekretariat, der offenbar für solche Beförderungen zuständig war, zur schnelleren Bearbeitung ein oder zwei Verabredungen vorgeschlagen habe.

Ich bestellte den Betreffenden in mein Büro und konfrontierte ihn mit der Anschuldigung. Statt sie abzustreiten, teilte mir er mir mit, daß der von ihm vorgebrachte Antrag zur gemeinsamen Bearbeitung des Beförderungsantrags nichts Ungewöhnliches sei.

Ich setzte den persönlichen Assistenten des Generalsekretärs, den schon erwähnten Herrn Olivares, von dieser seltsamen Komödie in Kenntnis. Er teilte mir mit, der Assistenzdirektor sei ein Getriebener seines Testosterons, was ein ganz normaler heterosexueller Zustand sei. Das Ganze sei jedenfalls nicht weiter ungewöhnlich.

Sexuelle Belästigung gab es im UN-Sekretariat offiziell nicht, weil sie gar nicht als eine Abweichung von der akzeptierten Normalität galt.

Nur die empörendsten Übergriffe sorgten gelegentlich für Aufregung und führten schließlich zu ein oder zwei Skandalen. Anfang der neunziger Jahre hat der damalige Untergeneralsekretär für Verwaltung und Management, ein Argentinier namens Luís María Gomez, seine Koordinatorin für den juristischen Beirat [*sic*] physisch so massiv zur Erfüllung seiner dienstlichen Wünsche genötigt, daß Catherine Claxton – mehrfach mißbraucht, belästigt und physisch verletzt – außerhalb der Vereinten Nationen einen Rechtsbeistand suchte. Die angedrohte Klage wäre aufgrund der von ihrem Peiniger genossenen und zugleich mißbrauchten Immunität von jedem amerikanischen Gericht abgewiesen worden. Doch die öffentliche Empörung erreichte in New York ein solches Ausmaß, daß Mrs. Claxton von einer internen Disziplinarkommission als Mißbrauchsopfer anerkannt wurde und eine umfangreiche Entschädigung erhielt. Gomez, der weiter seinen selbstherrlichen Stammesbräuchen nachging, verließ schließlich die Vereinten Nationen und kehrte in die Pampa zurück.

Interessanterweise wurde der Fall Gomez – die Rehabilitierung von Mrs. Claxton und die schließliche Demission ihres Belästigers – von den meisten UN-Leuten, mit denen ich damals sprach, nicht wegen des betreffenden Verhaltens als unerhört angesehen, sondern wegen des ungewöhnlichen Ausgangs einer Affäre, die eigentlich nicht der Rede wert war.

Solche Dinge werden bei den Vereinten Nationen eindeutig nicht so ernst genommen wie in Europa, Kanada oder den USA, weil die UNO eine »internationale Bühne« ist. Die Rechte von Frauen werden deshalb mit jener gutmütigen Geringschätzung behandelt, die aus der Organisation einen Tummelplatz für Angehörige paternalistischer Gesellschaften macht, Leute von außerhalb jener Sphäre, die man »die westliche Zivilisation« nennt – was normalerweise sowohl Argentinien als auch die Niederlande umfaßt.

Es dürfte deshalb schwer zu verstehen sein, warum sich ein früherer holländischer Premierminister, der noch mit 65 Jahren an Testosteronüberschuß litt, keinen Tadel von Kofi Annan einfing, nachdem ihn das für gewöhnlich recht zahme Amt für interne Aufsichtsdienste eines Fehlverhaltens bezichtigt hatte. Ruud Lubbers soll als Hoher Kommissar für Flüchtlinge (die übrigens mehrheitlich Frauen sind) eine 51jährige Mitarbeiterin, die ihn schließlich der sexuellen Belästigung zieh, wiederholt in den Hintern gezwickt haben. Das Verdikt wurde von Kofi Annan als unhaltbar revidiert. Lubbers sah in seinen Aktivitäten eine »freundliche Geste«, die zwar in den Niederlanden nicht akzeptiert wird, aber bei den Vereinten Nationen auf Toleranz und Verständnis stößt.

Die Korruption fing bei den Vereinten Nationen ganz oben an und setzte sich nach dem Tod von Dag Hammarskjöld unter allen Generalsekretären auf höchster Ebene fort. Der burmesische Generalsekretär U Thant betrieb eine massive Günstlingswirtschaft, indem er in seine Verwaltung einen ständigen Zustrom von südasiatischem Überschußpersonal einschleuste. Neue Ämter und Abteilungen mußten geschaffen werden, um diese müßige Gefolgschaft unterzubringen, nachdem sie das Generalsekretariat über alle Maßen aufgebläht hatte.

U Thants Nachfolger Kurt Waldheim holte, wie wir schon sahen, Neffen und Nichten ins Sekretariat, die keine fachliche Qualifikation mitbrachten, um sie ganz nach oben in den höheren Dienst zu katapultieren. Dieser »Skandal« wurde bei den Vereinten Nationen als eine bloße Marotte betrachtet. Es gab eine Reihe von relativ geistreichen österreichischen Witzen, die über die Waldheimschen Eigenarten kursierten. Die bekannteste dieser Anekdoten besagte, daß Waldheim nicht deshalb zur Hitlerjugend ging, weil er Nazi war, sondern weil er gern auf dem hohen Roß saß, wozu er in den HJ-Reitschulen Gelegenheit hatte. Nicht der Reiter war also Nationalsozialist, sondern das Roß.

Pérez de Cuellar rühmte sich, er habe mit der – von ihm durchaus eingestandenen – UN-Korruption nichts zu tun. »Yo no soy de esta casa« (»Ich komme nicht aus diesem Hause«), pflegte er zu sagen. Er gab damit zu verstehen, daß ihn die Korruption in der von ihm geleiteten Institution nichts anging. Tatsächlich waren sämtliche Verwaltungsfragen unterhalb seines Gesichtskreises angesiedelt. Er war eben ein Diplomat und ein internationaler »Denker«. Das blieb auch seine ehrliche Überzeugung, obwohl es ihm in seinen zwei fünfjährigen Amtszeiten niemals gelang, auch nur eine erinnernswerte Idee oder Initiative auf dem Gebiet der internationalen Beziehungen zu konzipieren. Bei einer Gelegenheit habe ich ihn mit gespielter Verzweiflung darauf hingewiesen, daß er eigentlich Miete bezahlen müßte, wenn er in einer Organisation, mit der er nach eigenem Bekunden überhaupt nichts zu tun hat, ein so großes Büro belegt. Die inszenierte Abgehobenheit hat ihn allerdings nicht daran gehindert, seine peruanischen Spezis in einflußreichen Spitzenpositionen unterzubringen. Einer von ihnen hatte sich für seine UN-Führungsposition durch eine frühere Tätigkeit bei Bloomingdale's qualifiziert.

Boutros-Ghali hielt die ehrwürdige Tradition der Vetternwirtschaft am Leben. Er protegierte seinen Schwager, einen gewissen Emmanuel Nadler, der in New York, 110 East 57th Street, eine Tarnfirma unter der (schier unfaßbaren) Bezeichnung »Euroswiss Syndicators« aufmachte. Tatsächlich war er damit beschäftigt, eine große Zahl von UN-Verträgen mit der amerikanischen Privatwirtschaft einzufädeln. Dafür bezog er dann ein verdientes Honorar, war er doch als der Schwager des großen Mannes durch seinen guten Draht zu allen UN-Beschaffungsämtern sein Geld wirklich wert.

Ein Jahr nach meinem Ausscheiden aus dem Sekretariat empfing ich in meinem neuen Büro, ein paar Häuserblöcke von den Vereinten Nationen entfernt, den Besuch eines Spitzenbeamten aus der Hauptabteilung Abrüstung. Es war ein früherer sowjetischer (militärischer) Geheimdienstoffizier, der sich nach dem Zusammenbruch der Sowjetunion als verwaister UN-Beamter durchschlug. Er pries meine »großartige Arbeit«, die darin bestand, das neue Rußland stärker mit seiner neuen Freundin Amerika zu verkuppeln. Dann fügte er hinzu, ihm sei ja bekannt, daß ich Kontakte zu wichtigen amerikanischen Banken und Geschäftsinteressen hätte – was leider übertrieben war. Schließlich kam er zur Sache.

Ein Moskauer Kollege mit Freunden in Kiew, der Hauptstadt der Ukraine, könne große Mengen von russischen Schrotflinten beschaffen – bekanntermaßen die besten der Welt. Die Russen gehen gern auf die Jagd und haben eine ausgezeichnete Handfeuerwaffenindustrie, wie man an der weltweiten Verbreitung von AK-47-Gewehren sieht. Ob ich ihm nicht helfen könne, in den USA dafür einen Markt aufzutun?

Ich leitete ein gemeinnütziges, steuerbefreites Institut, gegründet mit Unterstützung der Vereinten Nationen durch einen Vollversammlungsbeschluß (von 1989, Nr. 46-15), der auf Antrag sowohl der Sowjetunion als auch der USA erfolgte. Die Aufgabe des Instituts war bei den Vereinten Nationen bekannt, nämlich das Verständnis zwischen den USA und den früheren Ostblockländern im Rahmen der Entwicklung von Handels- und Investitionsbeziehungen zu fördern, und zwar durch die Gründung von (russischen und osteuropäischen) Notenbanken, Wertpapierbörsen, Entwicklungsbanken, Handelskammern und dergleichen – nicht durch den Verkauf von Schrotflinten.

Ich teilte meinem russischen Besucher aus der UN-Hauptabteilung Abrüstung mit, daß ich die Verbreitung von Waffen jeglichen Kalibers mißbilligen würde, daß ich keinerlei Kontakte zum Schrotflintengeschäft hätte und daß ich darüber entsetzt sei, daß jemand als Abrüstungsexperte mit Gewehren handelt, obwohl er schon ein ausgezeichnetes Gehalt bezieht.

Unverdrossen kam derselbe UN-Vertreter nach einem Monat schon wieder in mein Büro.

»Diesmal habe ich eine große Sache«, sagte er, »genau das Richtige für jemanden in ihrer Position.«

Mich schauderte bei dem Gedanken, was er als nächstes sagen würde.

»Ich habe Beryllium – Sie wissen ja, dieses Metall, das man für Atombomben braucht –, und zwar vierzigtausend Tonnen, eingelagert in Kasachstan in Güterwaggons. Das soll verkauft werden. Sie müßten jemanden kennen, der daran Interesse hat, das zu vermitteln; es ist ja eigentlich nicht frei verkäuflich.«

Diesmal sparte ich mir die Predigt und teilte ihm mit, ich wolle »mal sehen, was ich tun kann«. Sobald er mit zufriedener Miene aus meinem Büro verschwand, rief ich einen FBI-Agenten an, den ich immer noch unter dem Decknamen Mason kontaktierte. Ich erzählte ihm von der Beryllium-Geschichte. Das Schrotflintengeschäft war mir zu trivial vorgekommen.

Mason teilte mir mit, daß für den Verkauf von geregelten Stoffen Sonderermittler aus dem Handelsministerium zuständig seien. Er wolle meine Nachricht mit einem Dringlichkeitsvermerk an seinen dortigen Kollegen weiterleiten.

Ein paar Tage später rief mich ein Sonderermittler aus dem Handelsministerium an. Ich erzählte ihm die ganze Geschichte noch einmal.

»Das Handelsministerium kauft kein Beryllium mehr an. Ich weiß also nicht, was ich für Sie tun kann.«

»Sie haben mich nicht verstanden! Es geht um einen UN-Funktionär, der versucht, an die Vereinigten Staaten illegales Material zum Bau von Atomwaffen zu verkaufen. Ich will nicht, daß irgend jemand das kauft, auch nicht das Handelsministerium. Es geht mir darum, daß es illegal ist. Verstehen Sie?«

»Aber wir untersuchen keine UN-Aktivitäten«, sagte treffliche Handelsdetektiv. »Das macht das FBI.«

Das ist nur eine von vielen Anekdoten, die ich erzählen könnte. Sie machen schlagend deutlich, daß das UN-Sekretariat ein bequemer Unterschlupf für eine ausgedehnte Selbstbedienungsmafia ist, die sich dem Gesetz entzogen hat und weiterhin entzieht – und zwar jedem Gesetz.

Der sowjetische Untergeneralsekretär Wassili Safrontschuk, der indiskrete und eingebildete Ex-Hauptmann der Roten Armee, entwikkelte bald enge freundschaftliche Beziehungen zur Brooklyner Russenmafia, von deren Mitgliedern einige in seinem Büro eine Operationsbasis fanden. Der Chef dieser Gruppe wurde von der Konkurrenz vor seiner New Yorker Wohnung erschossen, als er an der Sprechanlage stand und mit seiner Frau sprach. Auf unerklärliche Weise gelangten nun erpresserische Elemente aus der Russenmafia an detaillierte Informationen über die Adressen und Lebensgewohnheiten anderer Russen, die bei den Vereinten Nationen waren, und sie machten sich mit primitiven, aber wirksamen Drohungen an Sie heran. »Du zahlst uns jeden Monat dreihundert Dollar, oder wir legen jemanden aus deiner Familie um«, hieß es zum Beispiel. Manche dieser unglücklichen Opfer kamen hilfesuchend in mein Büro, das sich jetzt nicht mehr bei den Vereinten Nationen befand, aber nur zwei Häuserblöcke davon entfernt. Glücklicherweise konnte ich durch meine FBI-Kontakte bewirken, dass Fangschaltungen gelegt wurden, was die russischen UN-Opfer von Safrontschuks Mafiakumpanen bereitwillig akzeptierten. Die Erpressungsversuche hörten auf.

Ein ungemein patriarchalisch aussehender Sudanese aus Safrontschuks Führungskader ging in New York immer wieder illegalen Importgeschäften nach, die mit dem organisierten Verbrechen zusammenhingen. Er bediente sich dabei seiner Landsleute aus der sudanesischen UN-Vertretung, die nicht nur diplomatische Immunität genossen, sondern auch einen internen Drogenhandelsring aufzogen. Dieser sudanesische Patriarch, der mit seinem Bart wie der persische Großkönig Xerxes aussah, nahm ein unglückliches Ende, als er nach einer Operation in einem New Yorker Krankenhaus lag. Er wurde von der Feuerleiter geschubst.

Finden sich solche Beispiele illegaler Aktivitäten, veranlaßt durch einen Überfluß an Gelegenheiten, nur im Sündenbabel New York? Durchaus nicht. Die UN-Korruption ist ein weltweites System.

Ryoichi Sasakawa, in Japan wie auch international als einer der Großverbrecher der Yakuza bekannt, empfing von einem seiner Leute, dem Leiter einer bei den Vereinten Nationen akkreditierten Nichtregierungsorganisation, einen Tip, wie er sein Ansehen aufwerten könne. Er solle ein paar Millionen für die Weltgesundheitsorganisation spenden. Der Gangster Sasakawa könne dann zu einer Lichtgestalt werden.

Sasakawas Verbindung zu den Vereinten Nationen war zunächst durch Bradford Morse hergestellt worden, den früheren amerikanischen Kongreßabgeordneten und langjährigen Leiter des UN-Entwicklungsprogramms.

Diese Bühne (die einem viel geschniegelteren Paten wie John Gotti verschlossen blieb) hatte Sasakawa erreicht, als er sich der reinen Selbsterhöhung zu widmen begann. Natürlich ging er immer noch allem nach, was einen Profit abwarf, indem er zum Beispiel mit eiserner Hand die japanischen Vertriebswege kontrollierte – unter anderem für illegale Drogen (von der Weltgesundheitsorganisation öffentlich verdammt) – und die japanischen Verbraucher mit Wucherpreisen strangulierte, während er sich im Kreise von Kindern als »gütiger Greis« ablichten ließ. Im Frühstadium seiner Verklärung wurde bei den Vereinten Nationen ein rührendes Porzellanfigürchen verteilt. Es ist eine kleine Statue von Sasakawa, der seine Mutter auf dem Rücken den Fudschiijama hochträgt. Es gibt auch eine Büste von ihm, die seinen großen Beitrag für die humanitären Belange würdigt.

Das sind aber alles nur neckische Spielchen im Vergleich zu dem ausgedehnten Korruptionssystem, das das UN-Sekretariat mitsamt den UN-Organisationen in anderen Ländern unterhält. Nehmen wir den Bericht von Conrad B. Stergas, einem amerikanischen Flugsicherheitsinspektor, der jahrelang für bedeutende amerikanische Fluggesellschaften gearbeitet hat. Das Amt für Flugsicherheit und Flugbetriebsvorschriften der Vereinten Nationen heuerte ihn 1994 als Berater an. Es wurde aber geschlossen, kurz nachdem Stergas angefangen hatte, auf die unhaltbaren Zustände in Afrika aufmerksam zu machen.

Stergas kam zur mir auf Empfehlung von Ermittlern aus Expertenkommissionen, die sich in Washington mit den Vereinten Nationen befaßten. Ich brachte ihn meinerseits mit Robert Erlanger in Verbindung, einem New Yorker Anwalt, der als Vertreter von Opferinteressen gegen Fälle von internationaler Korruption bekannt war. Stergas legte einen detaillierten Bericht über die Vereinten Nationen in Ostafrika vor.

Im März 1994 habe er bei dem neu eingerichteten UN-Flugsicherheitsamt angefangen. Mit seiner Beratungstätigkeit für die Weltorganisation habe er große Erwartungen verbunden.

Seine Tätigkeit bestand darin, für die Charterflotte der UN-Friedensmission in Somalia (UNOSOM) die Einhaltung der Vorschriften und den Einsatz der Maschinen zu überwachen. Die Betriebskosten für dieses Geschwader lagen bei jährlich rund hundert Millionen Dollar. Stergas war der erste, den die Vereinten Nationen auf Vollzeitbasis als Kontrolleur und Berater für den Luftverkehr zu ihrer Ostafrika-Mission entsandten, die sich auf Dschibuti, Somalia und Kenia erstreckte.

Bei den Instruktionen, die Stergas in New York vor seiner Abreise erhielt, teilte ihm das UN-Flugsicherheitsamt mit, er müsse sich auf gewisse Widerstände gefaßt machen. Aufgrund seiner dreißigjährigen Erfahrung im Luftverkehr entnahm er daraus, daß es Streit über die Vorschriften geben könne. Offenbar konnte ihn niemand auf das vorbereiten, was ihn erwartete.

Als er frühmorgens um drei Uhr im UNOSOM-Hauptquartier in Nairobi eintraf, wurde Stergas sang- und klanglos in ein 20-Dollar-pro-Nacht-Zimmer abgeschoben, das die Vereinten Nationen in einem unsicheren Stadtteil für ihn reserviert hatten. Obwohl es in Nairobi fünfundzwanzig Hotels mit UN-Empfehlung gab, verfrachteten sie ihn in eine Absteige, die in keiner Weise ihren eigenen Sicherheitskriterien entsprach. Kaum stand er an der Rezeption, da kamen wie auf Kommando vier Männer mit Pistolen und einem MG in die Hotelhalle gestürmt. »Leg ihn um, leg ihn um!«, schrien sie sich gegenseitig zu. Sie nahmen ihm fast alles ab, auch den amerikanischen Paß. Er meldete den Raubüberfall sofort an die New Yorker UN-Zentrale.

Ein paar Tage später, als es Stergas halbwegs gelungen war, Ersatz für seinen persönlichen Besitz zu beschaffen, kam ein hoher UN-Beamter auf ihn zu. »Sie haben zu viele Stifte bei sich«, sagte er. »Warten Sie mal ab, bis Sie in Mogadischu sind, dann haben Sie zwei Löcher im Kopf.« Er wollte ihm offenbar zu verstehen geben, daß man ihn wegen seiner Betriebsaufsichtsberichte abschießen werde.

Er übermittelte auch diesen Vorfall nach New York und ersuchte dringend »um Instruktionen, wie es weitergehen soll«. Siebenundzwanzig Tage lang wurde von der UN-Zentrale keine seiner zwölf Anfragen beantwortet. Schließlich holten Sie ihn zurück nach New York. Ein paar Tage nach seiner Rückkehr legte Stergas einen Bericht über die ostafrikanischen Zustände vor. Drei Tage später kündigten die Vereinten Nationen seinen Anstellungsvertrag unter dem Vorwand des »Wegfalls der Geschäftsgrundlage«.

Seine persönliche Erfahrung war aufschlußreich, weil er bei seinem Aufenthalt in Nairobi feststellen konnte, wie die ostafrikanischen Friedenssicherungseinsätze durchgeführt wurden.

Stergas war den Vereinten Nationen von einem Kollegen empfohlen worden, der über Kontakte zu leitenden Personen im ostafrikanischen Luftverkehrswesen verfügte. Er hat viele von ihnen getroffen. Sie mußten um ihr Leben fürchten, und zwar nicht nur aufgrund von

Drohungen durch skrupellose Agenten, Vermittler und Behördenvertreter, sondern auch deshalb, weil ebenso skrupellose UN-Funktionäre an den Einsatzorten und im UN-Hauptquartier mit ihnen unter einer Decke steckten.

»Meine Informationsquellen aus dem afrikanischen Luftverkehrswesen haben von gefährlichen Sicherheitsmängeln berichtet«, sagte Stergas. »Zum Beispiel, daß die Vereinten Nationen mit Anbietern von nicht vorschriftsmäßigem Gerät zusammenarbeiten und daß sie ihre eigenen Ausschreibungen, die die Beschaffung von sicheren Maschinen zu vernünftigen Preisen gewährleisten sollen, umgehen.« Diese zwielichtigen Praktiken setzten das Leben aller ostafrikanischen UN-Passagiere aufs Spiel. Darüber hinaus gab es bei den Vereinten Nationen weder ein eigenes Flugsicherheitsprogramm noch irgendwelche Sicherheitsvorschriften. Man verfuhr nach der Maxime: »Wenn sie runterfällt, nehmen wir die nächste.« Nach Stergas' Berichten ging es einfach darum, »hohe Tonnagen zu transportieren und auf die Hilfsgeber Eindruck zu machen«. Abstürze nahm man in Kauf. Korruption spielte zwar eine wichtige Rolle, doch hieß es in den Berichten: »Inkompetenz, Nachlässigkeit und Arroganz wirken sich auf die Tätigkeit der Vereinten Nationen in ebenso hohem, wenn nicht in noch höherem Maße negativ aus.«

Eine große Zahl von windigen ausländischen Flugzeugvermittlern – Flugzeuge gehören zu den Hauptposten im UN-Etat – besorgte sich durch korrupte UN-Funktionäre, die über lokale Verbindungen verfügten, kenianische Konzessionen. Diese »offiziellen« Vermittler konnten nun über ganze Ketten von weiteren zwielichtigen »Vermittlern« altersschwache Maschinen beschaffen, um sie für die ostafrikanischen UN-Einsätze zu vermieten. »Ein amerikanischer Schrottkistenvertreiber vermietet zum Beispiel eine Maschine an einen Agenten in Simbabwe, der vermietet sie wiederum an einen ›konzessionierten Vermittler‹ in Nairobi, und der vermietet sie an die Vereinten Nationen. Ein fast abgetakeltes Wrack im Wert von ursprünglich 40.000 Dollar landet dann in Nairobi, wo es zum Preis einer voll ausgerüsteten Maschine im Wert von ein paar Millionen an die Vereinten Nationen vermietet wird. Alle machen dabei ihr Geschäft, besonders der UN-Beschaffer am Ende der Kette«, berichtete Stergas.

Die Korruption machte nicht beim Handel mit fluguntauglichen Maschinen halt. Die Informanten in Nairobi berichteten Stergas von eklatanten Schiebungen wie der Bekanntgabe von Ausschreibungen für Mietverträge um 16.00 Uhr mit einer Ausschreibungsfrist bis 16.05 Uhr, um vorherige Absprachen zu realisieren. Bei einem 10-Millionen-Dollar-Schwindel wurden eingereichte Unterlagen zugunsten einer anderen Firma vertauscht. Die Informanten konnten nicht begreifen, warum der beteiligte UN-Mann immer noch bei den Vereinten Nationen arbeitete, auch nachdem seine Mittäterschaft erwiesen war. Sie teilten Stergas mit, sie könnten »eine ganze Truppe von Zeugen zusammenstellen, die die UN-Korruption satt haben«.

»Ich wurde mit Leuten in leitenden Positionen bekanntgemacht, die über die UN-Korruption Beweismaterial sammelten und die wußten, daß es seriöse Leute in hohen UN-Positionen gibt, die über solche Ereignisse Buch führen, weil sie die Hoffnung haben, daß es irgendwann über die Zustände in Ostafrika eine Untersuchung gibt. Mir wurde zum Beispiel von der Praxis berichtet, fingierte UN-Büros einzurichten, oder von betrügerischen Personalmanipulationen und überhöhten Nachschubbestellungen, so daß viele UN-Vorräte in Ostafrika mehr als vier Jahre alt sind.« Darüber hinaus wurden große Mengen wertloser Medikamente mit abgelaufenem Verfallsdatum gekauft und kontinuierlich eingelagert – eine allgemeine Gesundheitsgefährdung. UN-Fahrzeuge wurden für die Familienmitglieder von lokalen UN-Funktionären beschafft. Besonders einträglich war die Ausstellung falscher Kerosinrechnungen, die nur unter ständiger Mitwirkung von UN-Beamten möglich war, ebenso wie die Erfindung von fingierten Nichtregierungsorganisationen für den Empfang von Lieferungen, die unter ihrem Namen geordert wurden.

»Mir wurde mitgeteilt, daß sich UN-Beamte in Mogadischu aller möglichen Tricks bedienen, um überhöhte Einkäufe zu tätigen.« Lieferungen von Mombasa nach Mogadischu wurden zum Dreifachen des normalen Tarifs transportiert. UN-Beschaffer wurden von »Paten« beschützt. Stergas' Informanten vermuteten, daß bei den UN-Einsätzen in den vier voraufgegangenen Jahren Gelder in einer Größenordnung von 500 Millionen Dollar an ostafrikanische Ganoven verlorengingen.

Einiges von dem, was Stergas aufdeckte, wurde auch vom UN-Generalinspekteur Karl Paschke bestätigt, dem früheren Leiter das Amts für interne Aufsichtsdienste. In seinem Ostafrikabericht fand er die Verwaltung in Nairobi so schlimm, daß es »unverantwortlich wäre«, sie weitermachen zu lassen. Ein UN-Sprecher, Fred Eckhard, sagte dazu, daß der Generalsekretär »mit den Ergebnissen übereinstimmt«. Es wurde aber nichts unternommen, und das Mißmanagement ging unbehelligt weiter.

Später brachte das Amt für interne Aufsichtsdienste (OIOS) noch eine weitere korrupte und sehr lukrative Praxis von Flugzeuganbietern ans Licht. Ein Vertragsunternehmen hatte mehrere Angebote unter dem Namen verschiedener Firmen eingereicht, die aber alle vom selben Anbieter stammten. Die Vereinten Nationen entschieden sich dann für das günstigste Angebot, das in Wirklichkeit überhöht war. »Das wird von den Vereinten Nationen vertuscht«, hieß es aus einer Quelle im New Yorker Sekretariat. »Diese OIOS-Berichte werden doch allesamt nicht veröffentlicht. Die Vereinten Nationen lassen diesen Zulieferer weiter seine Korruptionsgeschäfte betreiben.« Aufgrund von 1993 angestellten Untersuchungen sollte dieser Anbieter bei künftigen Ausschreibungen nicht mehr berücksichtigt werden. Es geschah aber nichts.

Robert Albracht, ein Luftfahrtexperte, der 1993 zur Überwachung des UN-Flugbetriebs in Ostafrika eingestellt wurde, erklärte gegenüber Stergas: »Das war offene Korruption. Obwohl ein bestimmter Anbieter von UN-Verträgen ausgeschlossen war, sah ich ihn immer noch im Hintergrund, wie er im Namen einer anderen Firma Angestellte bezahlte und ansonsten sehr stark präsent war und mitmischte.«

»Diese Praktiken können bei keiner beanspruchten UN-Reform weiter geduldet werden«, stellte Stergas dazu fest. »Das Korruptionssystem bei den Vereinten Nationen muß offengelegt und gestoppt werden, und zwar aus ganz offensichtlichen Gründen.« Die Korruption nahm überhand, als Boutros-Ghali Generalsekretär war.

»Es ist jetzt Sache von Kofi Annan, den Saustall auszumisten«, erklärte Stergas in seinem sehr freimütigen Bericht. Generalsekretär Kofi Annan hat daraufhin angekündigt, im UN-Betrieb 200 Millionen Dollar »einsparen« zu wollen – nicht etwa, um sie den Geberländern zurückzuerstatten, sondern um sie für Hilfsmaßnahmen wie in Ostafrika zu verwenden. Die Vereinten Nationen sparten in New York Gelder ein, um kriminelle Elemente in Übersee zu finanzieren.

Ein Bericht über all diese kriminellen Aktivitäten wurde von Conrad Stergas 1996 verfaßt und im selben Jahr dem UN-Sekretariat vorgelegt. Bis heute ist nichts unternommen worden. Die Vereinten Nationen unterstehen nicht der amerikanischen Gerichtsbarkeit. Nach der Vorlage dieses Berichts wurde Stergas trotz gültigen Vertrags mit sofortiger Wirkung entlassen. Für seine Verluste in Ostafrika erhielt er keine Entschädigung.

Wenn die gesamte Ostafrika-Mission so durch und durch kompromittierend ist, wenn die UN-Informationszentren als staatliche Propagandazentralen fungieren, wenn UN-Organisationen wie die UNESCO entgegen den Grundregeln der Neutralität, die für alle UN-Aktivitäten verpflichtend sein sollen, von antiisraelischen und antiamerikanischen Elementen übernommen werden, wenn das New Yorker UN-Sekretariat von Elementen aus dem organisierten Verbrechen infiltriert wurde – was kann man dann von UN-Aktivitäten in anderen Teilen der Welt noch erwarten?

ZWÖLFTES KAPITEL

Zwielichtige Gestalten

Da das UN-Sekretariat seiner Natur nach ein bunt zusammengewürfelter Betrieb ist, sollte es nicht überraschen, daß seine Führungsriege aus Leuten besteht, über deren Vergangenheit ein Schleier der Diskretion liegt. Ein Spießbürger könnte sich deshalb dazu veranlaßt sehen, ungünstige Vergleiche zwischen der Dienstauffassung eines seiner heimischen Beamten und der Selbstbedienungsmentalität ausländischer Amtsbonzen anzustellen, die sich die Vorteile der obersten - Sekretariatsränge zunutze machen.

Diese verengte Sicht läßt sich allerdings nicht aufrechterhalten, wenn man das Panorama der UN-Biographien durch das hier benötigte Weitwinkelobjektiv betrachtet. Dem Ethos einer internationalen Organisation entspricht die Multinationalität derer, die sie sich zunutze machen. Es sind Afrikaner, Amerikaner, Zyprioten, Pakistanis und Angehörige vieler anderer Nationalitäten.

Nehmen wir die faszinierende Geschichte von S. Iqbal Riza, dem früheren *chef de cabinet* (Bürochef) von Kofi Annan, also der ehemals rechten Hand des Generalsekretärs. Der Gesamteindruck läßt wie in einem frühkubistischen Gemälde von Braque oder Picasso verschiedene Versionen und Facetten seiner Identität hervortreten. Riza schied im Dezember 2004 aus, nachdem er, dem Bericht des *New York Sun* zufolge, in Ungnade gefallen war.

Als pakistanischer Staatsbürger kam Riza über den Auswärtigen Dienst seines Heimatlands ins UN-Sekretariat. Beim iranisch-irakischen Krieg war er als UN-Beobachter tätig, aber eine beständige Neigung zu schweren Fehltritten versetzte ihn in die New Yorker UN-Zentrale zurück. Er soll amerikanische Aufklärungsfotos von der irakischen Front an die iranischen Behörden verkauft haben, und zwar für einen Betrag, der je nach den vorliegenden Berichten zwischen 40.000 und 75.000 Dollar schwankt. In seiner Personalakte sind 60.000 Dollar verzeichnet.

Die Affäre führte zu seiner Umsetzung in den Bereich Rechtsangelegenheiten. Er saß dort in einem kleinen Kabuff, ohne daß sein Name im UN-Telefonverzeichnis auftauchte, nicht einmal im alphabetischen Register, was bei den Vereinten Nationen einer sehr strengen Bestrafung gleichkommt.

Da sich der Ort dieses Exils direkt neben einigen Büros meiner Abteilung befand, fragte ich den UN-Justitiar, einen gewissen Carl-August Fleischhauer, nach dem Grund für Iqbals Verbannung. »Darüber will ich nicht sprechen«, antwortete Fleischhauer, dessen juristische Blasiertheit durch einen teutonischen Hang zu verletzlicher Wichtigtuerei noch aufgepumpt wurde. »Verstehen Sie?«

»Nein, verstehe ich nicht«, antwortete ich.

»Dann fragen Sie doch Ihren Freund, den Generalsekretär«, keifte Carl-August, während er abrupt im Korrididor entschwand, scheinbar nach einem Fahrstuhl suchend.

Nachdem sich die Wogen gelegt hatten, wurde Iqbal zu einem anderen Einsatz entsandt, diesmal nach Mittelamerika. Über das, was er dort tat, kursierten verschiedene nebulöse Versionen, die aber nichts Greifbares hergaben, außer daß er den Generalsekretär von bevorstehenden amerikanischen »Plänen« unterrichtete, in Nicaragua einzumarschieren.

Als nächstes wurde Iqbal zur Hauptabteilung Abrüstung versetzt, wo Kofi Annan als Untergeneralsekretär amtierte. Beide wurden zu engen Freunden.

Später wurde Iqbal Riza dann zum Leiter von Kofi Annans Exekutivbüro. Das bestätigte meinen Verdacht, daß die Gerüchte und Mißverständnisse, die in all den Jahren über ihn kursierten, nichts anderes als das waren – Gerüchte und Mißverständnisse eben, ein Produkt der bedauernswerten Unkenntnis, die außerhalb kultivierter UN-Kreise über die Vorgänge bei den Vereinten Nationen herrscht. Es ist nun einmal eine komplexe Arena von Verhandlungen und Kompromissen, angesiedelt jenseits des gewöhnlichen Erfahrungshorizonts und der ordinären Alltagsmoral.

Ende Dezember 2004 legte Iqbal Riza plötzlich sein Amt als Leiter des Exekutivbüros nieder. Nach Gerüchten, die sich in den Zeitungen (unter anderem in der *New York Times*) fanden, hatte ihn Kofi Annan auf Drängen des amerikanischen Außenministeriums zur Demission aufgefordert, und zwar in Anbetracht des zunehmenden Drucks, den der amerikanische Kongreß wegen des Oil-for-Food-Skandals machte. Kofi wurde dazu gedrängt, seinen Stab von verschiedenen Elementen zu säubern. Riza bestritt, daß er gegangen wurde – er habe das Ruhestandsalter erreicht. Er war 70 Jahre alt. Das UN-Ruhestandsalter liegt bei 62 Jahren.

Der Sturz des Sowjetimperiums war ein folgenschwerer Moment in der modernen Geschichte. Er beendete den Kalten Krieg und kündigte den Beginn der amerikanischen Weltherrschaft an. Nun ja, vielleicht nicht ganz. Jedenfalls nicht bei den Vereinten Nationen.

Nach dem Zusammenbruch der UdSSR fingen die verständlicherweise beunruhigten KGB- und GRU-Leute im Sekretariat an, sich neu zu sortieren, nachdem sie sich davon überzeugt hatten, daß sie nicht en bloc nach Moskau oder in andere Teile Rußlands zurückgeschickt wurden. Sie gehörten noch immer zur russischen Elite, und es ist ihnen schnell gelungen, die Kontrolle über die anderen russischen UN-Mitarbeiter zurückzugewinnen – zum Nachteil all derer, die sich törichterweise dazu entschlossen hatten, ihre zarten Gefühle für ihre neuen amerikanischen Freunde und die neu entdeckten amerikanischen Werte offen zum Ausdruck zu bringen.

Die New Yorker UN-Zentrale befindet sich in einem großstädtischen Umfeld, das von vielen UN-Pharisäern als ein kulturelles Sumpfgebiet angesehen wird, als Epizentrum der extremsten Ausschweifungen amerikanischer Lebensart. Es lag deshalb nahe, daß verantwortungsbewußte Russen wie zum Beispiel Wadim Perfiliew den Entschluß faßten, das Sekretariat von solchen Landsleuten zu säubern, die sich nun als noch so moderate Kritiker der sowjetischen Vergangenheit darstellten.

Wadim Perfiliew hatte eine höchst bemerkenswerte Biographie. Er wurde 1985 als KGB-Agent aus Frankreich ausgewiesen, wo er in Paris als sowjetischer »Diplomat« tätig gewesen war. In einem so faszinierenden Lebenslauf wie dem von Perfiliew gibt es verständlicherweise bestimmte mysteriöse Abschnitte oder Lücken. Dazu scheint die Position zu gehören, die er danach übernahm. Nach dieser Leer-

Stelle kam er 1991 über die sowjetische Personalquote ins UN-Sekretariat, immer noch abgeordnet von der nun dahinsiechenden Sowjetregierung.

Der Laie mag sich an dieser Stelle fragen, wie ein UN-Generalsekretär in seinem Stab einen Russen akzeptieren kann, der nachweislich eine Vergangenheit als KGB-Agent hat, publik gemacht von der französischen Regierung. Das läßt sich ganz einfach beantworten. Erinnern wir uns, daß die Generalsekretäre die Einstellung von sowjetischen Beamten einzig und allein aufgrund eines zweiseitigen Formulars akzeptierten, das von der sowjetischen Regierung pro forma eingereicht wurde. Man ging davon aus, daß die abgeordneten Mitarbeiter nach zwei bis drei Jahren in den sowjetischen Verwaltungsapparat zurückkehrten. Der Generalsekretär durfte natürlich bei einem sowjetischen Abordnungsgesuch nicht intervenieren – es war ja nur im diplomatischen Sinne ein Gesuch. Tatsächlich galt der Vorschlag eines sowjetischen Beamten als gleichbedeutend mit einer Einstellungsforderung.

Der Laie könnte sich auch fragen, warum es zur damaligen Zeit immer noch kein israelisches Sekretariatspersonal gab, wo doch Israel aufgrund der ihm zustehenden Quote mindestens fünfzehn Stellen beanspruchen konnte. Auch das ist leicht zu beantworten. Israel hatte kein Abordnungsrecht.

Perfiliew kam 1991 in die Hauptabteilung Presse und Information, wurde aber auf Antrag seiner Chefin, der schon erwähnten Thérèse Sevigny, nach kurzer Zeit umgesetzt. Sie fand seine Tätigkeit unzureichend und stellte fest, daß sie mit einer »parallelen Agenda« verbunden war.

Perfiliew wurde dann politischer Berater beim Sonderbeauftragten des Generalsekretärs für Mosambik, dem Italiener Aldo Romano Ajello. Als der ihn dabei ertappte, wie er vertrauliche Dateien aus Ajellos Computer kopierte, mußte er auch diese Stellung bald räumen.

Beständigkeit wurde in der Sowjetunion immer belohnt. So wurde Perfiliew auf Druck der UdSSR nicht entlassen, sondern ins Büro des UN-Sonderbeauftragten nach Angola versetzt, wo er leider schon wieder durch den ungeschickten Versuch auffiel, sich an den Computerdateien seines Vorgesetzten zu vergreifen. Er wurde deshalb aus Angola abgezogen und in der New Yorker Zentrale, wiederum auf Druck der immer noch bestehenden UdSSR, zum Direktor in der kurz zuvor reorganisierten Hauptabteilung Politik ernannt.

Die nächsten Vorgesetzten Perfiliews, die in der Hauptabteilung Politik aufeinanderfolgten, waren die Untergeneralsekretäre Goulding und Prendergast, zwei Briten, die wiederholt darum baten, seinen UN-Vertrag nicht zu verlängern. Ungeachtet ihrer Empfehlung und nach erheblichem Druck der Russen auf Generalsekretär Boutros-Ghali – der sich damals um eine weitere fünfjährige Amtszeit bemühte und im Sicherheitsrat jede Stimme brauchte – wurde Perfiliew in die Hauptabteilung Vollversammlung versetzt. Sie wurde vom chinesischen Untergeneralsekretär Jin geleitet, der Perfiliews Vertrag verlängerte.

So war das Problem also gelöst.

Das UN-Sekretariat ist ein Minimalarbeitsplatz, in dem diejenigen nach oben kommen, die über ein klares Karriereziel und über die nötige Unterstützung des hinter ihnen stehenden Mitgliedsstaats verfügen. Das scheint manch anderer Ansicht zu widersprechen, zum Beispiel derjenigen des früheren New Yorker Oberbürgermeisters Ed Koch, der, wie schon erwähnt, die Vereinten Nationen einen »stagnierenden Sumpf« nannte. Perfiliews Karriere hat jedenfalls gezeigt, daß aufstiegsorientierten Kräften alle Türen offenstehen, wenn sie über den geeigneten Rückhalt verfügen.

Im Jahre 1995 begann Perfiliew, der sich jetzt fester im Sattel wähnte, eine fast verstaubte Platte aus der Sowjetära wieder aufzulegen. Das konnte man ihm nicht vorwerfen, war er doch irgendwie immer noch ein abgeordneter Sowjetfunktionär, der in den letzten UdSSR-Jahren bei den Vereinten Nationen gelandet war. Dementsprechend fing er an, die verspäteten Reformvorschläge des Generalsekretärs – zum Beispiel Boutros-Ghalis Versuche, sich zum Zwecke seiner Wiederernennung bei den USA anzubiedern – als gegen die Interessen der Dritten Welt gerichtet hinzustellen. Der Generalsekretär sei »der Mann Washingtons«, und seine Reformpläne sollten die Vereinten Nationen zu »einer Unterabteilung des amerikanischen Außenministeriums« machen. Solche Erklärungen schürten bei rund achtzig Mitgliedsstaaten das Mißtrauen gegenüber Boutros-Ghalis angeblichem Reformprogramm und ließen eine breite Opposition gegen das amerikanische Drängen auf Reformen aufkommen. Zwei wichtige UN-Ausschüsse – der Treuhandausschuß und der Entkolonialisierungsausschuß – widersetzten sich bald darauf dem Umstrukturierungsplan des Generalsekretärs. Perfiliew untermauerte ihre Opposition dadurch, daß er drei Papiere in Umlauf setzte, die die Behauptung stützten, Boutros-Ghali wolle die den USA nicht genehmen UN-Programme zurückfahren. Der Generalsekretär wurde daraufhin von einer Vollversammlungsmehrheit dazu gezwungen, seinen Reformplan erheblich zu modifizieren.

Die drei Papiere wurden später als Fälschungen entlarvt. Perfiliew stand damit vorübergehend im Regen. Er erklärte deshalb im Januar 1998 gegenüber dem UN-Amt für interne Aufsichtsdienste, die Opposition gegenüber dem Reformplan des Generalsekretärs habe in Wirklichkeit ein russischer UN-Funktionär »angezettelt«, den sich Perfiliew zuvor als Sündenbock ausgeguckt hatte. (Ein weiterer Vorwurf, den er gegen diesen unglücklichen Russen erhob, lautete auf ein zu freundschaftliches Verhältnis zum amerikanischen UN-Botschafter Richardson.) Aufgrund der Aussagen Perfiliews und seiner Untergebenen stellte das Aufsichtskomitee fest, der belastete Beamte habe »aller Wahrscheinlichkeit nach« gegen den Generalsekretär konspiriert. Es wurde empfohlen, Perfiliews hilfloses Opfer mit vollen Bezügen so lange zu suspendieren, bis sich der Gemeinsame Disziplinarausschuß mit dem Fall befaßt habe.

Perfiliew fuhr fort, das Sekretariat systematisch von den wenigen Russen zu säubern, die sich nicht mit der nötigen Bereitwilligkeit den Forderungen des KGB gebeugt hatten. Man sollte aber nicht zu hart über ihn urteilen. Er hatte allen Grund zu der Befürchtung, daß ihn die paar wenigen russischen UN-Mitarbeiter, die tatsächlich zum Amerikanismus übergetreten waren, als ausländischen Spion im Dienste eines Mitgliedsstaats anklagen könnten – obwohl dies aufgrund von ähnlichen Verdachtsmomenten auf vielleicht zwei Drittel des Sekretariatspersonals zutreffen könnte.

In einem aufschlußreichen Nachspiel gewann Perfiliew nach und nach Einfluß auf Untergeneralsekretär Connor, den früheren Pricewaterhouse-Chef. Durch diese willkommene Verbindung hatte er allen

Grund zu der Annahme, daß er sich bei seinen Bemühungen, das von der amerikanischen Regierung freundlich unterstützte Reformprogramm zu torpedieren, der Unterstützung der amerikanischen Regierung sicher sein konnte.

Der Oil-for-Food-Skandal ist ein markantes Armutszeugnis für die Arbeit des Sekretariats. Als Symbol einer längerwährenden gigantischen Korruptionsaffäre, die zur Unterschlagung von fast 11 Milliarden Dollar führte, repräsentiert er den beständigen Amtsmißbrauch im Rahmen des UN-Systems.

Das UN-Programm »Öl für Nahrung« wurde 1995 gestartet, um die nach dem Golfkrieg über den Irak verhängten Restriktionen zu kompensieren. Das Handelsembargo und die Sanktionen, die zum Stop der irakischen Rüstungsprogramme gegen Saddam Hussein verhängt worden waren, hatten, wie es hieß, auch das irakische Volk in Mitleidenschaft gezogen. Unter der Schirmherrschaft der Vereinten Nationen wurde deshalb ein Programm initiiert, das dem Irak die Möglichkeit geben sollte, begrenzte und später unbegrenzte Mengen an Öl zu verkaufen. Die Erträge sollten dazu verwendet werden, humanitäre Hilfen zu finanzieren und die Opfer der irakischen Aggression im Golfkrieg von 1991 zu entschädigen.

1996 wurde Kofi Annan, damals Untergeneralsekretär für Abrüstung und Friedenssicherung, von Generalsekretär Boutros-Ghali damit beauftragt, das Programm neu zu organisieren, weil es keine greifbaren Ergebnisse brachte. Kofi zog zu diesem Zweck auch private Vermittler hinzu, unter anderem seinen Sohn Kojo, der mit einer weiteren privilegierten Persönlichkeit zusammenarbeitete – mit Leo Mugabe, dem Neffen von Robert Mugabe, dem Staatspräsidenten von Simbabwe.

Sieben Jahre später, am 20. November 2003, legte Benon Sevan, der Leiter dieses humanitären Programms, vor dessen Übergabe an die amerikanischen Militärbehörden den offiziellen Abschlußbericht vor. Unter den »unbestechlichen« Augen des Sicherheitsrats verkündete er stolz, daß »es niemandem gelungen ist, im Zusammenhang mit all den Geldern, um die es dabei ging, auf irgendeinen Fall von Korruption hinzuweisen«.

Sevans Bericht beschrieb in allgemeinen Worten den gigantischen Umfang des Programms, das von 1996 bis 2003 durch Ölexporte 67 Milliarden Dollar eingespielt habe. Es habe dem irakischen Volk Hilfsgüter in Form von Nahrung und Medikamenten im Werte von 31 Milliarden Dollar beschert, so daß noch 8,2 Milliarden an anzuliefernden Hilfsgütern ausstünden. Darüber hinaus, so Sevan, seien 3 Milliarden Dollar in einen Entwicklungsfonds zum Wiederaufbau des Irak geflossen.

»Wir haben unter sehr schwierigen Umständen gute Arbeit geleistet. Wir mußten uns zu verschiedenen Zeiten zwischen unterschiedlichen Gruppen behaupten und uns mit wechselnden politischen und wirtschaftlichen Interessen arrangieren«, teilte Sevan dem Sicherheitsrat in seiner Gesamtbewertung der Oil-for-Food-Aktivitäten mit, die er selbst geleitet hatte. Und wer wäre besser dazu berufen, über die Exzellenz und Redlichkeit derer zu urteilen, die ein Programm durchführen, als derjenige, der es die ganze Zeit durchgeführt hat?

Zurück in New York, nahm sich Sevan eine Auszeit, um in seinem neuen Haus in Long Island, erworben für 1,5 Millionen Dollar mitsamt Swimmingpool und Tennisplatz auf vier Morgen Land in erstklassiger Wohnlage, ein wenig Entspannung zu finden. Und vielleicht auch in seinem Zweitwohnsitz, einem neuen Luxusappartement in New Yorks vornehmer Upper East Side.

Ein Bericht vor dem Sicherheitsrat, wie ihn Sevan vorgelegt hat, muß sehr allgemein gehalten sein. Er wird schließlich vor einem Gremium vorgetragen, das mit prekären Sicherheitsfragen befaßt ist, so daß man sich dort nicht mit irgendwelchen Einzelheiten abgeben kann. Ein nicht ganz unzurechnungsfähiger Kritiker könnte sich allerdings fragen, wie 67 Milliarden Dollar an irakischen Ölexporten gleich 31 Milliarden Dollar in Form von Nahrung und Hilfsgütern sein können, plus 8,2 Milliarden Dollar, die noch zurückfließen sollen. Das wären dann alles in allem 67 Milliarden gegenüber 39,2 Milliarden plus 3 Milliarden an Entwicklungsgeldern, macht insgesamt 42,2 Milliarden an Rückflüssen in den Irak. Die korrigierte Zahl von 46 Milliarden, die angeblich zurückgeflossen waren, als Saddam endlich von den Vereinigten Staaten abgesetzt wurde, hilft dem Laien auch nicht weiter, denn wir wissen ja nicht, wieviel in der Zeit zwischen dem Sturz des Diktators und dem November 2003, als Sevan vor dem Sicherheitsrat seinen Bericht vortrug, aus irakischen Ölverkaufen einging.

Natürlich war es beruhigend, daß Herr Sevan seiner Überzeugung Ausdruck verlieh, die von den USA geführte Koalition werde das Programm ganz bestimmt genauso gut weiterführen, wie er selbst es bis zu diesem Zeitpunkt getan habe. Leider kündigte er kurz vor der Übergabe an, daß sich wegen der Bombardierung des UN-Hauptquartiers in Bagdad genaue Abrechnungen nicht mehr auffinden ließen. Man wird sich fragen dürfen, was so wichtige Abrechnungen in Bagdad zu suchen hatten, wenn es schon in diesen Zeiten digitalisierter Computerdateien in der New Yorker UN-Zentrale keine Kopien gab.

Benon Sevan wurde mit der Leitung des Oil-for-Food-Programms im Jahre 1997 betraut. Zuvor war er fünfzehn Jahre lang im UN-Sekretariat eine bekannte Figur gewesen, mit besonderen Erfahrungen mit UN-Einsätzen im Mittleren Osten. Man erinnert sich unter anderem an seine Parteinahme für Mohammed Najibullah, den die Sowjetunion 1979 in Afghanistan zum Präsidenten gemacht hatte. Najibullah, berüchtigt für seine schonungslose Brutalität als Chef der afghanischen Sicherheitspolizei, wurde 1992 gestürzt und von Sevan später in einem UN-Lager untergebracht, wo er 1996 von den Rebellen gefangengenommen und gehängt wurde. Die nachfolgende Machtübernahme der Taliban war in erheblichem Maße das Ergebnis der Ungeschicklichkeit der Vereinten Nationen gewesen, die sich auf die Seite des unpopulären, von den Sowjets gestützten Najibullah-Regimes stellten.

Zusammen mit Iqbal Riza und anderen altgedienten Sekretariatskollegen war Benon Sevan als Mitglied von Kofi Annans Pokerrunde bekannt. Kofi hat dann seine Spezis mit Schlüsselpositionen belohnt, auch wenn sie dafür nicht unbedingt die nötigen Qualifikationen mitbrachten.

Sevan wehrt sich heute nachdrücklich gegen den Vorwurf, daß es in der Verwaltung des Oil-for-Food-Programms – abgewickelt mit der französischen Bank BNP Paribas, die nicht zufällig zusammen mit der schweizerischen Cotecna AG mit der Ausgabe von Kreditbriefen an den Großteil der Lieferanten beauftragt wurde – irgendwelche Mauscheleien gab. Nach seiner Aussage wurden innerhalb von fünf Jahren Hunderte von Revisionen durchgeführt. Es wurde aber nicht publik gemacht, welche Summen an welche Lieferanten und Länder gingen – anders gesagt, Hunderte von Revisionsberichten, die sich im Besitz der Vereinten Nationen befinden, blieben geheim. Zudem wurde das Programm im November 2003 von der Übergangsverwaltung (CPA) der Irak-Kriegs-Koalition übernommen, ohne daß irgendwelche Zahlen überprüft werden konnten, die von den Vereinten Nationen vorgelegt wurden. Schließlich ordnete Iqbal Riza, der Bürochef von Generalsekretär Kofi Annan, die Vernichtung von einigen Jahrgängen der Akten zum Oil-for-Food-Programm an, womit eine weitere Überprüfung nahezu unmöglich wurde.

An der Durchführung des gigantischen Programms waren 890 UN-Mitarbeiter und 3600 Irakis beteiligt – ganz abgesehen von den Lieferanten und irakischen Regierungsbeamten, die das freizügig definierte Programm abwickelten. Die noch erhaltenen Aufzeichnungen haben verschiedene Metamorphosen und Umrechnungstransaktionen hinter sich. So blieb in der Öffentlichkeit nur die lebhafte Erinnerung erhalten, daß Kofi Annan das Programm mithilfe einer Firma anschob, die sein Sohn Kojo zusammen mit dessen Kompagnon Leo Mugabe in das Oil-for-Food-Unternehmen eingebracht hatte.

Sevan versichert seinen Kritikern, es sei eines der effizientesten UN-Programme überhaupt gewesen. Es sollte ja schließlich eine humanitäre Krise bewältigen, es wurde von den Vereinten Nationen durchgeführt, und es wurde deshalb auch von den Vereinten Nationen nachträglich abgesegnet. All das könne man unbesehen als einen Nachweis der Integrität akzeptieren.

Chronisch »mißtrauische« Organisationen wie der amerikanische Rechnungshof haben jedoch aufgedeckt, daß Saddam Hussein in den Jahren 1997 bis 2001 durch Preisaufschläge und Ölschmuggel 6,6 Milliarden Dollar beiseite schaffte. Nach offiziellen britischen Schätzungen sind die GAO-Zahlen eher konservativ; Saddam könnte demnach mehr als 10 Milliarden abgeschöpft haben. Der amerikanische Kongreß geht noch weiter und kam kürzlich auf 21 Milliarden.

Das Oil-for-Food-Programm der Vereinten Nationen hatte die Oberaufsicht über ungeheure Geldflüsse aus irakischen Ölverkäufen

– eine Summe, die fünfmal so groß war wie der gesamte UN-Etat. Diese Gelder durften von den Vereinten Nationen nur verwaltet werden; sie durften von den mit der Durchführung beauftragten Beamten weder eingenommen noch abgezweigt oder eingesackt werden. Das Programm verwaltete Gelder auf Treuhandbasis, Gelder, die nicht Teil des UN-Etats waren. Die Vereinten Nationen hatten deshalb kein Recht – und auch keinen vernünftigen Grund –, die genauen, detaillierten Zahlen geheimzuhalten. Sie können diese Bilanz nicht für sich behalten. Es war nicht ihr Geld.

Die Vereinten Nationen müssen das in ihre Beamten gesetzte Vertrauen durch einen Sicherheitsratsbeschluß (UNSC Res. 986) rechtfertigen, der das UN-Sekretariat mit einer internationalen öffentlichen Dienstleistung beauftragt. Mit einer öffentlichen, wohlgemerkt. Doch selbst aus den dürren Informationen, die über die Finanztransaktionen im Rahmen des Oil-for-Food-Programms zugänglich gemacht wurden, geht hervor, daß die Politik von Saddam Hussein bei der Verwendung von Mitteln für humanitäre Zwecke eine wichtige Rolle gespielt hat. Mindestens fünfzig Prozent der im Zuge des Programms erzielten Erlöse aus irakischen Ölverkäufen, die für das irakische Kurdistan bestimmt sind, waren im März 2003 noch nicht zurückgeflossen. Fast 4 Milliarden Dollar an Oil-for-Food-Geldern für Kurdistan blieben auf Anweisung von Saddam mehr als fünf Jahre lang auf der Bank liegen.

Die irakischen Öleinnahmen (67 Milliarden Dollar) wurden im Rahmen des Oil-for-Food-Programms auf einem »Treuhandkonto« verbucht. Diese Gelder durften von den Vereinten Nationen nur für Nahrungsmittel und andere vom UN-Sanktionsausschuß gebilligte Güter freigegeben werden. Ihre »unabhängige« Prüfstelle war die Cotecna AG, der alle einschlägigen Einfuhrpapiere vorgelegt werden mußten. Sie bescheinigte dann, daß ein mit Oil-for-Food-Mitteln beschafftes Kontingent von Gütern zur Prüfung vorgelegen hatte; danach wurden diese an die irakischen Bestimmungsorte geliefert.

Die Cotecna war eine schweizerische Firma, die, ähnlich wie Lloyds in London, die ordnungsgemäße Abwicklung von internationalen Geschäftstransaktionen bescheinigt. Sie war zeitweise im Besitz eines in der Schweiz ansässigen multinationalen Konzerns, der Société Générale de Surveillance. Dieses Unternehmen war in verschiedene Skandale verstrickt, darunter in einige Affären im Zusammenhang mit Benazir Bhutto, die von der Wirtschaftsdetektei Jules Kroll Associates untersucht wurden. 1997 wurde die Cotecna von der SGS an ihre ursprünglichen Besitzer zurückverkauft. Sie beschäftigte auch Kofi Annans Sohn Kojo und damit indirekt die Beratungsfirma Annan & Mugabe, durch die sie in den Irak gelangte, als Kojos Vater 1996 das Oil-for-Food-Programm übernahm. Seither besaß sie den UN-Vertrag für die Zertifizierung des Oil-for-Food-Programms.

Kojo Annan und Leo Mugabe hatten in Simbabwe ein sehr erfolgreiches Unternehmen aufgezogen, das (mit einer gewaltigen Kostenexplosion) den Internationalen Flughafen von Harare baute, ebenso die Prachtbauten von Präsident Mugabe. Sie machten auch Geschäfte mit der korrupten Verwaltung von Laurent Kabila im Kongo. Die Firma Annan & Mugabe war unter dem Namen Air Harbour Technologies auf der Isle of Man registriert. Nachdem er durch seinen Vater in den Irak gelangt war, schleuste Kojo wiederum – trotz ihrer dubiosen Vergangenheit – die Cotecna in das Oil-for-Food-Programm ein, wo sie dann als Versicherungsgesellschaft und Hauptinstrument einer betrügerischen Inspektionspraxis fungierte, die sich in einem System von Schmiergeldzahlungen und Insidergeschäften mit UN-Funktionären niederschlug – etwa dem Verkauf von irakischem Öl an eine in Panama registrierte Firma, die Benon Sevan gehörte.

In typischer UN-Manier wurde das gesamte Oil-for-Food-Unternehmen als ein reines UN-Geschäft betrieben, das sich den Nachforschungen der Presse oder der amerikanischen Regierung entzog. Die Rechnung wäre auch aufgegangen, wäre das Saddam-Hussein-Regime nicht gestürzt worden, so daß das Programm in seiner ganzen mysteriösen Herrlichkeit an die US-geführte Koalition im Irak überging.

In einem Bericht vor dem Sicherheitsrat hat Kofi Annan kürzlich darum gebeten, daß die Cotecna auch von der Koalitions-Übergangsverwaltung mit dem Inspektionsdienst beauftragt wird. Inzwischen hat Sevan erklärt, es habe Fälle von überhöhten Bescheinigungen gegeben, »denen wir selbst nicht nachgehen. Wenn wir die entsprechenden Unterlagen haben, die auf einen Betrug hindeuten, bringen wir ihn [*sic*] dem betreffenden Land zur Kenntnis, und sie sollten dem nachgehen. Aber es gibt doch so viele Zwischenhändler. Man stellt fest, daß derjenige, hinter dem man her ist, mit einem anderen Zwischenhändler zusammenhängt, und wenn man sie endlich hat, sind sie verschwunden.«

War der Oil-for-Food-Skandal ein Fall von vernachlässigter Aufsichtspflicht durch Kofi Annan, von dem man als UN-Generalsekretär erwarten könnte, daß er ein Programm von einem so beispiellosen finanziellen Umfang selbst in die Hand nimmt? Der Verdacht ist nicht auszuräumen, geschah es doch auf seine Veranlassung – in seiner Zeit als Untergeneralsekretär –, daß sein eigener Sohn mit ins Spiel kam und damit die Cotecna als Hauptinstanz der Korruptionsvertuschung. Auch Benon Sevan, der gegenwärtig im Zentrum des Verdachts steht, weil er direkt von den Zuwendungen profitiert haben dürfte, wurde als Vertrauter und Protégé von Kofi Annan installiert. Aus einem UN-Programm, das dazu bestimmt war, die Leiden des irakischen Volkes zu lindern, wurde auf diese Weise ein Bombengeschäft, das die Taschen von Saddam Hussein füllte. Es stattete ihn mit umfangreichen Mitteln aus, um Waffen zu kaufen und Journalisten und Politiker in aller Welt zu bestechen, und es kam einer korrupten Schweizer Firma zugute, die alles zu vertuschen versuchte.

Am Ende, als dem Generalsekretär und seinen Oil-for-Food-Kollaborateuren der Druck durch die Presse, durch angesehene Kommentatoren, Rundfunk- und Fernsehtalkshows und durch viele andere Druckstellen immer mehr zusetzte, schien eine Untersuchung geboten – und zwar angeordnet durch wen? Durch den Hauptverdächtigen, Kofi Annan.

Der Oil-for-Food-Skandal erschien in der amerikanischen Öffentlichkeit als eine Enthüllung, die seltsame Praktiken bei den Vereinten Nationen ans Licht brachte. Doch dieser neueste Skandal ist kein Ausnahmefall. Er ist Teil eines Verhaltensmusters, das man als die Regel betrachten kann.

DREIZEHNTES KAPITEL

Der UN-Dschihad

Mein UN-Mitarbeiterstab kam größtenteils aus Rußland und dem Mittleren Osten. Mit den armen Russen (die normalerweise den Anweisungen ihrer Oberen oder sonstwem gehorchten) habe ich lange Zeit nicht völlig ungezwungen verkehren können. Doch die UN-Mitarbeiter aus dem Vorderen Orient präsentierten sich Mitte der achtziger Jahre als Freunde Amerikas. Sie waren allseits geschätzt und beliebt. Meine eigenen Leute stellten mich überall im Sekretariat ihren Landsleuten vor – den Algeriern, Marokkanern, Libyern, Irakis, Persern oder Afghanen. Die goldene Plakette in meiner Brieftasche interessierte sie nicht.

Die »Delegates Lounge«, das Delegiertenkasino im UN-Gebäude, ist ein großer, gemütlicher Raum, über dem sich auf einem Zwischengeschoß eine Bar und ein Schnellrestaurant befinden. Sie ist eine regelrechte Touristenattraktion, weil man dort nicht nur die gehobene Gesellschaft des UN-Sekretariats sieht, sondern auch einen riesigen, in China gewebten Gobelin, der – offenbar nach der Projektion eines Panoramafotos – die Chinesische Mauer darstellt. Er gleicht einer gigantischen Postkarte. Dieser Gobelin gehört zu den zwölf oder dreizehn Weltwundern des Monumentalkitsches. Überall stehen Sessel und Tische. Man kann dort den ganzen Tag lang ungestraft herumlungern. Viele Sekretariatsmitarbeiter, die ihre »Arbeits«-Zeit irgendwie absitzen müssen, verbringen große Teile ihres Lebens in der Lounge. Manche sind dort praktisch zu Hause. An den Computern kann man gratis im Internet surfen.

Nachdem ich ein paar Monate lang in der Mittagspause dort hingegangen war, fiel mir irgendwann auf, daß das Zentrum der Lounge in der Zeit von 11 bis 15 Uhr ständig von einer größeren Gruppe besetzt war. Darunter befanden sich auch einige meiner Leute und ihre mir bekannten Freunde – allesamt aus Nordafrika oder dem Mittleren Osten. Auch verschiedene mittelrangige Botschaftsangehörige aus den vorderasiatischen und nordafrikanischen UN-Vertretungen waren dabei.

Sie sprachen stets Arabisch, und im Zentrum stand der PLO-Delegierte, der den Vorsitz führte – so schien es jedenfalls.

Sobald ich auf einen der mir Bekannten zuging, brach das Gespräch ab, obwohl es auf Arabisch geführt wurde. Mein Gruß wurde immer freundlich erwidert. Ich wurde aber nie aufgefordert, mich zu ihnen zu setzen.

Eines Tages sagte ich, etwas verstimmt wegen des automatischen Verstummens ob meiner Anwesenheit: »Ihr müßt doch nicht aufhören, Arabisch zu sprechen. Ich kann weder Arabisch noch irgendeinen arabischen Dialekt.«

»Aber Spanisch«, antwortete jemand aus der Gruppe, den ich noch nicht kannte. »Und im Spanischen gibt es bekanntlich viele arabische Wörter.«

Ich lachte. Die Bemerkung war scherzhaft gemeint, nach dem Motto: Sag es mit Blumen. »Im Englischen auch«, sagte ich. »Zum Beispiel *cotton,* das kommt vom arabischen *al katan*.«

»Sie können ja doch Arabisch!«, rief er.

Ich erwähnte dieses tägliche Schauspiel gegenüber meinem Stellvertreter Carlos Casap, einem Bolivianer, der arabische Vorfahren hatte. »Wissen Sie nicht, was das ist?«, sagte er. »Das ist ein lockerer Zusammenhang von Leuten, die konservative oder fundamentalistische arabische Interessen vertreten. Die kommen dort regelmäßig zusammen – jeden Tag –, entwerfen ihre Strategie und stimmen sich ab. Sie sind der Meinung, daß ihre Religion und ihre Kultur bedroht ist, unter anderem von Russen, Europäern und natürlich vom Fluch Israels, aber vor allem von diesem Land – von den USA.«

Bibi Netanjahu wußte von dem arabischen Klüngel. Er wußte aber nicht, was sie vorhatten. Ich auch nicht, zunächst jedenfalls. Ich konnte aber beobachten, daß meine eigenen Leute und einige ihrer Landsleute, die in der Nähe unserer Büros arbeiteten, gegen 15 Uhr an ihre Arbeitsplätze zurückkehrten, nachdem die Sitzung beendet war. Sie gingen dann sehr eifrigen – und manchmal hektischen – Aktivitäten nach. Was sie dabei taten, hatte mit ihren kärglichen Sekretariatsaufgaben offenbar wenig zu tun.

Für die meisten Mitarbeiter im UN-Sekretariat geht der Arbeitstag, wie ich schon erwähnt habe, bis höchstens um 16.30 Uhr. Doch soweit ich feststellen konnte, gingen meine islamischen Mitarbeiter, die mit ihren Kumpanen in der Delegates Lounge zusammenhockten, häufig bis 17.30 Uhr fleißig ihrer Arbeit nach – viel länger als die meisten anderen.

Der rumänische UN-Botschafter Aurel-Dragos Munteanu, der 1986 zu den Vereinten Nationen kam, hat mit mir zusammen einige Ausschüsse geleitet, und wir sind enge Freunde geworden. Er hatte über die »islamische Konspiration« – denn so nannte er die ungefähr dreißigköpfige Gruppe, die sich unablässig in der Delegates Lounge traf – ganz andere Ansichten.

Als rumänischer Jude war Munteanu zu den Vereinten Nationen entsandt worden, um sich mit den Amerikanern zu arrangieren. Die USA waren für das Ceaucescu-Regime von der »jüdischen« Weltverschwörung beherrscht. Ja, und saßen in unserer Regierung nicht tatsächlich Leute wie Kissinger, Weinberger, Schlesinger und Goldwater? Ich erzählte Munteanu, der einen bissigen Humor hatte, daß Goldwater für die Präsidentschaft kandidiert, aber verloren habe. »Wer hat denn die Stimmzettel gezählt?«, frotzelte er.

Eines Tages gingen Munteanu und ich in die Delegates Lounge, und wir nahmen neben dem islamischen UN-»Dschihad« Platz. Ich fing an, in normaler Stimmlage die Situation Israels anzusprechen, das außer mir im Sekretariat keine Freunde hatte. Aurel wurde ganz aufgeregt und bestand darauf, daß wir sofort den Raum verlassen. »Bist du verrückt, mich vor diesen Halsabschneidern mit Israel zu identifizieren? Ich kann es mir nicht leisten, mich auch nur im geringsten zu kompromittieren. Die wissen doch schon, daß ich Jude bin!«

»Es konnte uns niemand hören«, entgegnete ich.

»Man kann nie wissen, wer uns hören kann oder nicht«, sagte er. »Außerdem haben wir in der rumänischen Botschaft drei sehr gute Securitate-Agenten, die natürlich im UN-Sekretariat arbeiten. Ich werde Nicolae sagen, daß er mit dir offen reden kann. Meine Leute wissen genau, was sie tun, und sie erzählen mir fast jeden Tag, daß diese Araber mit den terroristischen Gruppen im ganzen Mittleren Osten zusammenhängen und daß sie sich jeden vorknöpfen können, was auch immer sie mit ihm dann veranstalten. Pedro, du bist hier der amerikanische Topspion. Du bist kein Israeli. Halt dich aus dem Israelproblem raus. Mit diesen Arabern ist nicht zu spaßen!«

Ich hielt Munteanu für das Produkt eines Polizeistaats, wo man für seine Indiskretionen eventuell teuer bezahlen muß. Seine Paranoia übertrug sich natürlich auch auf die internationale Bühne. Aber abgeschnittene Hälse und dergleichen waren doch bei den Vereinten Nationen nicht an der Tagesordnung.

Ich hatte allerdings einigen Respekt vor diesem Securitate-Topagenten Nicolae Ion, der offiziell zu meinen Mitarbeitern zählte. Ich bat Ion eines Tages in mein Büro und gab vor, einen dämlichen Traktat seines »großen« Führers Ceaucescu, den er mir irgendwann vorgelegt hatte, mit Gewinn gelesen zu haben. Nach einem kleinen Plausch lenkte ich das Gespräch auf die islamische Gruppe, die sich regelmäßig in der Delegates Lounge traf.

»Mr. Sanjuan, die vertreten alle extremen Organisationen im Mittleren Osten und in Nordafrika ... Sie wissen ja – die die Juden bekämpfen. Hier sagen sie, sie lieben Amerika, aber sie hassen die amerikanischen Juden, und sie glauben, daß die amerikanische Regierung entweder von Juden beherrscht wird oder von ›Jew lovers‹, wie es hier bei Ihnen heißt. Sie sind gut organisiert und haben viele Unterstützer, sogar den Generalsekretär, und unseren Carlos Casap, der ja auch Araber ist, wie Sie wissen, und diesen mysteriösen Juristen, den pakistanischen Renegaten, der die Bilder an die Iraner verkauft hat.« Er meinte den uns bereits bekannten Iqbal Riza.

Großer Beliebtheit erfreut sich gegenwärtig im UN-Sekretariat die – nicht nur bei muslimischen Extremisten verbreitete – Vorstellung, daß die Zerstörung des World Trade Center von israelischen Mossad-Agenten geplant wurde, um jede palästinensische Friedensinitiative zu torpedieren. Das ist die populäre Ansicht einer bedeutenden Zahl von Sekretariatsangestellten, die sich in der UN-Cafeteria oder an anderen geselligen Orten austauschen.

Die täglichen Zusammenkünfte in der Lounge gingen weiter, während ich in den achtziger und neunziger Jahren im Sekretariat tätig war. Ich erfuhr aber später, daß sich inzwischen eine Clique von eingefleischten islamischen Extremisten in einer noch offeneren Umgebung als derjenigen der öffentlichen Delegates Lounge trifft. Jeden Freitag um 13 Uhr finden in der Dag-Hammarskjöld-Bibliothek bis in den Nachmittag hinein islamische Gottesdienste statt.

Was haben offiziell anerkannte islamische Gottesdienste zu bedeuten, wenn sie in einem großen öffentlichen Raum im UN-Sekretariat stattfinden? Seitens der Vereinten Nationen signalisiert diese offizielle religiöse Veranstaltung die Anerkennung eines Sonderstatus. Katholiken haben diese Möglichkeit nicht. Von den gut sechstausend Beschäftigten im UN-Sekretariat würden wahrscheinlich um die fünfhundert gläubige Katholiken jeden Tag bei den Vereinten Nationen zur Frühmesse gehen, wenn die heiligen Hallen dafür zur Verfügung stünden. Buddhisten könnten einen praktischen Tempel nutzen, und so weiter und so fort, wenn man die verschiedenen Religionszugehörigkeiten der UN-Mitarbeiter durchgeht.

Mehr noch als die antiisraelische Verschwörerversammlung in der Delegates Lounge deutet die islamische Moschee auf die Einseitigkeit der UN-Verwaltung (oder ihrer Leitung), wenn nicht sogar auf ihre Parteinahme – nicht etwa für den islamischen Glauben, sondern für die Sache des gegenwärtigen Islamismus, der in Wirklichkeit eine politische Bewegung engstirniger Fundamentalisten ist.

Gab es bei den Vereinten Nationen tatsächlich eine Moschee? Das mußte ich mir ansehen. Ich beschloß also vor nicht allzu langer Zeit, mich in die islamischen Freitagsgottesdienste zu mogeln, die über der Dag-Hammarskjöld-Bibliothek im sogenannten »Penthouse« stattfinden. Ich ging zum »Penthouse«, zog zusammen mit anderen männlichen UN-Fach- und Bürokräften auf dem ersten Treppenabsatz die Schuhe aus und erklomm dann den Rest des Weges auf Socken, die zu meinem Verdruß ein Loch hatten.

Der große Penthouse-Saal wird beidseitig von drei Meter hohen Fenstern flankiert. Er füllte sich langsam mit Gläubigen, ungefähr dreihundert Menschen, die die im islamischen Gottesdienst vorgeschriebenen Andachtsstellungen einnahmen.

Als ich auf dem Boden saß, stellte ich fest, daß ich in dieser großen Versammlung nicht heimlich fotografieren konnte, auch nicht mit einer kleinen Digitalkamera. Ich entschuldigte mich deshalb mit Rükkenproblemen, ging nach hinten und stellte mich an die Wand. Dort konnte ich die Vorgänge fotografieren, ohne ein allzu großes Risiko einzugehen.

Während ich meine Aufnahmen machte, versuchte ich möglichst harmlos zu wirken und versteckte die Kamera in meiner Hand. Ich setzte ein freundliches Lächeln auf und gab mich an den Vorgängen nur beiläufig interessiert.

Verstohlen kamen von hinten sechs weibliche Gläubige herein. Sie hockten sich demütig und verschleiert vor die rückwärtige Wand. Diese wenigen Vertreterinnen des weiblichen UN-Personals bildeten sozusagen die Staffage für die bataillonsstarke Männerkongregation. Mit einer Mischung von Neugier und Mißtrauen sahen die Frauen mich an. Ich vermute, daß es sich für mich als einen Mann nicht ziemte, eine weibliche Demutsstellung einzunehmen, indem ich an der hinteren Wand lehnte.

Warum werden vom UN-Sekretariat, einer erklärtermaßen weltlichen Organisation, solche fest institutionalisierten islamischen Religionsversammlungen gefördert? Ein Friedensnobelpreisträger wie der Dalai Lama hat demgegenüber immer noch keinen Zutritt zu sämtlichen UN-Gebäuden, weil die chinesische Regierung auf dem Boden einer internationalen Organisation keinen buddhistischen Führer duldet.

Und der Generalsekretär? Hätte ich ihn nicht auf diese militante islamische Verschwörung aufmerksam machen müssen, als ich noch bei den Vereinten Nationen war? Genau das habe ich getan – vor zwölf Jahren. Damals war man der Ansicht, daß diese Konspirationen vor allem auf die Vernichtung Israels, eines UN-Mitgliedsstaats, abzielten. Es sei noch einmal darauf hingewiesen, daß es seit 1983 – also seit meinem Eintritt ins UN-Sekretariat – deutlich war, daß die Vereinten Nationen als ein islamischer Fundamentalistentreff fungierten. Es ist nur im Laufe der Zeit noch sichtbarer geworden.

Zunächst einmal war es so, daß Pérez de Cuellar in der Form keine Juden mochte, in der eben lateinamerikanische Pseudoaristokraten keine Juden mochten – nämlich soweit es den Regeln des gesellschaftlichen Anstands entspricht. »Warum behält ihre Freundin Jeane Kirkpatrick diesen lauten und ungehobelten Charles Lichenstein bei sich im Amt? Das ist ein jüdischer Fanatiker, der gar nicht weiß, was hier bei den Vereinten Nationen tatsächlich im amerikanischen Interesse ist.« Das fragte mich der Generalsekretär, nachdem Chuck, der Jeane im Sicherheitsrat vertrat, den sowjetischen Delegierten empfohlen hatte, ihre Koffer zu packen, wenn es ihnen hier in New York nicht gefällt; er würde sich selbst an den Hafen stellen und ihnen nachwinken. »Wissen Sie, Sanjuan, Lichenstein vergißt, daß die Russen vor ein paar Tagen am Flughafen von Ihnen verabschiedet wurden«, betonte ein selbstgefällig schmunzelnder Don Javier.

Schließlich schnitt ich das Thema der dschihadistischen Konferenzen an, die tagtäglich in der Delegates Lounge stattfanden. »Aber das ist doch sozusagen ein privater Club«, erwiderte er. »Jeder hat das Recht, sich dort zu treffen und über alles mögliche zu sprechen. Von mir aus auch Nazis.« Offenbar stießen die von mir vorgebrachten Klagen über die militant islamistischen, antisemitischen und antiamerikanischen Aktivitäten, die sich so ungeniert in der Delegates Lounge abspielten, beim Generalsekretär auf nicht allzu empfängliche Ohren.

Gerechterweise muß man allerdings fragen, was ein Generalsekretär, auch wenn er gewollt hätte, gegen diese Dinge überhaupt tun konnte. Man stelle sich nur vor, ein Generalsekretär bekäme eine begründete Beschwerde auf den Tisch. »Begründet« heißt: Belegbar durch UN-Sicherheitsüberprüfungen, deren Ergebnisse ihm vorgelegt werden.

Erstens hat der UN-Generalsekretär gar keine richtigen Ermittlungsbeamten. Die UN-Sicherheitsleute sind nicht dazu befugt, ihre Nase in irgendwelche Angelegenheiten zu stecken, sofern es nicht eindeutig kriminelle Handlungen sind – also bewaffnete Raubüberfälle in den Korridoren oder Toiletten, Morde auf der Feuerleiter, das Herunterwerfen von schwerem Gerät wie zum Beispiel Computermonitoren aus den obersten Stockwerken oder die Benutzung der reservierten Parkplätze ohne gültige (oder gefälschte) Parkerlaubnis.

Die UN-Sicherheitsleute ermitteln auch bei hausinternen Selbstmorden (wenn jemand aus dem Fenster springt), von denen es einige gab. Im Dezember 2003 schoß sich in der »Indonesian Lounge« ein Wachmann eine Kugel in den Kopf.

Nehmen wir aber immer noch an, ein hypothetischer Generalsekretär würde etwas dagegen tun wollen, daß bei den Vereinten Nationen organisierte und militante islamische Geheimaktivitäten durchgeführt werden.

Sobald dieser Generalsekretär es unternimmt, einen, mehrere oder viele UN-Mitarbeiter als mögliche Teilnehmer an illegalen extremistischen Aktivitäten im UN-Amtssitz zu bezeichnen, wird der jeweilige Botschafter des betreffenden Landes sofort mit aller Schärfe gegen die ungerechtfertigte Diskriminierung seiner wackeren Landsleute und gegen deren politisch motivierte Verfolgung (hinter der natürlich die USA stecken) protestieren. Man multipliziere diesen Protest mit fünfzehn bis zwanzig gleichlautenden Beschwerden, wenn die Gefahr besteht, daß die gesamte militante Verschwörung auffliegt. Der Leser wird begreifen, daß Generalsekretäre einem solchen Proteststurm nicht standhalten können – zumal die ja nicht etwa wegen ihrer Couragiertheit ausgewählt wurden, sondern wegen ihrer Schwäche und bekannten Unfähigkeit.

Tatsächlich werden Sicherheitsvorkehrungen bei den Vereinten Nationen in der Regel ganz oberflächlich betrieben. Sicherheit ist unmodern – nicht UN-like. Warum? Teilweise deshalb, weil bei den Vereinten Nationen immer die absurde Vorstellung herrschte, daß die Organisation einem so menschenfreundlichen und edlen, allseitig anerkannten Zweck gehorcht, daß niemand in der äußeren Welt auf die Idee kommen kann, ihr Böses zu wollen. Man hat immer noch irgendwie das Gefühl: »Das betrifft uns nicht!«

Man muß nicht einmal aus dem Zentrum von Manhattan herausfahren, um sich mit eigenen Augen davon zu überzeugen, wie dilettantisch die Sicherheitsvorkehrungen bei den Vereinten Nationen sind.

Inzwischen hat man eine häßliche Mauer rings um das Gelände gebaut. Aber ziehen Sie einmal einen Büroanzug an – oder ein Kostüm – und gehen Sie zum Besuchereingang Ecke First Avenue/48. Straße. Sie werden als Besucher/in zu einem Sperriegel von Bürocontainern geschickt. Gehen Sie dort nicht hinein, schlendern Sie statt dessen etwas umher und gehen Sie um diese Container herum. Dahinter gibt es ein paar Stufen. Gehen Sie die Stufen herunter, gehen Sie nach rechts, und sie sehen vor dem Rosengarten eine Reihe von Türen. Verweilen Sie dort oder geben Sie vor, eine Zigarette zu rauchen.

Die Doppeltüren werden immer wieder geöffnet, weil jemand herauskommt, der sich eine Zigarette anstecken will oder um die Rosenbüsche herumspaziert. Sie können dann eine der Türen aufhalten und das UN-Gebäude betreten, indem Sie so tun, als seien Sie ein UN-Mitarbeiter, der in das Gebäude zurückgehen will. Vielleicht steht dort auch schon eine kleine Gruppe von UN-Leuten, die zusammen mit Ihnen hineingeht. Die Türen lassen sich nur von innen öffnen.

Jetzt sind Sie drin. Sie können nach Belieben überall hingehen. Wenn Sie ein bestimmtes Ziel haben und nicht wissen, wo es langgeht, fragen Sie einfach – vielleicht sogar einen der Wachmänner, die man an den hellblauen Uniformen erkennt. Sie sind sehr hilfsbereit.

Wenn diese clevere Methode für ihr ängstliches Gemüt nicht das Richtige ist, weil sie zu viele Heimlichkeiten erfordert, können Sie natürlich auch einfach die erwähnten Behelfsbauten betreten und sich als Tourist ausgeben. Nachdem Sie einen bescheidenen Obulus entrichtet haben, gehen Sie zusammen mit einer Führerin und einer Gruppe von Voyeuren in das Gebäude. Während der Führung können Sie sich jederzeit selbständig machen. Sie sind drin.

Sie können auch dadurch als Tourist in das Gebäude kommen, daß Sie nach dem Passieren der Metalldetektoren nach rechts gehen, mit dem Fahrstuhl nach unten fahren und durch die Tiefgarage ins UN-Sekretariat gehen. Starren Sie nicht auf die Drogenübergaben, die in der Garage eventuell stattfinden. Das könnte in der Tat gefährlich werden.

Mit etwas mehr Aufwand und Raffinesse können Sie sich natürlich auch bei einem befreundeten libyschen Diplomaten einen jener Parkausweise ausleihen, die sich der UN-Diplomat vor die Windschutzscheibe pappt. Der wird Ihnen am Times Square für schlappe zehn Dollar kopiert und laminiert. Das Original geben Sie seinem rechtmäßigen Besitzer zurück. Sie können nun in der Garage Ihren eigenen Wagen abstellen.

Man möchte meinen, daß die Lektüre dieser Anleitungen die oberen UN-Sekretariatsränge auf die erbarmungswürdige Sorglosigkeit hinweisen könnte, mit der bei ihnen das Thema Sicherheit behandelt wird. Offengestanden bezweifle ich das aber.

Über die Machenschaften im UN-Sekretariat einen unzeitgemäßen Schleier der Geheimhaltung zu legen, gefährdet die Sicherheit der Menschen in New York und in allen vom Terrorismus bedrohten Städten.

Das ist kein Aufruf zu einem allgemeinen Krieg zwischen dem Islam und dem Westen. Es gibt aber ein bestimmtes Klima oder, wenn man so will, ein Ethos des islamischen Extremismus, das in den Korridoren der Vereinten Nationen herrscht – einer Organisation, die eigentlich Kriege verhindern sollte und von der man erwarten müßte, daß sie unpolitisch und säkularisiert bleibt.

Für muslimische Extremisten sind säkularisierte Staaten ungläubiges Terrain. Sie sind auf ihre Weise Internationalisten, indem sie andauernd und mit wechselndem Erfolg darauf hinarbeiten, das Sekretariat und andere UN-Organisationen zu einer internationalen Plattform für militante islamische Ziele zu machen. Lange Jahre hindurch erfreuten sich diese militanten Gruppen keiner geringeren Unterstützung als derjenigen der Generalsekretäre, die die religiösen und politischen Aktivitäten muslimischer Kräfte im Sekretariat tolerierten. Das gilt auch für den jetzigen Generalsekretär Kofi Annan, obwohl seine Vorgänger in gewisser Hinsicht stärker verstrickt waren. Durch ihren unverhüllten Antisemitismus haben Annans Vorgänger in einem Klima, das den Zionismus nicht nur mit dem Rassismus, sondern auch pauschal mit den USA gleichsetzte, den muslimischen Extremismus tagtäglich bewußt kultiviert.

Das FBI kann ausländische UN-Diplomaten in ganz New York beobachten und ihnen nachspüren – in Hotels, Kinos, Supermärkten, Schulen, öffentlichen Grünanlagen oder überall, wohin sie auch gehen. Nur nicht in einem großen Komplex, der sich im Zentrum von Manhattan befindet. Und das ist natürlich der Amtssitz der Vereinten Nationen.

Irakische Diplomaten und afghanische Diplomaten, die mit den Taliban zusammenhingen, haben jahrelang einen Großteil ihrer Arbeitszeit in diesem UN-Komplex zugebracht – und sich dort immer wieder mit ihren Genossen und Landsleuten getroffen. Ihre Kollegen haben allesamt ihre Büros im UN-Sekretariat. Sie sind bestens mit Computern und angeblich sicheren Telefonanschlüssen ausgestattet, und sie haben ihre eigene Bank, die von der Chase Manhattan für das UN-Personal eingerichtet wurde – besetzt mit kompetenten Leuten aus ihrem großen Pool von ausländischen Angestellten.

Warum haben sich diese irakischen und Taliban-Diplomaten früher im UN-Sekretariat immer wieder zu längeren Gesprächen mit Nasser al-Kidwa getroffen, dem UN-Delegierten der PLO und Neffen von Yassir Arafat? Wie wir gesehen haben, saßen Sie mit anderen Mitgliedern des Sekretariats, die für ihre militant islamischen Ansichten bekannt waren, jahrelang in der Delegates Lounge zusammen.

Damit stellt sich offenbar die Frage, warum ihre Aktivitäten unter den jetzigen Verhältnissen nicht von amerikanischen Ermittlungsbeamten untersucht werden sollten. Was haben die Taliban-Sympathisanten und die früheren Agenten von Saddam Hussein, die Agenten der Hisbollah, des Islamischen Dschihad oder der Hamas im UN-Sekretariat vor? Warum soll man sie in einem Umkreis von 25 Meilen um den Columbus Circle bis in die New Yorker Außenbezirke verfolgen, wenn ihre bedrohlichsten Operationen doch diejenigen sein müssen, die sie im UN-Gebäude betreiben?

Das UN-Gebäude ist zweifellos ein idealer Ort für militante islamische Aktivitäten – für Aktivitäten, wie sie dort schon seit langem in einer organisierten Geheimbündelei stattfinden, die auch das Kommen und Gehen der Generalsekretäre übersteht. An einem Ort, an dem offener Antisemitismus herrscht, bieten die Vereinten Nationen diesen Elementen ein günstiges Klima.

Ein positiv denkender Zeitgenosse könnte nun sagen: »Die UN-Behörden könnten sie doch beobachten, und sie könnten sie daran hindern, im UN-Sekretariat illegale oder kriminelle Aktivitäten zu betreiben.«

Aber ist das tatsächlich vorstellbar? Wie kann dies in einer Organisation geschehen, die zugelassen hat und immer noch duldet,

- daß Mitarbeiter ihrer Abrüstungsabteilung nicht nur Schrotflinten, sondern auch atomwaffenfähiges Material zum Kauf anbieten?
- daß Vettern-, Amigo- und Günstlingswirtschaft in ihrer krassesten Form stattfinden?
- daß Millionen Dollar von UN-Geldern an eine riesige Wirtschaftsprüfungsgesellschaft umgeleitet werden?

- daß ausländische Geheimdienste ganz unverhohlen eine ungeheure Nachrichtenbeschaffungsaktivität betreiben, um die Verteidigungsfähigkeit des Gastgeberlandes – der Vereinigten Staaten – zu schwächen?
- daß eine kompetente und loyale amerikanische Beamtin entlassen wird (siehe das nächste Kapitel), weil sie vor dem Kongreß nicht gelogen hat?
- daß Oberbosse von organisierten Verbrechersyndikaten sich Zugang verschaffen können und gebauchpinselt werden?
- daß ganze Bereiche ihrer Übersee-Einsätze total von der Korruption beherrscht sind, zum Beispiel im Falle der skandalösen kriminellen Aktivitäten von UN-Beamten in ganz Ostafrika oder des Oil-for-Food-Programms im Irak?
- daß UN-Beamte von Umzugsfirmen, Reiseagenturen oder Softwarefirmen, die mit den Vereinten Nationen ins Geschäft kommen wollen, Schmiergelder kassieren?

Eine Überwachung der verschiedenen illegalen, kriminellen, korrupten und terroristisch eingestellten Gruppen oder Personen, die unter dem Schutz der UN-Immunität operieren, mag vor den Ereignissen des 11. September für viele undenkbar gewesen sein. Man wandte ein, daß solche illegalen Aktivitäten – wie diejenigen, die den Menschen in Ostafrika so großen Schaden zufügten – nun einmal der Preis sind, den die Gesellschaft zu zahlen hat, zumal dann, wenn sie eine internationale Organisation beherbergt. Das Unrecht, das diese korrupten und kriminellen Elemente bei den Vereinten Nationen begehen, mag für das amerikanische Volk wie auch für die Menschen in anderen Teilen der Welt nicht erfreulich sein, aber das gehört eben dazu, würden die permissiven UN-Befürworter sagen.

Es liegt aber auf der Hand (weil es dafür umfangreiche Belege gibt), daß das UN-Sekretariat – das gegenüber äußerer Aufsicht Immunität genießt, finanziell nicht rechenschaftspflichtig ist und terroristischen Elementen leichten Zugang bietet – einen Unterschlupf für Terroristen darstellt, den wir nicht ignorieren können.

VIERZEHNTES KAPITEL

Die Farce einer UN-Reform

Alles, was zu einem besseren System politischer und wirtschaftlicher Stabilität führt, sollte natürlich unterstützt werden. So war es erfreulich, daß Kofi Annan im Jahre 2003 die Annahme einer Antikorruptions-Konvention durch die Vollversammlung begrüßte. »Korruption ist ein entscheidendes Element wirtschaftlicher Leistungsschwäche und ein Haupthindernis für die Linderung der Armut und für die Entwicklung«, erklärte der Generalsekretär. Amen! »Korrupte Beamte werden es in Zukunft schwerer haben, ihre illegalen Profite zu verbergen«, fügte er hinzu.

Drei Tage später, am 3. November 2003, nahm der frühere Chef des mexikanischen Kriminalamts, ein Mann, der sich durch die Bekämpfung des organisierten Verbrechens in Mexiko internationale Reputation erworben hatte, bei den Vereinten Nationen seinen Hut. Samuel González-Ruiz war vom UN-Büro für Drogen- und Verbrechensbekämpfung als Berater eingestellt worden. In seiner Abschiedserklärung stellte er fest: »Ich habe keine Lust, in aller Welt gegen organisiertes Verbrechen und Korruption zu kämpfen, während ich in einer Organisation arbeite, die administrative und in manchen Fällen sogar kriminelle Vergehen duldet.« Er äußerte sich insbesondere negativ über die Wiener UN-Organisation, die den Drogenhandel und das organisierte Verbrechen bekämpfen soll.

Das UN-Büro für Drogen- und Verbrechensbekämpfung (UNO DC) in Wien setzt sich größtenteils aus früheren Polizeichefs verschiedener Länder zusammen. Dahinter steht die etwas naive Vorstellung, daß frühere Polizeichefs höchst ehrenwerte Leute sind und deshalb die besten Voraussetzungen mitbringen, um dem internationalen Verbrechen den Garaus zu machen.

González-Ruiz war als einer dieser früheren Polizeichefs hervorragend ausgewiesen. Während seiner Tätigkeit in Mexiko war er dafür bekannt, daß er äußerst kompetent und couragiert gegen die mächtigen mexikanischen Drogenkartelle vorging und dabei beispiellose Erfolge verbuchte. Als er in das Wiener UN-Büro eintrat, glaubte er in einem Klima arbeiten zu können, in dem ein Mindestmaß an Ethik und moralischer Integrität herrscht.

Zu seiner Überraschung stellte er fest, daß das Amt von Leuten betrieben wurde, die ihr flexibles Budget dazu nutzten, gemütlich ihre Heimatländer zu bereisen, unter dem Vorwand, daß sie an Orten zu tun hatten, die sich mit der Reiseroute geschickt verbinden ließen. Das UNODC duldete offene Interessenkonflikte, indem zum Beispiel die Ehefrauen von Dienststellenleitern im Büro ihres Mannes angestellt wurden. Er fand auch heraus, daß die nominellen Verbrechensbekämpfer potentielle Verräter häufig mit Drohungen einschüchterten.

González-Ruiz hat zusammen mit einem seiner Kollegen wiederholt Beschwerden eingereicht und schließlich sein Amt niedergelegt. Er tat dies mit einem lauten Knall. Die internationale Presse hat darüber berichtet.

Nun ordnete der Generalsekretär eine Untersuchung an. Es handelte sich um eine hausinterne Untersuchung, mit der sich der Bock zum Gärtner machte – in Gestalt des Amtes für interne Aufsichtsdienste (OIOS) der Vereinten Nationen. Sie brachte ein Ergebnis hervor, das unfreiwillig jene bezaubernde Mischung von Dienstvergehen und Unbedarftheiten enthüllte, die wir versucht haben zu beschreiben.

Gleich nach der Bekanntgabe des Untersuchungsberichts veröffentlichte das Wiener UNODC eine Pressemitteilung, die erklärte, das Amt sei von allen Vorwürfen entlastet worden. Sie erschien im November 2003 mit dem sinnigen Vermerk »Nur zur Information – kein amtliches Dokument«. Das sollte möglichen Hinweisen vorbauen, daß der Untersuchungsbericht nichts dergleichen besagte.

Tatsächlich konnte man allerdings kaum sagen, zu welchem Schluß der Bericht eigentlich kam. Der Buchstabensalat aus Behauptungen, Gegenbehauptungen, Vergehen, Irrtümern, Vorwürfen, Verletzungen der Aufsichtspflicht und ständigen detaillierten Bezugnahmen auf die Bestimmungen und Vorschriften, die nach Meinung der Aufsichtsbeamten auf das fragliche Fehlverhalten Anwendung finden oder auch nicht, führte nämlich zu gar keinem Ergebnis. Genau das soll mit einer UN-Dienstaufsichtsuntersuchung erreicht werden. Die vorliegende wurde als eine unabhängige Dienstaufsichtsmaßnahme begrüßt, obwohl sie in Wirklichkeit hausintern war, also alles andere als unabhängig.

Die in diesem Fall geltenden Bestimmungen waren der »Aufsicht« bekannt, und sie wurden in dem Bericht genannt:

- es dürfen keine Väter, Mütter, Söhne, Töchter, Brüder oder Schwestern eines UN-Beamten eingestellt werden, wenn die Stelle anderweitig besetzt werden kann;
- niemand darf wegen eines Verwandtschaftsverhältnisses zu einem Mitarbeiter bei einer Einstellung bevorzugt werden;
- Personalentscheidungen dürfen nicht von Mitarbeitern getroffen werden, die mit dem Betreffenden verwandt sind;
- der Generalsekretär kann bei unangemessenem Verhalten Disziplinarmaßnahmen anordnen;
- UN-Mitarbeiter dürfen Untersuchungsergebnisse nicht ohne Genehmigung des Generalsekretärs an externe Behörden weitergeben, auch nicht nach ihrem Ausscheiden.

Diese Bestimmungen dürften hinreichend klar sein. Von ihrer Nichteinhaltung war aber in dem Untersuchungsbericht nicht die Rede. Er schien zu besagen: »Dies hier sind die geltenden Bestimmungen; dies hier sind die Vorgänge; wir werden aber zwischen dem einen und dem anderen keinen Zusammenhang herstellen. Das ist nicht unsere Aufgabe.«

Bei der Untersuchung von Dienstreisen deckten die Aufsichtsbeamten ungewollt auf, daß die Wiener Drogen- und Verbrechensbekämpfer ständig verreisten. Die Australier nach Australien; die Briten grundsätzlich über London. Daran war aber nichts auszusetzen, weil es sich im Rahmen der UN-Dienstreisebestimmungen hielt. Verdächtig, aber nicht verboten, stellten die »Aufseher« fest. Der Untersuchungsbericht schwelgt allerdings in kryptischen Bemerkungen, zum Beispiel: »Es ist nicht Aufgabe dieses Berichts, Veränderungen der Flugpreise zu untersuchen.«

Auf der anderen Seite wird den Beschwerdeführern dunkel unterstellt, sie hätten »wissentlich oder unwissentlich« bestimmte Fakten ignoriert. Die Aufsichtsbeamten insinuieren also, daß die Beschwerdeführer selbst etwas zu verbergen haben. Das hat man nun davon, wenn man sich beschwert. Der Bericht investiert auch große Anstrengungen in den Nachweis, daß ein Vorgang, der in der vereinfachten Außenansicht wie ein Konflikt wirken mag, in der diffenzierteren Innenansicht der Vereinten Nationen nicht unbedingt einer ist. Was zum Beispiel »in vielen nationalen Rechtsauffassungen« als Schmiergeld gilt, muß UN-intern nicht unbedingt ein solches sein. Das Auftreten eines Interessenkonflikts, in den meisten westlichen (und östlichen) Organisationen ein Kündigungsgrund, ist bei den Vereinten Nationen kein Grund zur Aufregung. Ein weiteres »Ergebnis« des Berichts bestand darin, daß ein nur partieller Interessenkonflikt – wenn zum Beispiel die Frau des Chefs nicht nur ihren Mann zum Vorgesetzten hat – jeden Verdacht auf eine Unregelmäßigkeit aufhebt. Die Aufsichtsbeamten räumten ein, daß es im Verhalten der Vorgesetzten gewisse Versäumnisse gegeben haben mag, doch Versäumnisse seien zwar beklagenswert, aber keine Vergehen.

In Bezug auf die angedrohte Entlassung der beiden Beschwerdeführer – von denen einer, wie schon gesagt, unter Protest kündigte – kamen die »Aufseher« zu dem Schluß, daß das Vorliegen einer Vergeltungsmaßnahme fraglich sei, weil beide befristete Verträge hatten. Das war natürlich blanker Unsinn. Alle UN-Verträge sind befristet und werden in der Regel routinemäßig verlängert. Das Vorliegen einer Vergeltungsmaßnahme war also keineswegs fraglich. Wie die Aufsichtsbeamten weiterhin feststellten, rechtfertigte auch die Tatsache, daß die Stellung eines der Beschwerdeführer »durch die Streichung von Projektmitteln abgebaut wurde«, nicht die Annahme einer Vergeltungsmaßnahme. Tatsächlich belegten die selektiven Tatsachen, die das UN-Aufsichtsamt in diesem langatmigen, redundanten und hingeschluderten Bericht vorlegte, das genaue Gegenteil.

Gegen Ende dieser typischen UN-Untersuchung erklären die Ermittler zur allgemeinen Erheiterung, daß man die Beschwerdeführer nicht mit »whistle-blowers« (Denunzianten oder Informanten) verwechseln dürfe. »Der Begriff des Informanten bezieht sich auf einen Rechtsstatus, der mit besonderen Schutzmaßnahmen aufgrund einer begründeten Bedrohung verbunden ist; er wird aber oft anstelle des korrekten Begriffs des Beschwerdeführers verwendet.«

Zum Abschluß stellt das Aufsichtsamt fest:

»Aufgestellte Behauptungen müssen sorgfältig überprüft werden. Das damit bezeichnete Verhalten muß anhand von rechtlichen Bestimmungen untersucht werden und darf nicht nur als falsch oder korrupt bezeichnet werden. Jemanden als korrupt zu bezeichnen, richtet grundlosen Schaden an, wenn kein Verhalten nachweisbar ist, das sich in bezug auf eine Bestimmung kennzeichnen läßt.«

Der Bericht kommt weiterhin zu dem Schluß:

»Die Art der vom Leiter in der Vergangenheit mit seiner Frau abgeschlossenen Verträge verdient eine scharfe Reaktion seitens der Verwaltung. Der Interessenkonflikt und die Fehleinschätzung des Leiters können aber nicht als ein Beleg dafür gelten, daß im UNODOC Korruption, Amtsmißbrauch, Nepotismus und Mißwirtschaft herrschen, wie die Beschwerdeführer behaupten.«

Schließlich stellt der konfuse OIOS-Bericht fest, daß es richtig gewesen sei, den Vorwürfen nachzugehen. Daß es in der Drogen- und Verbrechensbehörde eine Vertuschungsaffäre gab. Daß sich die Mitarbeiter über die Bestimmungen und Vorschriften im klaren sein müßten und daß entsprechende »Sensibilisierungs«-Maßnahmen angebracht und vielleicht sogar notwendig seien. Sie kommen aber auch zu dem Schluß, daß sich die Beschwerdeführer als Nestbeschmutzer betätigten, indem sie entgegen den UN-Bestimmungen ihre Beschwerden gegenüber »Geberländern« publik machten und damit das Bild der Vereinten Nationen beschädigt hätten. Disziplinarmaßnahmen gegenüber den beiden Beschwerdeführern hätten sich empfohlen, wenn Sie die Absicht gehabt hätten, bei den Vereinten Nationen zu bleiben.

Zur Bestrafung der anderen möglichen Missetäter empfahlen die Aufsichtsbeamten, die Wiener Drogen- und Verbrechensbekämpfer »daran zu erinnern, daß Beschwerden, die in gutwilliger Absicht erfolgen, auf dem richtigen Wege eingereicht werden sollten«. Sie empfahlen auch, daß die Leiter des Wiener UN-Amts eine entsprechende Schulung für die Drogen- und Verbrechensverwalter organisieren und durchführen sollten. Und schließlich solle in bezug auf den Interessenkonflikt des Leiters der Einsatzabteilung »ein ordnungsgemäßes Handeln eingeführt werden«. Härter wurde wohl noch niemand bestraft!

Diese OIOS-Untersuchung wurde hier etwas ausführlicher beschrieben, weil sie für die internen Disziplinarermittlungen bei den Vereinten Nationen typisch ist. Doppelzüngigkeit und bewußte Konfusion sind die probaten Methoden, um den Status quo aufrechtzuerhalten und die Beschuldigten reinzuwaschen.

»Reform« ist bei den Vereinten Nationen ein vielfach mißbrauchter Begriff, der sich einer seltsamen Beliebtheit erfreut. Während der letzten zwanzig Jahre, dem Zeitraum, in dem ich mit den Vereinten Nationen zu tun hatte, hat der amerikanische Kongreß »unnachgiebig« auf Reformen bestanden, und die Generalsekretäre – Pérez de Cuellar, Boutros-Ghali und Kofi Annan – haben sie allesamt in Aussicht gestellt.

Javier handhabte den Reformbegriff sehr erfolgreich. Er versprach Reformen, verschwendete aber keine weiteren Gedanken darauf. Eine Reorganisation oder Umgestaltung des Sekretariats war für ihn etwas, was er höchstens abzusegnen hatte. Das war zumindest ein moralischer Gestus.

Boutros-Ghali war das genaue Gegenteil, aber es lief seltsamerweise auf dasselbe hinaus. In sukzessiven Schüben von Weisungen und Verwaltungserlassen wurde alles und jedes von ihm umorganisiert. Funktionen wurden umverteilt, Beamte umgesetzt, Tätigkeiten umgruppiert – aber das waren alles symbolische Gesten. Art und Umfang der UN-Aktivitäten wurden davon nicht weiter berührt.

»Egoistische« UN-Mitarbeiter hatten es satt, daß sie während der Herrschaft von Boutros-Ghali immer wieder ihr Mobiliar umräumen mußten, von einer Etage in die nächste zogen und im UN-Verzeichnis ständig anders firmierten. Irgendwann im Jahre 1995 stellten sie in der UN-Garage Schilder auf, die ironisch eine neue Umstrukturierung verlangten, weil sie seit zwei Monaten ungestört am selben Ort »vor sich hin modern« mußten.

Keine dieser offensichtlichen Simulationen hat Boutros bei der amerikanischen UN-Botschafterin Madeleine Albright, der späteren Außenministerin, größere Sympathien verschafft. Man muß allerdings feststellen, daß die Eintrübung ihres Verhältnisses wenig mit dem Erfolg oder Mißerfolg seiner Reformen zu tun hatte.

Boutros gab sich anfangs sehr aufgeschlossen gegenüber ihren Politikvorschlägen und hatte bald ihr Vertrauen gewonnen. Sie selbst verließ sich auf seinen Rat, besonders in solchen Weltregionen, in denen sich Boutros – der frühere ägyptische Außenminister – gut auszukennen vorgab.

Während der Somaliakrise des Jahres 1993 riet er ihr, den somalischen Warlord Mohammed Aidid auf die Abschußliste zu setzen, und sie konnte auch die amerikanische Regierung dazu veranlassen, ihn tatsachengemäß zum »Outlaw« zu erklären. Einige Jahre zuvor, während der ägyptisch-sudanesischen Krise, war Boutros als koptischer Christ an der Spitze der ägyptischen Außenpolitik mit Aidid aneinandergeraten. Er sah in ihm einen Todfeind. Das schien Madeleine Albright nicht bekannt gewesen zu sein, als er sie dazu brachte, seinen persönlichen Rachefeldzug mit der amerikanischen Politik abzustimmen.

Der abenteuerliche Versuch, in Somalia Jagd auf Aidid zu machen, ging gründlich daneben. In Mogadischu wurden amerikanische Soldaten niedergemetzelt, und die Clinton-Regierung zog die US-Truppen schnell wieder ab. Die Aufstiegspläne von Madeleine Albright drohten dadurch verhagelt zu werden, weshalb sie die Vertraulichkeiten mit dem Generalsekretär abrupt einstellte. Boutros, der es in seinem Heimatland – trotz seiner französischen Kultur-Prätentionen – nicht gewohnt war, daß eine Frau ihn fallenließ, nannte sie verärgert »une femme vulgaire«. Madeleine soll daraufhin geschworen haben, daß sie ihm zeigen würde, wie vulgär sie tatsächlich sein kann. Sie machte die amerikanische Ablehnung seiner Wiederernennung zu ihrem persönlichen Anliegen, legte selbst das Veto gegen seine zweite fünfjährige Amtszeit ein und wählte persönlich Kofi Annan zum Nachfolger aus. Kofi war als Schwarzafrikaner mit schwedischer Staatsbürgerschaft ein möglicher Generalsekretär, weil bei den Vereinten Nationen kein Kandidat in Betracht kommt, der aus einer Weltmacht oder aus einem größeren Industrieland stammt. Schweden und Ghana gelten beide als neutral – Ghana deshalb, weil es sich aus allen weltpolitischen Angelegenheiten heraushält, und Schweden, weil es sich in alle einmischt.

So erwies sich alles, was der arme Boutros unternommen hatte, um dem amerikanischen Kongreß, dem Weißen Haus, der amerikanischen Presse und allen, die es hören wollten, zu zeigen, daß er ein reformbegeisterter, fanatischer Umstrukturierer des UN-Sekretariats war, als vergebliche Liebesmüh. Nicht nur, daß sein ständiges Auf- und Umkrempeln zu keinem positiven Ergebnis führte, er erreichte nicht einmal wie alle früheren Generalsekretäre das Klassenziel von zwei Amtsperioden.

Kofi Annan ist es viel besser gelungen, das Bild eines reformfreudigen Generalsekretärs abzugeben, der gegen Verschwendung, Ineffizienz und Korruption auftritt und im Sicherheitsrat für strukturelle Veränderungen plädiert. Er hat sich dafür ausgesprochen, die Zahl der Ständigen Mitglieder im Sicherheitsrat von bisher fünf – USA, Rußland, China, Großbritannien und Frankreich – auf acht oder neun aufzustocken, unter Hinzunahme von Indien und Japan, vielleicht auch von Deutschland und Brasilien. Diese Veränderung würde gewiß dazu beitragen, daß die bevölkerungsreichsten Länder bei den Vereinten Nationen besser repräsentiert sind.

Sie würde aber nicht viel bewirken. Die Hälfte der bei den Vereinten Nationen vertretenen Welt würde nach wie vor von der anderen Hälfte beherrscht. Die Frage ist auch, ob ein Generalsekretär überhaupt die Möglichkeit hat, in einem der sogenannten »UN-Legislativorgane« – Vollversammlung oder Sicherheitsrat – von sich aus Reformen durchzusetzen.

Kofi Annan hat für sein verbales Eintreten für eine parlamentarische UN-Reform durchaus Lob verdient. Aber mögliche längerfristige Veränderungen im Sicherheitsrat oder in der Vollversammlung dürfen nicht zum Vorwand werden, um andere Reformen zu vernachlässigen, die sich viel schneller und ohne ernsthaften Widerstand seitens der Mitgliedsstaaten durchführen lassen. Es erfordert einigen Mut, das korrumpierte politische Leitungssystem im UN-Sekretariat zu reparieren, aber ein »reformfreudiger« Generalsekretär benötigt Rückgrat und eine gewisse Integrität.

Die USA sind der Hauptgeldgeber der Vereinten Nationen und auch das Hauptgastgeberland. Warum hat die amerikanische Regierung dann nicht versucht, die verbreiteten UN-Spionageoperationen zu verhindern oder die heimlichen Aktivitäten zur Unterstützung des Terrorismus zu unterbinden, der sich gegen Israel und höchstwahrscheinlich auch gegen die Vereinigten Staaten richtet? Und warum haben die USA gegen die massive Korruption, gegen die eklatanten Interessenkonflikte und gegen die weitverbreiteten kriminellen Aktivitäten im Sekretariat nicht wirksam protestiert?

Die Antwort ist fast zu einfach, um für Außenstehende glaubhaft zu sein. Tatsächlich haben die Vereinigten Staaten zu den Interessenkonflikten und zu der Korruption im Sekretariat selbst beigetragen, und sie haben bei diesen illegalen Aktivitäten oft wissentlich mitgespielt.

An der Duldung des empörenden Antisemitismus im UN-Sekretariat war die amerikanische Regierung (sprich: das Außenministerium) zutiefst mitschuldig, erst recht, wenn man bedenkt, daß sie auf dieses schamlose Treiben immer wieder aufmerksam gemacht wurde. Alles, was die USA zu tun bereit waren, war, diese Zustände zur Kenntnis zu nehmen und natürlich zu beklagen – stillschweigend.

Ein Skeptiker könnte darauf hinweisen, daß bei der UN-»Finanzkrise« des Jahres 1996, als sich die amerikanische Regierung mit der ernsthaften Absicht trug, ihren UN-Beitrag drastisch zu reduzieren, sowohl die Exekutivorgane als auch der Kongreß lautstark nach einer Reform des Sekretariats und anderer UN-Organisationen riefen. Dieser Ruf nach Reformen konzentrierte sich jedoch auf unpräzise Allgemeinheiten wie den aufgeblähten Personalstamm oder den inflationären Etat. Zudem hatten die amerikanischen Forderungen, denkt man an das Zerwürfnis zwischen Madeleine Albright und Boutros-Ghali, mehr mit der Verhinderung von Boutros' zweiter Amtszeit als mit nachhaltigen Reforminitiativen zu tun. Mit der Inthronisierung von Kofi Annan hörte das Reformgeschrei jedenfalls auf.

Interessenkonflikte sind aber im UN-Sekretariat nie ein Problem gewesen, wie schon das dreiste sowjetische Abordnungsverfahren bewies. Vom Generalsekretär abwärts bis hin zu den untersten Rängen haben im UN-Sekretariat – einer vermeintlich neutralen internationalen Organisation – Legionen von Mitarbeitern für die Förderung und Wahrung der Interessen der sie protegierenden Mitgliedsstaaten gearbeitet. Diese Art von Interessenkonflikt war bei den Vereinten Nationen immer ganz selbstverständlich gewesen.

Gab es nicht trotz dieser absonderlichen Verhältnisse von schamlosen Interessenkonflikten, illegalen ausländischen Geheimdienstaktivitäten, Beziehungen zur organisierten Kriminalität und sicheren Arbeitsplätzen für islamische Extremisten und Terrorismus-Sympathisanten, also trotz dieses ganzen Karnevals des Absurden, in der amerikanischen Regierung einzelne Stimmen, die sich gegen diese Mißstände erhoben?

Es gab sie.

Die amerikanische Regierung hatte das Glück, eine (schon kurz angesprochene) »Informantin« zu haben – und zwar nicht irgendeine Sekretärin, die in einem fensterlosen Raum heimlich obskure Akten liest, sondern eine hochrangige Beamtin, die laut ins Horn stieß, um einige der haarsträubendsten Exzesse im UN-Sekretariat publik zu machen. Sehen wir uns an, wie es ihr erging.

Linda Shenwick war von Haus aus Juristin und ihrer Profession nach eine gute Verwaltungsbeamte. Nachdem sie in der amerikanischen Regierung aufgestiegen war, wurde sie zur Expertin für den UN-Haushalt und die UN-Verwaltung. Im diplomatischen Rang einer Gesandten-Botschaftsrätin vertrat sie die Vereinigten Staaten glänzend in einem UN-Gremium, das sich »Beratender Ausschuß für Verwaltungs- und Haushaltsfragen« nennt.

Dieser Ausschuß wird fast immer mit seinen englischen Initialen ACABQ bezeichnet, was seinen unklaren Gegenstand noch mehr ins Abstrakte entrückt. Er ist das Gremium, über das sich der eine oder andere Mitgliedsstaat höflichst danach erkundigen kann, was eigentlich mit seinen Beiträgen passiert. Das UN-Sekretariat bequemt sich dann zu einer Antwort, indem es »Experten« entsendet, die in leuchtenden Farben den großen Erfolg aller UN-Aktivitäten schildern.

Kann ein Mitgliedsstaat Einsicht in die UN-Bücher verlangen, so es sie denn gibt? Die Antwort ist ein diplomatisch verklausuliertes Nein. Experten für internationale Angelegenheiten werden behaupten, daß internationale Organisationen unter der direkten Aufsicht einzelner Mitgliedsstaaten nicht funktionieren können. Den UN-Betrieb für eine solche Überprüfung offenzulegen, würde gegen Grundsätze verstoßen, die bis auf den Turmbau von Babel zurückgehen, die erste uns bekannte internationale Organisation.

Linda Shenwick hat die Vereinigten Staaten fast zehn Jahre lang im ACABQ vertreten. Sie wurde von verschiedenen amerikanischen UN-

Botschaftern – Vertretern sowohl republikanischer als auch demokratischer US-Regierungen – in den höchsten Tönen gelobt. Sie hat sich in professioneller, aber überzeugender Manier über viele Hindernisse hinweggesetzt, die das UN-Sekretariat gegen zahlreiche Haushaltsprüfungen in bezug auf alle möglichen Verstöße auftürmte – Vetternwirtschaft, Unterschlagungen in Ostafrika, horrende Ausgaben für die Veröffentlichung wertloser und eigennütziger Propagandaschriften und viele andere Dinge, die von kriminellen und gefährlichen Aktivitäten im Sekretariat und seinen Organisationen zeugten. Sie nahm ihre Arbeit sehr ernst. Der einzige Charaktermangel, den man ihr vielleicht bescheinigen konnte, war denn auch ihr fehlender Sinn für Humor. Den braucht man nämlich bei den Vereinten Nationen.

Linda Shenwick bezeugte vor dem Kongreß unter Eid die Unterschlagungen und sonstigen moralischen Exzesse, die bei den Vereinten Nationen stattfanden – den Diebstahl von 3,9 Millionen Dollar in bar, die in Somalia verschwanden, die Einstellung der eigenen Ehefrauen zu Gehältern von 70.000 Dollar und mehr durch hohe UN-Beamte, die unnötigen und absurden Planungen bestimmter Hauptabteilungen zur Anmietung von Tausenden von Quadratmetern an zusätzlichem Büroraum, und zwar zu überhöhten Preisen in einem ansonsten flauen New Yorker Immobilienmarkt, und dergleichen mehr.

Zum Lohn dafür, daß sie vor einem Kongreßausschuß keinen Meineid schwor und ihre Arbeit bei den Vereinten Nationen korrekt versah, wurde sie von ihrem ACABQ-Posten entfernt, und zwar durch keine andere als die amerikanische UN-Botschafterin Albright. Ihr schwacher Nachfolger hat es fertiggebracht, die nächste turnusmäßige Wahl der ACABQ-Mitgliedsstaaten zu vermasseln, und so wurden die USA aus dem Haushaltskontrollausschuß (wenn wir diese schwache Institution so nennen wollen) herausgekegelt.

Hat dieser Skandal – daß die USA unter ihren Augen aus dem einzigen Ausschuß entfernt wurden, der bei den Vereinten Nationen entfernte Ähnlichkeit mit einer Finanzprüfstelle hat – Frau Dr. Albright, die nie dem Senior Executive Service (der amerikanischen Top-Ministerialbürokratie) angehört hat, geschadet?

Offenbar nicht.

Der geopferten amerikanischen Beamtin wurde nun in einem turnusmäßigen Leistungsbericht bescheinigt, daß sie ihren Pflichten nicht nachgekommen sei – die offenbar von ihr verlangten, den Kongreß zu belügen. Sie verlor ihr Büro, wurde in ein fensterloses Loch verbannt und erhielt Anweisung, sich nur auf Anfrage zu äußern. Sie wurde vom Außenministerium gewissermaßen unter Quarantäne gestellt.

Dann wurde sie entlassen.

Auf Druck von empörten Abgeordneten und Senatoren – sowohl Liberalen wie Hillary Clinton als auch Konservativen wie Tom DeLay – hat das State Department fünf Millionen Dollar an ein anderes Ministerium transferiert, um für unsere amerikanische Beamtin eine Scheinposition einzurichten – vielleicht eine Entschädigung für ihre Behandlung, aber keine Wiedergutmachung für die Vergehen, die der UN-Haushaltsausschuß permanent durchgehen ließ. Das Opfer lehnte ab und hat eine Zeitlang schwer dafür bezahlt. Ihr Schicksal kann aber all denjenigen als Warnung dienen, die auf die verrückte Idee kommen, daß der Kampf gegen die grassierende Korruption und Kriminalität bei den Vereinten Nationen einen Sinn haben könnte.

Die Gauner, die hartgesottenen Kriminellen, die Spione, Terrorsympathisanten, Seilschaften und Rassisten, die sich bei den Vereinten Nationen tummeln, haben es nicht gern, wenn man ihre Kreise stört. Schon der Versuch ist strafbar und der Dank des Vaterlands mehr als ungewiß.

»Yo no soy de esta casa«, wiederholte Pérez de Cuellar häufig gegenüber mir und anderen, womit er zu verstehen gab, daß er für die korrupten Praktiken, die unter seiner Aufsicht bei den Vereinten Nationen stattfanden – Praktiken, wie sie von Linda Shenwick oder Conrad Stergas so couragiert angeprangert wurden – keine Verantwortung trug. »Ich gehöre nicht zu dieser Organisation«, ist die wirkliche Übersetzung dieser kryptisch-grotesken Erklärung, weil der von ihm geführte Titel, der des UN-Generalsekretärs, eindeutig das Gegenteil besagt.

Seine Distanzierung wirkte noch unehrlicher, als sein Verhältnis mit der BCCI bekannt wurde, der Bank of Credit and Commerce International, die von den britischen Behörden nach einem der skandalösesten Bankkräche in der Geschichte zwangsliquidiert wurde – im Zusammenhang mit Betrug, Drogenhandels-Geldwäsche und anderen illegalen Geschäften, zu denen die Finanzierung des panamesischen Diktators Noriega und illegaler Bankenbesitz in den USA gehörte. Die BCCI, kontrolliert von arabischen Finanzinteressen, stellte Pérez de Cuellar eine Boeing 727 zur Verfügung, die er als Privatjet benutzte. Die Maschine war auf den Namen von Gaith Pharaon registriert, eines Multimillionärs aus Abu Dhabi und BCCI-Großaktionärs – offenbar eine Gegengabe für die Unterstützung, die der Generalsekretär in den Jahren 1987 bis 1991 (als der Skandal schließlich publik wurde) den arabischen Belangen im UN-Sekretariat gewährte.

Ähnliche unzulässige Parteinahmen durch Pérez de Cuellar fielen den Briten und Amerikanern 1982 im Falklandkrieg auf. Obwohl der UN-Sicherheitsrat die argentinische Invasion verurteilt hatte, wollte er vom amerikanischen Geheimdienst über den Kriegsverlauf unterrichtet werden und forderte nachrichtendienstliche Informationen an, zum Beispiel darüber, wo die USA die britischen Bomber auf ihrer Anflugroute zu den Falklands auftanken wollten. Diese seltsamen Anfragen veranlaßten die Amerikaner und Briten dazu, Don Javier völlig abzuschalten, wogegen er wiederholt protestierte.

Javier stellte daraufhin unter der Bezeichnung Political Intelligence News Service eine erbarmungswürdige Nachrichtendiensttruppe im UN-Sekretariat auf, die unter der Leitung eines bekannten KGB-Agenten aus dem Stab von Untergeneralsekretär Ustinow Informationen von besonderer geheimdienstlicher Bedeutung sammeln sollte, um sie täglich dem Generalsekretär und seinen Topleuten vorzulegen.

Das Ergebnis dieser Bemühungen scheiterte nicht nur kläglich an der Anlieferung von Nachrichten, die nicht schon in der Zeitung standen, es wurde auch zu einem Politikum, das Senator Kasten in verschiedenen Senatsanhörungen publik machte. Natürlich hatte das UN-Sekretariat, ein traditionell geheimniskrämerischer Betrieb, nicht das Recht zu einer geheimdienstlichen Tätigkeit (die sich mit den militärischen oder sonstigen Aktivitäten seiner Mitgliedsstaaten befaßt), ohne daß diese vom Sicherheitsrat oder von der Vollversammlung gebilligt wurde.

In gewisser Weise drückte sich in Javiers Erklärung »Ich gehöre nicht zu dieser Organisation« die Auffassung aus, daß die Vereinten Nationen seinen persönlichen und politischen Zielen nicht im Weg stehen durften.

Natürlich läßt sich etwas dagegen tun, daß das UN-Sekretariat weiterhin als ein Zentrum der politischen Konspiration und der internationalen Intrige fungiert. Auch unter den mittlerweile völlig überholten Prinzipien, die die Siegermächte des Zweiten Weltkriegs in San Francisco propagierten, war das Sekretariat weder dazu gedacht, als ausländische Geheimdienstagentur innerhalb der Vereinigten Staaten zu dienen, noch durfte sich der Generalsekretär so kompromittieren, daß er bei Amerikanern und Briten während der Falklandinvasion als argentinischer Aushilfsagent galt. Weder durfte ein anderer Generalsekretär seine Stellung dazu benutzen, die USA in Somalia einmarschieren zu lassen, um einen persönlichen Intimfeind zu jagen, noch durfte der Generalsekretär in die afrikanische Politik so verstrickt sein, daß er das gerechtfertigte Eingreifen der Vereinten Nationen zur Rettung von fünfhunderttausend unschuldigen Menschen hintertrieb und gegen den Völkermord in Darfur nicht Stellung bezog. Weder durfte er eine verspätete Erklärung zur Illegalität des Irakkriegs dazu benutzen, eine amerikanische Präsidentschaftswahl zu beeinflussen, noch sollte Kofi Annan die Mörder unschuldiger Schulkinder als »Freiheitskämpfer« bezeichnen, auch dann nicht, wenn er mit der Anwendung von terroristischen Methoden zu politischen Zwecken sympathisiert.

Wie kann man diese Rollenkonflikte des UN-Sekretariats und seiner künftigen Generalsekretäre verhindern? Der größte und einfachste Schritt, um die Politisierung des Sekretariats und die Einmischung des Generalsekretärs in die Probleme lokaler, nationaler oder regionaler Politik zu unterbinden, ist die Herstellung einer neuen Offenheit und vollständigen Transparenz aller Sekretariatstätigkeiten, und zwar nicht nur in bezug auf Haushaltsfragen. Nichts von alledem, was das Sekretariat betreibt, ist geheim oder Privatbesitz der Vereinten Nationen. Im Gegenteil: Alle Vorgänge und Aktivitäten, die den Sekretariatsbetrieb ausmachen, sind gewissermaßen gemeinsamer Besitz der UN-Mitgliedsstaaten. Jeder Mitgliedsstaat sollte das Recht haben, über den Sekretariatsbetrieb vollständig unterrichtet zu werden und gegen unzulässige Aktivitäten zu protestieren. Der Protest kann ordnungsgemäß in der Vollversammlung vorgetragen werden, wo sich die Position aller Mitgliedsstaaten in bezug auf die korrekte Durchführung der Sekretariatsgeschäfte verbindlich feststellen läßt.

Daß die Aufteilung der Stimmen – eine für jeden Mitgliedsstaat – ein absurdes Mißverhältnis in bezug auf die Vertretung der Weltbevölkerung darstellt, ist ein anderes Problem, das ebenfalls einer Lösung harrt. All das macht Offenheit in der Führung der UN-Sekretariatsgeschäfte nur um so wünschenswerter und vordringlicher.

FÜNFZEHNTES KAPITEL

Hat der Internationalismus eine Zukunft?

Die amerikanische Regierung hat die wiederholten Warnungen, daß das UN-Sekretariat, das Exekutivorgan der Vereinten Nationen, eine Brutstätte für Korruption, Spionage und politische Untergrundaktivitäten ist, nie ernst genommen. Dabei ist das UN-Sekretariat nicht die neutrale Instanz, die nach den hehren Grundsätzen der UN-Charta den Willen der Mehrheit ihrer Mitgliedstaaten ausführt.

Mangels genauerer Informationen über die Zustände im UN-Sekretariat hat sich der amerikanische Kongreß stets auf ein Thema konzentriert, das den amerikanischen Wählern leicht zu vermitteln war – auf die Verschwendung der Mittel, die die USA den Vereinten Nationen zukommen lassen. Die früheren sowjetischen Geheimdienstaktivitäten waren für die Bewilligungsausschüsse von Senat und Repräsentantenhaus stets von geringerer Bedeutung als diese Dollar-und-Cent-Fragen. Senatoren und Abgeordnete haben sich deshalb darauf konzentriert, als das Allheilmittel für sämtliche UN-Malessen die amerikanischen Beiträge zu kürzen. Sie haben ihren Drohungen aber keine überzeugenden Taten folgen lassen.

Verschiedene amerikanische Regierungen sind davon abgegangen, auf den Rassismus und Antisemitismus bei den Vereinten Nationen energisch zu reagieren. Sie haben es auch unterlassen, die grotesken Interessenkonflikte im UN-Sekretariat zu untersuchen. Statt dessen haben die USA unter dem Vorwand, sich in einem komplexen Umfeld arrangieren zu müssen, die für das Sekretariat auf lange Sicht zersetzenden Interessenkonflikte und Korruptionsvorgänge zugelassen und in manchen Fällen ermutigt.

Können die Länder dieser Erde es sich leisten, die Fälle von Korruption, Kriminalität, Spionage und politischem Extremismus zu ignorieren, die bei den Vereinten Nationen geduldet wurden? Oder ist das ein notwendiges Übel? Und ist es vor allem ein Übel, das die Länder nicht nur tolerieren, sondern auch finanzieren müssen? Was hindert daran, ein obskures System diplomatischer Immunität so gründlich zu reformieren, daß die Vereinten Nationen sich bessern und eine positivere Rolle in der Welt spielen können?

Die USA und die UdSSR, die in den langen Jahren des Kalten Krieges – als sie sich trotz ihrer Rivalität über die Irrelevanz der Vereinten Nationen in einer polarisierten Welt einig waren – in einem stillschweigendem Einvernehmen agierten, sind natürlich die eigentlich Verantwortlichen für die im UN-Sekretariat vorherrschende Unfähigkeit und für den wiederholten Verrat an dessen Grundprinzipien. Das Hauptproblem besteht aber inzwischen darin, daß das von Anbeginn korrumpierte Sekretariat eine neue Bedeutung erlangt hat. Der internationale Terrorismus hat ein enormes Zerstörungspotential entwikkelt. Wenn das Sekretariat in den Terrorismus verstrickt ist oder auch nur mit den Herausforderungen nicht umgehen kann, wird es selbst zur potentiellen Gefahr für die Weltordnung. Die antisemitische Szene im Sekretariat entwickelt sich rasch zu einer breiten antiamerikanischen Front, was durch die genauen Berichte über die Schadenfreude und den Jubel bezeugt wird, den die Nachricht von der Katastrophe im World Trade Center in den UN-Gebäuden auslöste. Kurz, die Vereinten Nationen sind heute ein viel härterer Brocken als jenes weltpolitische Sandkastenspiel, dem sie bis zum Ende der achtziger Jahre entsprachen.

Zwei Erklärungen wurden am 1. Oktober 2001 vor der Vollversammlung abgegeben, drei Wochen nach dem 11. September und nur drei Kilometer vom Ort des Geschehens entfernt. Als sie abgegeben wurden, rang die Versammlung um die Unterscheidung zwischen einem gerechtfertigten und einem ungerechtfertigten Terrorismus.

Zuerst sprach der Generalsekretär von der »Notwendigkeit moralischer Klarheit« und gab damit zu verstehen, daß nicht alle Terroristen gleich sind – manche sind eben wirkliche Terroristen, und andere sind Freiheitskämpfer. Er gestand zu, daß der Angriff auf das Welthandelszentrum bewußt und »grundlos« auf das Leben unschuldiger Bürger zielte; er stellte aber nicht klar, daß oder ob der Angriff auf das Pentagon mit seinem größtenteils militärischen Personal unter dieselbe Kategorie fiel.

Dann fächerte der UN-Beobachter für Palästina, besser als PLO-

»Botschafter« bekannt, das Problem noch weiter auf: »Die Probleme von Kriegen, bewaffneten Konflikten oder ausländischer Besatzung, die durch die internationale Gemeinschaft als solche anerkannt sind ... werden durch das humanitäre Völkerrecht geregelt, durch die Genfer Konventionen, das ist also ein anderes Problem.«

Diplomatische Umschreibungen dürften diese Formulierungen kaum gewesen sein. Sie legen nahe, daß man auch das WTC-Massaker als einen legitimen Akt von Freiheitskämpfern ansehen könnte, wenn sich dafür ein zu rechtfertigender Grund finden ließe. Terroristische Handlungen wurden damit in der UN-Vollversammlung nicht eindeutig als illegitim gebrandmarkt.

Die zivilisierte Gesellschaft hat sich als verwundbar durch Kräfte erwiesen, die von der Unordnung, Unfähigkeit und Korruption in internationalen Organisationen profitieren. Zum Glück ist es inzwischen weithin klar, daß der internationale Terrorismus nicht mehr am Küchentisch operiert, sondern einen vielgestaltigen und hochentwikkelten Mehrzweckzusammenhang zwischen vielen Kleingruppen, großen Organisationen, Regierungen und anderen unterstützenden Elementen bildet, die auch unter dem schützenden Dach internationaler Organisationen agieren können. Um jene Kräfte, die nach Macht streben, indem sie das Chaos schüren, zu kontrollieren und schrittweise auszulöschen, sollte dafür gesorgt werden, daß alle Schlupfwinkel des organisierten Terrorismus beseitigt werden.

Die Aufgabe, daß sich die Mitarbeiter des UN-Sekretariats an die zivilisierten Normen von Ethik und Moralität halten, widerspricht in keiner Weise der Funktion der Vereinten Nationen als einem Weltforum. Im Gegenteil. Sekretariatstätigkeiten, die den ethischen Grundsätzen der UN-Charta entsprechen, dürften die Effizienz der Vereinten Nationen verbessern und dafür sorgen, daß ihre Programme erfolgreich durchgesetzt werden.

Der jetzige Generalsekretär hat dazu aufgerufen, die Kontrolle der weltweiten Konflikte zu unterstützen und dem Einsatz von Gewalt zu politischen Zwecken vorzubeugen, damit diese statt dessen mit den Mitteln der Diplomatie verfolgt werden. Diese Appelle an die Vernunft sind lobenswert und sollten von allen Menschen, was immer ihre politische Überzeugung ist, unterstützt werden. Doch die Vereinten

Nationen dürfen nicht nur gutgemeinte Erklärungen abgeben. Damit sie ihre wertvollen Ziele erreichen, schlägt der Autor deshalb als einfache, aber wirksame Maßnahmen vor,

- daß religiöse Aktivitäten aus dem UN-Sekretariat als einer laizistischen Organisation herausgehalten werden sollten, weil seinen Mitarbeitern die entsprechenden Einrichtungen ohne weiteres außerhalb der UN-Gebäude zur Verfügung stehen;
- daß alle Formen von Nepotismus im UN-Sekretariat und in den UN-Sonderorganisationen streng zu verbieten sind;
- daß Interessenkonflikte im UN-Sekretariat durch strenge Vorschriften zu regeln sind, die strikt durchgesetzt werden müssen;
- daß rassistische und antisemitische Äußerungen im UN-Sekretariat verboten sind und zur Entlassung des Betreffenden führen, selbst wenn es sich um den Generalsekretär handelt;
- daß Nebentätigkeiten und Privatgeschäfte den Beschäftigten des Sekretariats während und außerhalb der Arbeitszeit strikt untersagt sind und zur Beendigung des Beschäftigungsverhältnisses führen;
- daß das Sekretariat und seine Sonderorganisationen alle Verbindungen zum organisierten Verbrechen auf lokaler und internationaler Ebene einstellen und unter Strafe stellen;
- daß das Sekretariat jedem seiner Mitgliedsstaaten sämtliche Bilanzunterlagen und alle sonstigen Finanz- und Haushaltsdokumente unmittelbar zugänglich macht;
- daß alle geheimdienstlichen Tätigkeiten oder internen politischen Aktivitäten im Sekretariat und in den UN-Organisationen wirksam unterbunden werden;
- daß ein interner Sicherheitsausschuß eingerichtet wird, der in enger Zusammenarbeit mit den staatsanwaltschaftlichen Ermittlungsbehörden der Mitgliedsstaaten kriminelle und terroristische Aktivitäten im UN-Sekretariat sowohl in New York als auch in Übersee aufdeckt und den Ermittlungsbehörden Amtshilfe und Zugang zu den UN-Einrichtungen gewährt, um Personen zu verfolgen, die verdächtigt werden, gegen die UN-Bestimmungen bezüglich des Verbots krimineller und terroristischer Aktivitäten zu verstoßen; und schließlich,
- daß alle derzeitigen Mitarbeiter des Sekretariats – einschließlich al-

ler Spitzenbeamten –, die in eindeutige Interessenkonflikte und in frühere illegale Aktivitäten verstrickt sind, mit sofortiger Wirkung ihrer Ämter enthoben werden.

Da das UN-Sekretariat nicht die nötigen Befugnisse hat, um ein ordentliches Verfahren zu gewährleisten, sollte der Schutz der Persönlichkeitsrechte durch ein ordentliches Gericht außerhalb der Vereinten Nationen sichergestellt werden.

Schwierige Fragen sind die künftige Mitgliedschaft im Sicherheitsrat und die Rolle der weitaus repräsentativeren Vollversammlung. Sie erfordern ein gründliches Nachdenken über die Notwendigkeit, Bedeutung und Funktion einer von Grund auf erneuerten internationalen Organisation – einer Organisation, die nicht mehr auf dem Prinzip einer neoimperialistischen Beherrschung der Welt durch einige wenige nördliche Länder basiert. Um diesen Aspekt der Vereinten Nationen zur Geltung zu bringen, bedarf es wahrscheinlich einer Konföderation von regionalen Bündnissen oder von kleineren UN-Weltorganisationen.

Die Reform des UN-Sekretariats ist andererseits überhaupt kein schwieriges Problem. Sie muß dafür sorgen, daß das Sekretariat mitsamt seinen Organisationen den Mitgliedsstaaten voll und ganz rechenschaftspflichtig ist, und sie muß Verhaltensnormen durchsetzen, wie sie in den Organisationen und Regierungen der zivilisierten Welt üblich sind. Solche Reformen lassen sich schon jetzt realisieren.

Es bleibt viel zu tun, um die Vereinten Nationen zu einer zeitgemäßen Organisation zu machen, die den Herausforderungen einer aufgewühlten Welt gewachsen ist. Man wird sich aber nicht mehr darauf berufen können, daß sie nur die Summe der Bestrebungen ihrer Mitgliedsstaaten sind. Eine von despotischen Regimen und Menschenrechtsverletzern beherrschte Welt kann nicht das Ziel wirklicher Internationalisten sein.

Kurz, auf der politischen Bühne der Vereinten Nationen wird es keine echte Reform geben, solange man keine Formel gefunden hat, um sie zu einem wirklichen Weltforum zu machen, das ebenso dem Schutz der Interessen seiner sämtlichen Mitglieder wie auch der Förderung des wirtschaftlichen Wachstums und der Beseitigung von Hunger, Armut, Ungerechtigkeit und Krankheit in aller Welt dient.

Dank

Zuerst an meine Frau Patricia, das Computergenie, die unleserliche Manuskripte in gedruckte Seiten verwandelte, die unermüdliche Erstlektorin.

Da mir der Umgang mit jenen seltenen Literaturagenten fehlt, die völlig mit ihrem Autor verschmelzen, habe ich Lynne Rabinoff nicht als meine Agentin, sondern als mein Alter ego betrachtet, das dazu imstande ist, die Thematik dieses Buches fast besser als ich selbst zu erfassen, den besten Publikationsort zu finden und seine Notwendigkeit weit besser zum Ausdruck zu bringen, als ich es in der gebotenen Bescheidenheit selbst vermag. Zu den vielen wunderbaren Dingen, die sie für mich getan hat, gehört die Suche nach dem richtigen Lektor. Adam Bellow, der mit seinen ererbten literarischen Fähigkeiten auch ein glänzender Autor ist, hat mich gezügelt, wenn ich zu redselig wurde, er hat mich angeregt, wenn ich zu lakonisch blieb, doch vor allem hat er sich in das Thema des Buches, in das der amtlichen Absurdität, so sehr vertieft, als hätte er die hier von mir beschriebenen zehn Jahre an meiner Seite erlebt.

zuKlampen!

Ist Afrika zu retten?

Hans Christoph Buch
Black Box Afrika
Ein Kontinent driftet ab

August 2006
ca. 160 Seiten, Hardcover
ca. Euro 16,00 | sFr. 29,20
ISBN 3-934920-94-2

Ruanda, Liberia, Sudan, Kongo ... Die Hiobsbotschaften aus den Krisengebieten Afrikas überschlagen sich seit etwa zehn Jahren. Zwar sind die Täter und Opfer für gewöhnlich schnell ausgemacht. Zahl und Ziele sogenannter Befreiungsbewegungen aber sind kaum mehr identifizierbar, die Ursachen der kriegerischen Auseinandersetzungen bleiben meist dunkel.
Hans Christoph Buch hat die Krisenregionen Afrikas regelmäßig bereist. In *Black Box Afrika* kann er daher aus unmittelbarer Anschauung über die Hintergründe der verheerenden Konflikte, u. a. in Kongo, Sudan, Liberia, berichten. Seine Reportagen und Essays bieten einen Schlüssel zum Verständnis der politischen und kulturellen Verwerfungen auf dem afrikanischen Kontinent.

Hans Christoph Buch, Jahrgang 1944, Erzähler, Essayist und Reporter, lebt, wenn er nicht gerade auf Reisen ist, in Berlin. In den vergangenen Jahren sind von ihm erschienen: *Blut im Schuh* (2001), *Wie Karl May Adolf Hitler traf* (2003) und zuletzt, bei zu Klampen, *Standort Bananenrepublik* (2005).

ZU KLAMPEN VERLAG · RÖSE 21 · 31832 SPRINGE
Fon 0 50 41 - 80 11 33 · Fax 0 50 41 - 80 13 36 · www.zuklampen.de · info@zuklampen.de